Research on Theoretical Hotspots and Practical Approaches of Rule of Law Government

法治政府理论热点与实践进路研究

李坤轩 著

人民出版社

目 ◇ 录

contents

导　言

法治是现代文明国家的制度根基。纵观古今中外，在漫漫历史长河中，深刻体现着法治与国家之间的紧密联系。国家的发展稳定，需要法治的基本保障；大国的崛起，需要法治的有力支撑。习近平总书记指出："历史和现实都告诉我们，法治兴则国兴，法治强则国强"，"从我国古代看，凡属盛世都是法制相对健全的时期"，"从世界历史看，国家强盛往往同法治相伴而生"，"我们党越来越深刻认识到，治国理政须臾离不开法治"。①

践行法治是现代法治国家的基本要求。法治政府是法治的重要内容，也是法治得以实现的重要基础。在现代法治国家，法律所确立的规则是全体社会成员应当普遍遵循的行为准则，国家工作人员特别是领导干部要带头尊法学法守法用法，各级政府机关要始终坚持依法行政，积极推动政府行为全面纳入法治轨道。党的十八大以来，以习近平同志为核心的党中央高度重视法治建设，就全面依法治国作出一系列重要战略部署，推动中国特色社会主义法治建设取得重大进展。党的二十大报告明确要求："坚持全面依法治国，推进法治中国建设"，"必须更好发挥法治固根本、稳预期、利长远的保障作用，在法

① 习近平：《加强党对全面依法治国的领导》，《求是》2019 年第 4 期。

治轨道上全面建设社会主义现代化国家”。①

法治政府建设是全面依法治国的重点任务和主体工程。法治政府建设的方向和进度，事关全面依法治国基本方略的落实，事关法治中国建设的成效，事关国家治理现代化目标的实现。在法治中国建设进程中，要坚持依法治国、依法执政、依法行政共同推进，法治国家、法治政府、法治社会一体建设，更加注重发挥法治政府建设的示范带动作用，着力推动法治政府建设取得率先突破。

总体而言，经过多年持续努力，中国法治政府建设成效显著，法治环境得以明显改善；同时我们也看到，在推进法治政府建设方面还存在一些问题和不足。聚焦法治政府建设的理论和实践问题，进行系统分析和深入探讨，既具有重要理论意义，也具有重要实践价值。笔者以新时代法治政府建设为关注点，坚持问题导向、理论与实践相结合，围绕法治政府建设中的若干理论和实践热点进行了分析探讨，提出了推进法治政府建设的有关对策建议，以期为推动法治政府建设提供一些有益参考。

本书围绕法治政府建设的理论与实践热点问题进行了系统论述，共分为七章。第一章“法治与法治政府”，分析了法治的内涵、法治的基本功能、法治政府的内涵及特征、中国法治政府建设的实践发展历程。第二章“以良法促善治：努力健全依法行政制度体系”，阐述了行政立法的基本理论，以及在实践中如何提高行政立法的质量和效率，抓好行政规范性文件的制定与监督管理。第三章“促进社会公平正义：着力提升行政执法的质效”，分析了行政执法的基本原则，总结了综合行政执法体制改革的发展历程，探讨了深化综合行政执法体制改革、推进严格规范公正文明执法、提升行政执法整体效能的具体

① 习近平：《高举中国特色社会主义伟大旗帜，为全面建设社会主义现代化国家而团结奋斗——在中国共产党第二十次全国代表大会上的报告》，人民出版社 2022 年版，第 40 页。

途径。第四章“维护社会和谐稳定:依法预防和化解社会矛盾纠纷”,分析了社会矛盾纠纷的发展趋势和特点,以及依法预防和化解社会矛盾纠纷的主要渠道、方式方法。第五章“加强权力制约与监督:推动行政权力规范透明运行”,从行政决策、政府信息公开视角,剖析了权力运行中存在的不足之处,提出了规范行政决策、推进政府信息公开的对策建议。第六章“加快转变政府职能:进一步深化简政放权改革”,论述了简政放权改革的理论基础,梳理了简政放权改革的发展历程,从推进简政放权协同化、市场监管科学化、政务服务标准化三个维度,探讨了简政放权改革的实践进路,分析了简政放权改革绩效评价等问题。第七章“牢固树立法治信仰:筑牢法治政府建设的法治理念根基”,围绕全社会法治意识的养成,提出了提升国家公务员法治素养、抓住领导干部这个“关键少数”、营造全民崇尚法治良好氛围等具体措施。

第一章
法治与法治政府

第一节　法　治

一、法治的内涵

“法治”(rule of law)包含着“良法”(law)①和“善治”(rule)②两个方面。良法是实现善治的前提,善治是法治追求的目标。实行法治的前提是有法可依,并且所依之法应为良法、可循之法。正如古希腊哲学家亚里士多德所言:

---

①　王利明认为,所谓良法,是符合法律的内容、形式和价值的内在性质、特点和规律性的法律。良法至少应当符合以下标准:一是反映人民的意志和根本利益。二是反映公平、正义等价值需求。三是符合社会发展规律。四是反映国情、社情、民情。五是具备科学、合理的体系。六是符合法定程序,具有程序正当性。参见王利明:《法治:良法与善治》,北京大学出版社 2015 年版,第 11—13 页。

②　俞可平认为,作为现代政治学的一个重要概念,善治指的是公共利益最大化的治理过程和治理活动,是一种官民共治,是国家治理现代化的理想状态。参见俞可平:《法治与善治》,《西南政法大学学报》2016 年第 1 期。他认为,善治包含了合法性、法治、透明性、责任性、回应、有效、参与、稳定、廉洁和公正等 10 个要素。参见俞可平:《论国家治理现代化》,社会科学文献出版社 2014 年版,第 27—30 页。王利明认为,“天下大治”指的就是善治,善治的内容应当包含民主治理、依法治理、贤能治理、社会共治、礼法合治等几个方面。参见王利明:《法治:良法与善治》,北京大学出版社 2015 年版,第 14—17 页。

"法治应包含两重意义:已成立的法律获得普遍的服从,而大家所服从的法律又应该是本身制定良好的法律。"①亚里士多德所讲的法治,强调的是以良法为基础的法治。

19世纪英国法学家戴雪通常被视为近代西方法治理论的奠基人,他在1885年出版的《英国宪法导论》中对"法治"进行了阐述。戴雪认为"法治"应具有三重含义:一是对任何人的惩罚必须遵守法定程序;二是任何人平等地受法律的约束,无权超越法律;三是"法律至上",这也是法治的核心特征。②

《牛津法律大辞典》将"法治"归纳为:"所有的机构,包括立法、行政、司法及其他机构都要遵循某些原则。上述原则一般被视为法律特征的表达,如正义的基本原则、道德原则、公平和正当程序的观念。它意味着对个人的最高价值和尊严的尊重"。"在任何法律制度中,法治的内容是:对立法权的限制;反对滥用行政权力的保护措施;获得法律的忠告、帮助和保护的大量的平等的机会;对个人和团体各种权利和自由的正当保护;以及在法律面前人人平等。它不是强调政府要维护和执行法律及秩序,而是说政府本身要服从法律制度;而不能不顾法律或重新制定适应本身利益的法律"。③

现代法治是形式法治与实质法治的有机结合,是以人民民主为前提的众人之治,是以人权保障、权力制约、公平正义为内容的法律制度,是以严格依法办事为要求的治理机制。所谓形式法治,是指建立法律制度并依法律制度办

---

① 亚里士多德认为,"法治"是与"人治"相对而言的。法治是"平等的自由人之治","对自愿的臣民的统治"。其主要特点包括:第一,法治是为了公众利益的统治。第二,"最高治权"在公民全体之手,寄托于"公民团体"。表现为决定国家大事的权力实际上寄托于公审法庭或议事会或群众的整体。第三,以法律为最高权威。法律应在任何方面受到尊重而保持至高无上的权威,执政人员和公民团体只应在法律(通则)所不及的"个别"事例上有所抉择,两者都不应该侵犯法律。最后的裁判权应寄托于正式制定的法律。第四,统治建立在臣民自愿守法上,而不是仅仅依靠武力。参见亚里士多德:《政治学》,商务印书馆1983年版,第129、147、192页。

② 参见[意]布鲁诺·莱奥尼:《自由与法治》,冯辉译,《律师文摘》2011年第1期。

③ [英]戴维·M.沃克:《牛津法律大辞典》,李双元等译,法律出版社2003年版,第990页。

事，有法律制度形式的“法治”；所谓实质法治，强调在法律制定和法律实施过程中要贯彻、体现“人民主权”“法律至上”“保障人权”“权力制约”“公平公正”“良法之治”“程序正义”等法治的价值、原则和精神。法治所体现的基本价值精神与社会主义的本质属性高度统一，与有为政府、现代政府的价值取向高度一致。

法治是维持良好的社会秩序。无论作为治国方略还是行为方式，法治最终要表现为一定的社会秩序。这种社会秩序是指在法治的引领、谋划、规范和评价下，社会生活所涉及的主要方面，基本上实现了法律化、制度化，包括国家机关在内的每一个法律主体，都有具体的、明确的权利义务，无论在何种情况之下，这些法律主体都能够做到尊法守法，恰当地行使自己的法定权利、忠诚地履行自己的法定义务，利益诉求表达渠道顺畅疏通，社会矛盾纠纷妥善化解，社会资源公平配置，整个社会的运作处于有条不紊的秩序化状态。

二、法治的基本功能

习近平总书记指出：“法治是国家治理体系和治理能力的重要依托。只有全面依法治国才能有效保障国家治理体系的系统性、规范性、协调性，才能最大限度凝聚社会共识”，“在统筹推进伟大斗争、伟大工程、伟大事业、伟大梦想的实践中，在全面建设社会主义现代化国家新征程上，我们要更加重视法治、厉行法治，更好发挥法治固根本、稳预期、利长远的保障作用，坚持依法应对重大挑战、抵御重大风险、克服重大阻力、解决重大矛盾”。①

推进国家治理体系和治理能力现代化，必须确保在法治轨道上有序进行，确保符合现代法治精神。国家治理的规则既不能是双轨制规则，更不能是多轨制规则，治理现代化状态下的国家治理只能坚守一个规则，就是要遵循宪法

① 习近平：《坚定不移走中国特色社会主义法治道路，为全面建设社会主义现代化国家提供有力法治保障》，《求是》2021 年第 5 期。

和法律至上的法治规则。法治精神是人们尊崇法律权威的一种理想状态,体现了法治的核心价值,是贯穿法治各环节的灵魂与指引。

(一)法治是国家治理的基本方式

在现代法治国家,依法办事是社会成员普遍遵循的行动准则,国家机关及其工作人员和社会公众都要依法办事。

从法治的基本功能看,法治确立的底线规则具有教育、指引、规范、评价等功能,可以提高国家机关、公民、法人和社会组织等对自身行为的预期和评判。有了这一底线规则,政府、市场和社会有了各自的边界,公民、法人和社会组织可以自我判断哪些事情可以做,哪些事情不能做。这一底线规则作用于政府,则可以有效规制政府权力、保护相对人的合法权益、维护社会秩序和公共利益,社会稳定也有了基本保障。

国家治理现代化目标的实现依赖于法治功能的有效发挥。法治化是国家治理现代化的重要标志。国家治理现代化具体由国家治理体系现代化和国家治理能力现代化两部分组成。国家治理体系现代化,反映的是一个国家的制度建设情况;国家治理能力现代化,则是一个国家制度执行能力的集中体现。国家制度建设对于国家治理、社会进步和社会发展,都具有至关重要的作用。法治是国家治理现代化的一项重要衡量标准①,最直观地体现在国家制度建设上是否有完善的制度安排。没有完善的国家制度体系,就不可能实现国家

① 俞可平认为衡量一个国家的治理体系是否现代化,至少有五个标准:一是公共权力运行的制度化和规范化,它要求政府治理、市场治理和社会治理有完善的制度安排和规范的公共秩序;二是民主化,即公共治理和制度安排都必须保障主权在民或人民当家作主,所有公共政策要从根本上体现人民的意志和人民的主体地位;三是法治,即宪法和法律成为公共治理的最高权威,在法律面前人人平等,不允许任何组织和个人有超越法律的权力;四是效率,即国家治理体系应当有效维护社会稳定和社会秩序,有利于提高行政效率和经济效益;五是协调,现代国家治理体系是一个有机的制度系统,从中央到地方各个层级,从政府治理到社会治理,各种制度安排作为一个统一的整体相互协调,密不可分。参见俞可平等:《中国的治理变迁(1978—2018)》,社会科学文献出版社 2018 年版,第 5 页。

治理体系的现代化。国家制度体系中的制度主要包括:经济建设制度、政治建设制度、社会建设制度、文化建设制度、生态文明建设制度以及党的建设制度等系列制度,国家正是通过这些制度来调整政府、市场与社会之间的关系,促进经济社会实现良性协调发展。宪法和法律是国家制度的主要载体,体现了国家制度建设的总体状况。国家治理能力现代化则更多地表现为,在国家制度执行能力上最大限度地把制度转化为治理效能,以及运用法律治理国家上的现代化。

(二)法治是社会治理的重要保障

法治是治理的基本要求,没有健全的法制就没有善治。①“在社会治理的论域内,实现治理有效必须仰赖法治的积极建设及其功能的充分释放。法治本身的价值和功能也因之得到更进一步的明确和凸显。”②转型时期的贫富差距矛盾、官民矛盾,以及各群体之间的利益纷争,并非无法调和的阶级冲突,从根本上解决这些问题,还是要依靠法治途径来实现,要在法律框架内依法妥善化解社会矛盾纠纷,以达到社会的和谐稳定与长治久安治理目标。传统的管理模式已难以适应现代社会纷繁复杂、交错多变的情况,必须“坚持在法治轨道上统筹社会力量、平衡社会利益、调节社会关系、规范社会行为、化解社会矛盾,以良法促发展、保善治”③。

社会治理说到底应是一种规则之治、有序之治,科学、公正、严肃、高效的规则可以促进复杂多变的社会秩序得以有效规制。法治的内在价值使之兼具稳定性、明确性、具体性、合理性、规范性以及可预测性、可救济性等特征,为社会治理维度内社会秩序的规制和社会公平正义的维护提供了基本遵循。在法

---

① 参见俞可平:《中国治理评估框架》,《经济社会体制比较》2008 年第 6 期。

② 江必新、王红霞:《国家治理现代化与社会治理》,中国法制出版社 2016 年版,第 43 页。

③ 张雨、尹深、梁秋坪:《依法治国篇:司法改革出活力,迈出法治新步伐》,人民网,http://legal.people.com.cn/n1/2019/0107/c42510-30506781.html。

治基础上推进社会治理,有利于合理调整各种社会关系,平衡各种利益关系,促使全社会共享改革发展成果,保障社会成员既充分享有权利、依法行使权利,又能够切实履行各自应尽的法律义务,推动构建良好的社会秩序;有利于更好地实现社会治理的和谐平稳、安定有序,有效避免非常规性临时动作所引发的“运动式治理”①,保证社会治理依法、科学、有序实施。为此,无论是社会治理创新还是社会治理的实施过程,都应该始终坚持把法律制度规范作为最重要的规则体系,将法治精神和法治理念渗透到社会治理行为中的各个环节和社会的各个领域,真正实现以法治规范社会生活的方方面面。②

基于法治的重要功能作用,法治自古以来成为治国的重要依托。“法律是人类最伟大的发明。别的发明让人类学会了驾驭自然,而法律的发明使人类学会了驾驭自己。”③纵观古今,放眼世界,大国的崛起,均离不开法治的力量。正如我国古代法家代表人物韩非子所言:“国无常强,无常弱。奉法者强则国强,奉法者弱则国弱。”④

习近平总书记在中央全面依法治国委员会第一次会议上的讲话中强调:“历史和现实都告诉我们,法治兴则国兴,法治强则国强”,“从我国古代看,凡属盛世都是法制相对健全的时期”,“从世界历史看,国家强盛往往同法治相伴而生”,“我们党执政 60 多年来,虽历经坎坷但对法治矢志不渝”,“我们党

① “运动式治理”呈现出“非常规化”特点,是指通过超越常规的紧急动员,突破已有组织结构,打断、叫停行政体制中各就其位、按部就班的运作过程,以自上而下、政治动员的方法来调动资源、集中各方力量和注意力来完成某一目标任务。参见周雪光:《运动型治理机制:中国国家治理的制度逻辑再思考》,《开放时代》2012 年第 9 期。

② 参见马玉丽:《地方政府向社会组织购买公共服务研究》,人民出版社 2022 年版,第 196 页。

③ Lyndon B.Johnson, *Remarks to the Delegates to the Conference on World Peace Through Law*, September 16,1965, https://www.presidency.ucsb.edu/documents/remarks-the-delegates-the-conference-world-peace-through-law, last visited on December 17,2022.

④ (清)王先慎撰,钟哲点校:《韩非子集解》,中华书局 1998 年版,第 31 页。

越来越深刻认识到，治国理政须臾离不开法治”，“无论是实现‘两个一百年’奋斗目标，还是实现中华民族伟大复兴的中国梦，全面依法治国既是重要内容，又是重要保障”，“在统筹推进伟大斗争、伟大工程、伟大事业、伟大梦想，全面建设社会主义现代化国家的新征程上，我们要更好发挥法治固根本、稳预期、利长远的保障作用”。①

各级政府承担着推动经济社会发展、管理社会事务和服务社会公众的重要职责，政府机关更好地履行职能，必须充分发挥法治的功能作用，其基本途径就是要加快推进法治政府建设，构建职责明确、依法行政的治理体系，把政府工作全面纳入法治轨道，不断提升政府治理的整体效能。

第二节　法治政府

法治政府是法治的重要组成部分，也是法治得以实现的重要基础。据有关统计，我国法律体系中80%以上的法律、90%以上的地方性法规及所有的行政法规都是由行政机关执行。② 法治政府建设的进展程度，事关法治建设的成效，事关全面依法治国基本方略的贯彻实施，事关社会公众对法治的信心和国家治理现代化目标的实现。

习近平总书记在中央全面依法治国工作会议讲话中，对加强法治政府建设提出了明确要求，他强调：“全面依法治国是一个系统工程，要整体谋划，更加注重系统性、整体性、协同性”，“推进全面依法治国，法治政府建设是重点任务和主体工程，对法治国家、法治社会建设具有示范带动作用，要率先突破”，“要用法治给行政权力定规矩、划界限，规范行政决策程序，健全政府守

① 习近平：《加强党对全面依法治国的领导》，《求是》2019年第4期。

② 参见戢浩飞：《治理视角下行政执法方式变革研究》，中国政法大学出版社2015年版，第8页。

信践诺机制，提高依法行政水平”。①

一、法治政府的内涵及特征

（一）法治政府的内涵

法治政府是依法治理和运行的政府，这种政府形态必然是与人治政府相对立的，是在宪法和法律框架下运行的政府。

理解法治政府的内涵本质，需要把握两个关键，即：在政府与法律关系方面，应当遵循宪法和法律至上的理念，以宪法和法律来规制政府的公权力，一切行政活动只能在宪法和法律的规范和制约下进行，这是法治政府的核心要义；在处理政府与公民关系上，应当坚持公民利益为重，防止行政权力的扩张和滥用，要依法保障公民、法人和其他组织等行政相对人的合法权益，这是建设法治政府的根本目的所在。

（二）法治政府的特征

具体而言，法治政府体现着有限政府、责任政府、透明政府、高效政府、诚信政府等基本特征。

1. 法治政府是有限政府

法治政府是有限政府，是指政府的权力是有边界的，是有限的而不是无限的。从政府的行政权特性看，行政权是由国家法律赋予或认可的，行政机关依靠特定的强制手段执行法律、管理国家行政事务的权力。行政权具有法律性、强制性和自由裁量性特点。行政权的法律性，是指行政权力由国家法律赋予或认可；行政权的强制性表现为行政权的实施以国家强制力作为最终保障，权力作用对象须服从行政管理，对于行政机关所实施的行政活动，行政相对人有

① 习近平：《坚定不移走中国特色社会主义法治道路，为全面建设社会主义现代化国家提供有力法治保障》，《求是》2021 年第 5 期。

接受、服从和协助的义务，否则行政机关可以借助法律手段来强制相对人执行和服从自己的行政决定；行政权的自由裁量性，是指国家赋予行政主体在法律规定的幅度、范围内有一定选择余地的处置权力。① 政府能否依法行使行政权力，管理好各项行政事务，既关系国家的发展和稳定，也关系到公民、法人和其他组织的切身利益。依法行政是现代法治国家中政府行使行政权力普遍遵循的基本准则，也是实现全面依法治国目标的关键和根本保证。

行政权受到法律约束是法治政府建设的必然要求，对政府职能进行科学划分是政府行使权力的基础。现代市场经济要求政府正确处理好政府与市场、政府与社会的关系，实现政企分开、政资分开、政事分开、政社分开。对于市场能够解决的问题，由市场自己解决，政府不应过多干预；对于社会组织、中介组织能够解决的问题，由社会组织、中介组织自己解决，政府不应过多干预。政府行使权力必须依赖于法治，同时要求做到合理、适当，从而保证行政权力的运用符合法律所集中体现的意志和利益。首先，作为法治政府，行政机构的设置、编制等必须依法设定，政府不得擅自设立行政机构、扩大人员规模。其次，一切行政权力必须依法取得，行政行为要依法作出，依照法律、法规和规章的规定实施，没有法律、法规和规章的规定，行政机关不得作出减损公民、法人和其他组织合法权益，或者增加公民、法人和其他组织义务的决定，这就是我们常说的“法无授权不可为”。再次，行政机关实施行政管理要做到程序正当，符合程序正义原则，严格遵循法定的方式、步骤、顺序、时限等程序要求，充分听取当事人的意见，保障当事人的知情权、参与权和救济权，遇有利害关系时主动回避。最后，行政机关作出行政行为还应遵循合理性原则，要平

① 比如《道路交通安全法》第九十条规定：“机动车驾驶人违反道路交通安全法律、法规关于道路通行规定的，处警告或者二十元以上二百元以下罚款。”这在实践中对于行政执法人员而言就有了执法的弹性空间，基于人性弱点考量，行政执法人员在行使自由裁量权时，有可能受到认知、情绪、欲望等因素影响而导致权力滥用。

等地对待公民、法人和其他组织,不能偏私和歧视,行使自由裁量权应当符合法律目的,排除不相关因素的干扰,所采取的手段和措施是必要的和适当的。

2. 法治政府是责任政府

责任是政府权力的核心,政府应当积极、恰当地履行职责,这是法治政府的基本要求。一方面,责任政府要求政府积极履行职责,也就是说"法定职责必须为"。法治政府必须是有为的政府,消极的行政不可取。依法行政属于行政机关必须做的事情,行政机关及其工作人员应当及时履行自己的职责。另一方面,行政责任依法承担。作为法治政府,要求行政机关对法律负责,承担因自身行政行为引起的各种法律责任。对不当行使权力、滥用权力的行为,依法追究行政机关和有关人员的法律责任;对法律赋予的权力不作为、不尽职以及失职、渎职行为,也要承担相应的法律责任。对于行政机关而言,有权必有责,有权要尽责,不允许存在无责任的权力;用权受监督,监督要全面,不允许存在不受监督的权力;违法要纠正,人员要问责,要形成健全有效的行政纠错机制和责任追究机制。

3. 法治政府是透明政府

公开透明是法治政府的基本价值理念。阳光是最好的防腐剂,权力只有在阳光下运行,才能防止各种消极腐败现象和权力寻租现象的发生,更好地维护社会稳定、增进社会公平和提高行政效率。透明政府意味着政府管理过程中要坚持以公开为常态、不公开为例外的原则,对于不涉及国家秘密、商业秘密和个人隐私的政府信息,应当主动向社会公开。实行政务公开,有利于增强行政机关及其工作人员全心全意为人民服务的宗旨意识,在定政策、办事情的过程中充分体现群众的意愿、要求和呼声,切实解决群众最现实、最关心、最直接的问题;有利于促进政府更多地运用经济和法律手段管理经济活动,更好地履行经济调节、市场监管、社会管理、公共服务和环境保护的职能,更大程度地发挥市场在资源配置中的基础性作用;有利于健全民主制度,丰富民主形式,保障人民群众的知情权、参与权和监督权,对权力进行有效的制约和监督。

4. 法治政府是效能政府

法治政府要求行政管理上的高效率,这是衡量法治政府品质的重要标准。效能政府就是指用最少的投入做更多的事,在行政事务中所用的人力资本与预算投入应当最小,或者相同的人力资本与预算投入所处理的公共服务应当最大化。效能政府是行政机关及其工作人员在行政管理活动中发挥功能的程度和产生效率、效益、效果的一种综合体现。只有法治政府才能实现真正的高效能。加快建设效能政府,要求科学进行职权和职能分配,合理配置人力资源,进一步转变政府职能,深化行政审批制度改革,推进简政放权、放管结合、优化服务;建立科学的绩效管理制度和切实有效的激励机制,善于运用奖励等手段促进工作效率的提高;积极开展机关效能建设,实施工作目标责任制,严格考核监督,完善行政程序,减少行政运行成本。

5. 法治政府是诚信政府

诚信政府是建设法治政府的必然要求。诚信政府是指政府在行使国家行政权力和实施社会公共管理职能过程中,要奉行诚实守信的原则,以诚信规范和约束政府自身行为。非因法定事由并经法定程序,政府机关不得随意撤销、变更已经生效的行政决定,否则要承担相应的法律责任。为了国家利益、公共利益,或者具有其他法定事由,需要变更或撤回已经生效的行政许可、改变政府承诺或者合同约定,由此给公民、法人和其他组织造成财产损失的,政府机关应当依法给予补偿。从本质上看,政府的行政权力来源于人民授权,政府机关理应忠诚于人民,服务于人民。法治为政府履行职责提供了基本的规则,依法履职是政府践行诚信的基本要求。美国学者富勒认为:“法治的实质必定是在对公众发生作用时,政府忠实地运用预先宣布的应由公众遵守并决定其权利义务的规则，如果法治不是这个意思就毫无意义”①。诚信政府在现代社会信用体系中居于核心地位，起着基础性、决定性作用，对于社会信用建设具有引领和推动作用。政府是否守信践诺，直接影响公民、法人和其他组织的合法利益能否得以实现。如果社会公众对政府没有了信任，那么个人权利、公共利益，甚至整个经济社会发展都将处于不稳定、不确定的状态。正如德国法学家拉伦茨所言：“只有当事人与当事人之间的信赖至少普遍得到维持，信赖能够作为人与人之间关系的基础的时候，人们才能和平地生活在那一个哪怕是关系很宽松的共同体中。在一个任何人之间不信任的社会中，大家就像处于一种潜在的战争状态，这时候就无和平可言了。信赖丧失殆尽时，人们之间也就受到至深的干扰。”②建设法治政府，要求政府机关必须履约践诺、言行一致、取信于民，切实发挥在社会信用体系建设中的表率作用，不断增强政府公信力。

二、中国法治政府建设的实践发展

新中国成立初期，我国在较长一段时间内沿用的是政策治国思路，后来逐步走向法治之路。自 1978 年改革开放以来，我国法治政府建设发展历程总体上可以划分为三个阶段。

（一）法治政府建设起步阶段（1978 年—1988 年）

1978 年 12 月，中共十一届三中全会指出：“为了保障人民民主，必须加强社会主义法制，使民主制度化、法律化，使这种制度和法律具有稳定性、连续性和极大的权威，做到有法可依，有法必依，执法必严，违法必究。”③自此确

① [美]富勒：《法律的道德性》，郑戈译，商务印书馆 2005 年版，第 124—128 页。

② [德]卡尔·拉伦茨：《德国民法通论》（上），王晓晔等译，法律出版社 2013 年版，第 58 页。

③ 《中国共产党第十一届中央委员会第三次全体会议公报》，《人民日报》1978 年 12 月 24 日，第 2 版。

立了法制建设的“十六字方针”，同时也表明我国的法治政府建设开始起步。

1979 年 7 月，第五届全国人民代表大会第二次会议审议通过了《刑法》《刑事诉讼法》《全国人民代表大会和地方各级人民代表大会选举法》《地方各级人民代表大会和地方各级人民政府组织法》《人民法院组织法》《人民检察院组织法》《中外合资经营企业法》等七部基本法律，初步奠定了“有法可依”的基础。其中，《地方各级人民代表大会和地方各级人民政府组织法》确立了“地方各级人民政府都对本级人民代表大会和上一级国家行政机关负责并报告工作”“全国地方各级人民政府都是国务院统一领导下的国家行政机关，都服从国务院”的行政体制。

1982 年 12 月，第五届全国人民代表大会第五次会议审议通过的《宪法》，为法治政府建设奠定了宪法层面的基础。《宪法》规定：“发展社会主义民主，健全社会主义法制”。“全国各族人民、一切国家机关和武装力量、各政党和各社会团体、各企业事业组织，都必须以宪法为根本的活动准则，并且负有维护宪法尊严、保证宪法实施的职责”。“一切国家机关和武装力量、各政党和各社会团体、各企业事业组织都必须遵守宪法和法律。一切违反宪法和法律的行为，必须予以追究”。此次会议通过的《国务院组织法》，除明确国务院的组织形式外，还确立了总理负责制和各部门的首长负责制，建立了“国务院工作中的重大问题，必须经国务院常务会议或者国务院全体会议讨论决定”，“国务院发布的决定、命令和行政法规，向全国人民代表大会或者全国人民代表大会常务委员会提出的议案、任免人员，由总理签署”，“各部部长、各委员会主任领导本部门的工作，召集和主持部务会议或者委员会会议、委务会议，签署上报国务院的重要请示、报告和下达的命令、指示”，“各部、各委员会工作中的方针、政策、计划和重大行政措施，应向国务院请示报告，由国务院决定。根据法律和国务院的决定，主管部、委员会可以在本部门的权限内发布命令、指示和规章”等基本的政府工作原则。

1987 年 10 月，党的十三大报告指出：“为了巩固机构改革的成果并使行政管理走上法制化的道路，必须加强行政立法，为行政活动提供基本的规范和程序”，“要制定行政诉讼法，加强对行政工作和行政人员的监察，追究一切行政人员的失职、渎职和其他违法违纪行为”。① 这次会议，以党的报告形式确立了推动行政管理走上法制化道路的重大战略部署，明确提出加强行政立法，为行政活动提供基本的规范和程序，体现了国家行政管理模式开始由政策治理逐步转向法治治理。

（二）政府法制全面建设时期（1989 年—2003 年）

20 世纪 90 年代，我国开始全面推进社会主义市场经济建设，这对法治建设提出了更高的要求。

1989 年颁布的《行政诉讼法》，是中国行政法治建设进程中的一座里程碑，标志着我国开始真正进入法治政府建设阶段。《行政诉讼法》和 1990 年国务院颁布的《行政复议条例》②，对于监督行政机关依法行政，保证公民、法人和其他组织的权利，发挥了重要作用。1994 年《国家赔偿法》颁布实施，确立了国家赔偿制度，明确规定公民、法人和其他组织的权利因国家权力的行使而造成损害的，有权申请国家赔偿。1996 年《行政处罚法》的颁布，规范了行政处罚的设定和实施，表明我国推进依法行政和法治政府建设的模式，从事后监督转向兼顾事前、事中与事后的全方位模式。③

1993 年 11 月，中共十四届三中全会提出，“各级政府都要依法行政，依法

---

① 中共中央文献研究室编：《十三大以来重要文献选编》（上），人民出版社 1991 年版，第 40—41 页。

② 1999 年 4 月 29 日，第九届全国人民代表大会常务委员会第九次会议审议通过《行政复议法》。《行政复议法》自 1999 年 10 月 1 日起正式施行，《行政复议条例》同时废止。

③ 参见应松年、宋功德：《依法行政的理论与实践》，国家行政学院出版社 2011 年版，第 40 页。

办事"①,这是首次在党的会议中提出"依法行政"的要求。会议同时强调,要加强执法队伍建设,提高人员素质和执法水平。

1997 年 9 月,党的十五大将"依法治国"确立为党领导人民治理国家的基本方略,明确提出"建设社会主义法治国家"的目标要求,并且提出了"到二〇一〇年形成有中国特色社会主义法律体系"这一重大任务。②

1999 年 3 月,第九届全国人民代表大会第二次会议审议通过《中华人民共和国宪法修正案》,将"中华人民共和国实行依法治国,建设社会主义法治国家"写入宪法。《关于中华人民共和国宪法修正案(草案)的说明》中指出:"依法治国,是中国共产党领导人民治理国家的基本方略,是国家长治久安的重要保障。"这标志着"依法治国"基本方略已经成为国家意志。

1999 年 11 月,国务院颁布《关于全面推进依法行政的决定》(国发〔1999〕23 号),第一次全面系统地提出依法行政的建设纲要,指出各级政府和政府各部门要提高对依法行政重要性的认识,带头依法行政,进一步加强政府立法工作,加大行政执法力度,强化行政执法监督。

2000 年 3 月,第九届全国人民代表大会第三次会议审议通过《立法法》。《立法法》颁布,是我国立法制度法治化的重要标志。《立法法》规范了政府机关立法活动,明确了行政立法权限、行政立法程序,以及行政法规、规章的内容范围、起草方式等。

2003 年 8 月,第十届全国人民代表大会常务委员会第四次会议通过的《行政许可法》,在行政许可的原则、设定、程序、费用、监督等方面作出了详细规定,对于保护行政相对人的合法权益,深化行政审批制度改革,推进行政管

---

① 中共中央文献研究室编:《十四大以来重要文献选编》(上),人民出版社 1996 年版,第 544 页。

② 参见中共中央文献研究室编:《十五大以来重要文献选编》(上),人民出版社 2000 年版,第 19、33 页。

理体制改革,从源头上预防和治理腐败,具有重要意义。

这一时期,从国家一系列有关依法行政和法治政府建设的政策相继出台以及法律法规的颁布实施看,依法行政的观念逐渐走向深入,但主要工作仍然是以完善行政法律体系为重心。①

(三) 法治政府全面推进阶段(2004 年至今)

2004 年以来,我国法治政府建设发展步入了快车道。

2004 年,第十届全国人民代表大会第二次会议审议通过的《中华人民共和国宪法修正案》,将"国家尊重和保障人权"载入宪法,这标志着国家尊重和保障人权的责任成为基本的宪法准则,平等地尊重和保护人权成为政府行政管理的一项重要原则。

2004 年 3 月,国务院印发《全面推进依法行政实施纲要》(国发〔2004〕10 号),首次提出"法治政府",明确要求经过十年左右坚持不懈的努力,基本实现建设法治政府的目标,并且确立了全面推进依法行政的指导思想、基本要求、主要任务和措施,以及依法行政的六项基本原则,即:合法行政、合理行政、程序正当、高效便民、诚实守信、权责统一。

2008 年 5 月,国务院印发《关于加强市县政府依法行政的决定》(国发〔2008〕17 号),针对市县政府的行政状况,提出"充分认识加强市县政府依法行政的重要性和紧迫性","大力提高市县行政机关工作人员依法行政的意识和能力","完善市县政府行政决策机制","建立健全规范性文件监督管理制度","严格行政执法","强化对行政行为的监督","增强社会自治功能","加强领导,明确责任,扎扎实实地推进市县政府依法行政"等多方面的改革要求。

2010 年 10 月,国务院印发《关于加强法治政府建设的意见》(国发

① 参见王敬波:《法治政府要论》,中国政法大学出版社 2013 年版,第 5 页。

〔2010〕33 号），明确指出了提高行政机关工作人员特别是领导干部依法行政的意识和能力、加强和改进制度建设、坚持依法科学民主决策、严格规范公正文明执法、全面推进政务公开、强化行政监督和问责、依法化解社会矛盾纠纷等七个方面的任务。

2012 年 11 月，党的十八大明确提出“全面推进依法治国”目标任务，强调“法治是治国理政的基本方式”，“要推进科学立法、严格执法、公正司法、全民守法，坚持法律面前人人平等，保证有法必依、执法必严、违法必究”，到 2020 年全面建成小康社会时努力实现“依法治国基本方略全面落实，法治政府基本建成，司法公信力不断提高，人权得到切实尊重和保障”要求。①

2013 年 11 月，中共十八届三中全会审议通过的《中共中央关于全面深化改革若干重大问题的决定》强调，“紧紧围绕坚持党的领导、人民当家作主、依法治国有机统一深化政治体制改革，加快推进社会主义民主政治制度化、规范化、程序化，建设社会主义法治国家，发展更加广泛、更加充分、更加健全的人民民主”，“建设法治中国，必须坚持依法治国、依法执政、依法行政共同推进，坚持法治国家、法治政府、法治社会一体建设”，并且明确要求“建立科学的法治建设指标体系和考核标准”，“深化行政执法体制改革”。②

2014 年 10 月，中共十八届四中全会审议通过《中共中央关于全面推进依法治国若干重大问题的决定》，对深入推进依法行政，加快建设法治政府作出全面部署，明确提出“加快建设职能科学、权责法定、执法严明、公开公正、廉洁高效、守法诚信的法治政府”③任务，这被视为法治政府建设的具体方针。

---

① 参见中共中央文献研究室编：《十八大以来重要文献选编》（上），中央文献出版社 2014 年版，第 14、21 页。

② 《中共中央关于全面深化改革若干重大问题的决定》，人民出版社 2013 年版，第 4、31、32 页。

③ 《中共中央关于全面推进依法治国若干重大问题的决定》，人民出版社 2014 年版，第 15 页。

2015年12月，中共中央、国务院首次就法治政府建设联合发布《法治政府建设实施纲要（2015—2020年）》（中发〔2015〕36号，以下简称《纲要》），对法治政府建设作出总体设计和全面规划，提出了法治政府的指导思想、总体目标、基本原则和衡量标准，明确指出到2020年基本建成职能科学、权责法定、执法严明、公开公正、廉洁高效、守法诚信的法治政府，要求围绕全面推进依法治国总目标，加快建设法治政府。《纲要》按照行政权运行的基本轨迹和依法行政的内在逻辑，依次提出了依法全面履行政府职能，完善依法行政制度体系，推进行政决策科学化、民主化、法治化，坚持严格规范公正文明执法，强化对行政权力的制约和监督，依法有效化解社会矛盾纠纷，全面提高政府工作人员法治思维和依法行政能力等七个方面的主要任务，并且有针对性地布置了相关的具体措施，明确规定了法治政府建设工作的具体时间要求、组织保障和落实机制。强调党的领导是全面推进依法治国、加快建设法治政府最根本的保证，必须加强和改进党对依法行政工作的领导，把党的领导贯彻到法治政府建设各方面。从加强党对法治政府建设的领导，落实第一责任人责任，强化考核评价和督促检查，加强理论研究、典型示范和宣传引导等方面提出了具体保障和落实要求。

2016年3月，第十二届全国人民代表大会第四次会议审议通过《中华人民共和国国民经济和社会发展第十三个五年规划纲要》，要求在“十三五”期间，“加快建设法治政府”，“深入推进依法行政，依法设定权力、行使权力、制约权力、监督权力，实现政府活动全面纳入法治轨道”。①

2017年10月，党的十九大将“坚持全面依法治国”确立为新时代坚持和发展中国特色社会主义的基本方略之一，明确提出“深化依法治国实践”，“建设法治政府，推进依法行政，严格规范公正文明执法”，同时要求“各级党组织

① 《中华人民共和国国民经济和社会发展第十三个五年规划纲要》，人民出版社2016年版，第185、186页。

和全体党员要带头尊法学法守法用法，任何组织和个人都不得有超越宪法法律的特权，绝不允许以言代法、以权压法、逐利违法、徇私枉法”，并且进一步指出，到 2035 年，“法治国家、法治政府、法治社会基本建成，各方面制度更加完善，国家治理体系和治理能力现代化基本实现”。①

2019 年 5 月，中央全面依法治国委员会办公室印发《关于开展法治政府建设示范创建活动的意见》，在全国范围内部署开展法治政府示范创建活动，明确了示范创建活动的指导思想、基本原则、创建目标等相关要求，同时公布了法治政府建设考核评价指标体系，作为开展示范创建活动的评估标准、建设法治政府的具体指引，旨在发挥示范创建活动引领、带动作用，激发各地区法治政府建设的内生动力。2019 年 7 月，中央全面依法治国委员会办公室在全国组织开展了第一批法治政府建设示范创建活动，并于 2020 年 7 月确定了第一批命名的 40 个全国法治政府建设示范市（县、区）和 24 个全国法治政府建设示范项目。此后，各地方也结合本地实际，陆续开展了法治政府建设示范创建活动。示范创建活动的开展，有效发挥了先进典型的标杆引领和辐射带动作用，推动了地方法治政府建设水平的整体提升。

2021 年 8 月，中共中央、国务院印发《法治政府建设实施纲要（2021—2025 年）》（以下简称《纲要》），要求把法治政府建设放在党和国家事业发展全局中统筹谋划，加快构建职责明确、依法行政的政府治理体系，全面建设职能科学、权责法定、执法严明、公开公正、智能高效、廉洁诚信、人民满意的法治政府。《纲要》确立了法治政府建设的总体目标：到 2025 年，政府行为全面纳入法治轨道，职责明确、依法行政的政府治理体系日益健全，行政执法体制机制基本完善，行政执法质量和效能大幅提升，突发事件应对能力显著增强，各地区各层级法治政府建设协调并进，更多地区实现率先突破，为到 2035 年基

① 习近平：《决胜全面建成小康社会，夺取新时代中国特色社会主义伟大胜利——在中国共产党第十九次全国代表大会上的报告》，人民出版社 2017 年版，第 28、38、39 页。

本建成法治国家、法治政府、法治社会奠定坚实基础。《纲要》提出了法治政府建设的十大任务，即：深入学习贯彻习近平法治思想，努力实现法治政府建设全面突破；健全政府机构职能体系，推动更好发挥政府作用；健全依法行政制度体系，加快推进政府治理规范化程序化法治化；健全行政决策制度体系，不断提升行政决策公信力和执行力；健全行政执法工作体系，全面推进严格规范公正文明执法；健全突发事件应对体系，依法预防处置重大突发事件；健全社会矛盾纠纷行政预防调处化解体系，不断促进社会公平正义；健全行政权力制约和监督体系，促进行政权力规范透明运行；健全法治政府建设科技保障体系，全面建设数字法治政府；加强党的领导，完善法治政府建设推进机制。

此次《纲要》的颁布实施，体现出法治政府建设的新思路：一是法治政府建设的思维调整，从“权力—权利”思维转向“权利—能力”思维，更加注重通过提升政府依法行政能力有效维护行政相对人的权利，紧扣推进国家治理体系和治理能力现代化部署法治政府建设的各项任务；二是法治政府建设的标准调整，在目标设定上提出“全面建设职能科学、权责法定、执法严明、公开公正、智能高效、廉洁诚信、人民满意的法治政府”，这一基本方针突出了对建设数字法治政府的要求，并且把“人民满意”作为法治政府建设的一项具体衡量指标，深刻体现了以人民为中心的法治理念；三是法治政府建设的任务调整，从健全八个方面体系、强化八个方面能力谋篇布局，详细列明改革发展举措，针对依法应对突发事件、强化法治政府建设科技保障等作出系统安排。

从发展历程看，我国法治政府建设经历了一个持续渐进过程。最初国家只提出政府机关要“依法行政”，并未提到“法治政府”，2004 年首次提出了建设法治政府的目标要求，2014 年召开的中共十八届四中全会明确了法治政府建设的“24 字”政策方针，2021 年颁布的《纲要》就法治政府建设提出了新的更高要求。由此可以看出，随着时间的发展，法治政府建设的目标越来越清晰，任务越来越明确，措施越来越具体。

总体而言,经过多年努力,我国法治政府建设稳步推进,取得重大进展。同时必须清醒看到,法治政府建设还存在不少短板。比如,法治政府建设的区域、层级分化现象比较明显,基层法治政府建设比较薄弱;依法行政意识不够牢固,依法行政问题相对集中,主要表现为行政机关存在履职尽责不当、行政行为事实证据不充分、违反程序问题突出等方面;在严格公正实施法律、规范执法自由裁量权方面还有许多亟待解决的问题;简政放权改革、综合行政执法体制改革尚需继续向纵深推进;行政决策的科学性还需提高;打造诚信政府的力度要进一步加强;政府工作人员运用法治思维和法治方式推动工作的能力还有待提升;等等。有效解决这些问题,要求我们必须加快补短板、强弱项,扎实推进依法行政,全面推动法治政府建设,努力提升依法管理国家各项事务的能力。

第二章

以良法促善治：努力健全依法行政制度体系

法律是治国之重器，良法是善治之前提。只有良法才能出善治，只有良法才能保善治。[①] 行政制度是政府机关从事行政管理活动的基本规则，健全依法行政制度体系是法治政府建设的基础工程。国家治理体系和治理能力现代化的理想状态，就是要实现善治。推动法治政府建设，必然要求政府在治理效能上有深度提升。提升政府治理效能，需要进一步加快立法进程，建立健全依法行政制度体系，抓住立法质量这个关键，坚持科学立法、民主立法、依法立法，促进立法的精细化、精准化，增强立法的针对性、系统性和可操作性，有力保障政府治理领域的法律供给。

第一节　行政立法的基本理论

健全依法行政制度体系，必须坚持立法先行。行政立法是统筹国家意志

---

① 参见王利明：《法治：良法与善治》，北京大学出版社 2015 年版，第 10 页。

和人民意志、协调不同利益群体之间关系的重要抓手,也是政府机关提升政府治理效能的一项重要方式。加强行政立法工作,需要厘清行政立法主体、行政立法原则、行政立法权限和行政立法程序等基本问题。

一、行政立法的内涵及特征

国内学术界关于行政立法内涵的理解,主要有两种观点。

一种观点认为,行政立法是指国家行政机关根据法定的权限和程序,制定具有法律效力的规范性文件的活动,可以简称行政机关立法活动。根据宪法和法律的有关规定,行政机关立法主要是指国务院制定行政法规的活动;国务院各部、委员会、中国人民银行、审计署和具有行政管理职能的直属机构,省、自治区、直辖市和设区的市、自治州的人民政府制定行政规章的活动。这一行政立法概念内涵的界定,其着眼点主要是行政立法主体,可称之为狭义说。

另一种观点认为,行政立法泛指具有行政性质的立法,主要内容是关于行政管理的行政法律规范,属于行政部门法。基于这种理解认识,国家权力机关、行政机关制定行政法律规范的活动,均称之为行政立法。这一行政立法概念内涵的界定,其着眼点是关于行政立法的内容,与民事立法、经济立法等相区别,可称之为广义说。

行政立法尽管是一种立法活动,但立法的主体是行政机关而非国家权力机关,立法的目的是执行法律和实施行政管理活动,性质上仍是一种行政行为。① 笔者以下阐述所提及的行政立法,特指行政机关根据法定的权限和程序制定行政法规和规章的活动。从"行政"性质看,行政立法者为行政机关,所立之法的调整对象主要是行政管理事务或者与行政管理有关的事务,其目的主要是执行权力机关制定的宪法和法律,履行行政管理职能;从"立法"性

---

① 参见胡建淼:《政府法治建设》,国家行政学院出版社 2014 年版,第 54 页。

质看,行政立法是以国家名义制定行政规范,所立之法属于法的基本范畴,体现了法的基本特征。

基于以上行政立法的内涵分析,行政立法主要有以下特征:

1. 行政立法是行政机关的立法行为

行政立法不是行政机关的主要职能,行政机关的主要职能是执行立法机关制定的法律。在此,需要特别指出的是,所有的行政机关都有行政执法权限,但并不是所有的行政机关都有行政立法权限。正如前文所述,根据宪法和法律的有关规定,在我国具有行政立法权的行政机关主要包括:国务院、国务院所属部门,省、自治区、直辖市和设区的市、自治州的人民政府等。此外,根据 2015 年 3 月 15 日第十二届全国人民代表大会第三次会议审议通过的《全国人民代表大会关于修改〈中华人民共和国立法法〉的决定》,广东省东莞市和中山市、甘肃省嘉峪关市、海南省三沙市,比照适用本决定有关赋予设区的市地方立法权的规定,这表明行政立法主体层面,国家在兼顾一般性的同时对于没有设区的个别城市给予关注并赋予了行政立法权。

2. 行政立法是具有从属性质的次级立法行为

普通法系国家通常把行政立法称为授权性立法或者次级立法。授权性立法,是指行政立法权具有派生属性,不具有原始性,而是源于立法机关的授权;次级立法,是指行政立法在内容上具有执行的性质,立法的主要目的是贯彻执行普遍性、原则性的法律规范,对法律规范进行具体化,比如国务院根据宪法和法律,规定行政措施,制定行政法规。行政立法的从属性质决定了行政机关制定的行政法规和规章,要有明确的上位法依据,并且不能与立法机关所制定的上位法律相冲突,在法律效力上也低于立法机关制定的上位法律。立法机关制定的法律通常以"法"的形式颁布,比如《刑法》《环境保护法》《劳动法》等;行政机关的行政立法通常以条例、办法、规定等形式颁布,比如《优化营商环境条例》《社会救助暂行办法》《国务院关于在线政务服务的若干规定》，等等。

3. 行政立法应遵循严格的立法程序

行政立法所依据的程序不是一般意义上的行政程序，主要是《立法法》规定的立法程序，以及国务院颁布的《行政法规制定程序条例》《规章制定程序条例》《法规规章备案条例》等基本程序规则。行政立法与立法机关人民代表大会及其常务委员会的立法相比，在程序上相对简便灵活，内容上更具针对性，时效上也较快捷。主要原因在于行政立法要适应行政管理活动的需要，而行政管理活动具有复杂性、突发性，并且比较具体，这就要求行政立法必须简便高效、针对性强。由于立法机关不参与管理社会生活中的各种活动，很难了解行政管理活动的具体内容，其立法只能限于原则性、抽象性的规定。①

4. 行政立法不同于具体行政行为

行政立法虽然具有行政性质，属于行政行为范畴，但是与具体行政行为有着明显区别。主要体现在：行政立法适用范围具有普遍性，针对的是不特定的人和事；具体行政行为则针对具体的、特定的人和事。行政立法遵循的程序是制定普遍性规范的立法程序，在效力上一般是长期有效的；具体行政行为是行政法规、规章适用于具体个案的行政程序，一般为一次性效力。行政立法以规范性法律文件形式公开发布，而具体行政行为可以采取一般的书面决定形式，有时还可以采取口头形式实施。由此可见，尽管行政立法具有行政性质，但它不同于具体行政行为。

二、行政立法权的产生与发展

行政立法权的产生经历了较长时期演进过程，并且伴随着经济社会发展，适应国家治理和行政管理活动的需要，得以逐步发展和完善。

---

① 参见于水：《宪法与行政法学》，科学出版社 2015 年版，第 164 页。

(一)西方国家行政立法权的产生与发展

早在 16 世纪,英国曾出现行政机关获得授权立法的一些特例,然而这种授权只不过是涓涓细流而已。[1] 通常认为,严格意义上的行政立法是现代社会发展的产物。

西方资本主义国家建立初期,资产阶级基于权力制衡需求,以宪法形式确定了三权分立制度,将国家权力明确划分为立法权、行政权和司法权,分别由立法机关、行政机关和司法机关行使。按照三权分立制度对权力进行分配的模式要求,行政机关不能介入议会所行使的立法权。

19 世纪中期之后,西方资本主义国家严格的分权制度开始发生变化。这里以英国、美国、法国为例,来考察西方国家行政立法权的产生和发展。1834 年,英国《济贫法》规定,执行济贫法的官员可以制定和发布适当的规程、规则和命令,开启了行政立法的先河;此后,英国的行政立法数量逐年增多,19 世纪末期行政立法开始蓬勃发展,1891 年各种行政规章、命令在数量上多达议会立法的两倍,至 1920 年各种行政立法和规章已经达到议会立法的 5 倍之多。[2] 美国的国会在早期对于是否可以把议会所享有的专属立法权授予行政机关行使,存在着较多的争论,自行政立法于 19 世纪发生的个案中获得认可之后,行政立法取得了较快的发展。1803 年,法国的一场瘟疫打破了该国立法机关在立法权上的垄断,为了有效应对这场突发性灾难,时任国务卿获得了临时立法权,在瘟疫消灭以后这种立法权力并未随之终结,行政机关藉此机会享有了一定的立法权。综合上看,就行政立法权的产生而言,虽然西方各国行政立法产生的时间有先有后,但其兴起的时间一般均在 19 世纪末 20 世

---

① 参见[英]威廉·韦德:《行政法》,徐炳等译,中国大百科全书出版社 1997 年版,第 560 页。

② 参见[英]威廉·韦德:《行政法》,徐炳等译,中国大百科全书出版社 1997 年版,第 561 页。

纪初。①

行政立法之所以在19世纪末20世纪初兴起，主要原因在于随着科学技术进步和经济社会的快速发展，社会关系日趋复杂，社会矛盾纠纷日渐突出，立法需求随之日益增加，然而议会作为行使立法权的机构，在立法进度、立法数量上均难以适应社会对法律的迫切需求。在这种情势下，为妥善解决立法需求与立法供给之间的矛盾，议会不得不授权行政机关制定大量的规范性文件来代替、补充法律的不足，或者对比较原则、抽象的法律条款加以补充和具体化，行政机关由此获得了越来越广泛的立法权力。与议会相比，行政机关及其工作人员拥有议会和议员所不具有的专门知识、经验和专业技术，立法具有相对灵活性，程序简便，速度快捷，适于解决现代社会现实生活中不断发生的新问题和比较急迫的问题，这些特点促使各国议会均大量授权行政机关立法，行政立法得以迅猛发展，在国家社会生活中发挥着越来越重要的作用。

行政立法的快速发展也带来不少问题，比如行政立法权的滥用导致立法秩序混乱，行政权力的盲目扩张导致公民、法人和其他组织的权益遭到侵害，等等。因此，20世纪以来，各国在发展行政立法、充分发挥其积极作用的同时，又开始加强对行政立法的控制，包括通过授权立法规定授权的范围、条件和时限；通过程序立法规范行政立法的程序；通过议会备案制度加强对行政立法的审查；通过法院的诉讼对行政立法或越权进行司法审查等，从而防止行政机关因为立法权的滥用损害民主政体或对公民权利与自由构成威胁。②

（二）我国行政立法权的产生与发展

与西方国家行政立法权的产生相比，我国行政立法权的产生相对较晚，不过发展十分迅速。

---

① 参见应松年主编：《当代中国行政法》，中国方正出版社2005年版，第557页。

② 参见刘丹：《法治政府：基本理念与框架》，中国法制出版社2008年版，第40、41页。

1954 年,我国制定并颁布了新中国成立以来的第一部宪法。根据 1954 年《宪法》规定,全国人民代表大会是行使国家立法权的唯一机关,国务院根据宪法、法律和法令,规定行政措施,发布决议和命令。由此可见,当时的立法权是属于国家最高权力机关全国人民代表大会的专有职权,行政机关未被赋予任何立法权力。此后,国家又陆续制定、颁布了 1975 年《宪法》、1978 年《宪法》,但这两部宪法也没有突破 1954 年《宪法》对于立法权的限定,包括国务院在内的各级行政机关均未被授予行政立法权,并且立法权全部集中在国家最高权力机关。1979 年国家修改《地方组织法》,才首次赋予省级人民代表大会及其常务委员会制定地方性法规的立法权。

我国行政机关的行政立法权产生于 1982 年《宪法》。1982 年《宪法》第八十九条明确规定:"国务院根据宪法和法律,规定行政措施,制定行政法规,发布决定和命令";第九十条第二款规定:"各部、各委员会根据法律和国务院的行政法规、决定、命令,在本部门的权限内,发布命令、指示和规章。"自此,行政立法权应运而生。1982 年,第五届全国人民大会第五次会议对《地方各级人民代表大会和地方各级人民政府组织法》进行了修改,赋予了省级人民政府和较大的市的人民政府制定规章的权力。此后,2000 年制定的《立法法》对于宪法和组织法规定的行政立法权又加以扩充,将部门规章的制定权扩大到了中国人民银行、审计署和国务院的直属机构,并且赋予了经济特区所在地的市人民政府地方性规章制定权。2015 年 3 月,第十二届全国人民代表大会第三次会议通过关于修改《立法法》的决定,修改后的《立法法》赋予了设区的市、自治州的人民政府制定规章的权力,并且明确了立法权限和范围。2023 年 3 月,第十四届全国人民代表大会第一次会议对《立法法》进行第二次修正,在部门规章制定主体中增加"法律规定的机构",完善了规章制定的有关权限和程序。综上所述,我国行政立法权与西方国家的行政立法权相比产生较晚,但是发展非常迅速,行政立法主体范围、行政立法权限逐步扩展,行政立法程序也逐步走向规范。

在行政机关根据《宪法》《地方组织法》《立法法》等取得立法权的同时，行政机关的授权性立法也开始出现。20世纪80年代，全国人民代表大会、全国人民代表大会常务委员会先后三次通过决定，授权国务院对职工退休退职办法进行部分修改和补充，以及改革工商税制、发布试行有关税收条例（草案）、在经济体制改革和对外开放方面制定暂行的规定或条例。20世纪90年代，全国人民代表大会及其常务委员会又先后三次授权经济特区立法，深圳市政府、汕头市政府、珠海市政府、厦门市政府分别获得制定在各自的经济特区内实施的规章的权力。此外，我国还存在大量的法律、法规授权立法的情形，这些授权决定和授权法律促使我国行政机关的授权性立法获得了快速发展。①

三、行政立法的权限

（一）行政立法权限概述

行政立法权限，是指行政机关制定行政法规、行政规章在内容与形式上的权限范围，即行政法规与行政规章可以就何种事项、以何种形式作出立法性的规定。

行政立法包括制定行政法规、制定部门规章和制定地方政府规章等。针对不同的行政规范，其立法主体有所区别。为避免行政立法主体的立法权滥用，有效防止立法恣意，必须对立法权限进行一定的限制，在明确行政机关立法权的同时，赋予有关机构审查监督的权力。比如，根据《宪法》《立法法》的规定，全国人民代表大会及其常务委员会，对于其认为违反宪法的行政法规有权予以撤销；国务院有权改变或者撤销不适当的部门规章和地方政府规章；地

① 参见刘丹：《法治政府：基本理念与框架》，中国法制出版社2008年版，第42、43页。

方人民代表大会常务委员会有权撤销本级人民政府制定的不适当的规章;省、自治区的人民政府有权改变或者撤销下一级人民政府制定的不适当的规章。

(二)行政立法权限的划分

我国《宪法》《立法法》等法律,对行政立法权限配置作出了规定:

1. 行政法规立法主体的行政立法权限

国务院是国家最高行政机关,是国家权力的执行机关、行政法规的立法主体。国务院制定行政法规,从立法权来源看,既有职权立法,也有授权立法。所谓职权立法,是指国家行政机关依据宪法、组织法和立法法赋予的行政立法权进行的立法活动。比如,《宪法》第八十九条规定,国务院"根据宪法和法律,规定行政措施,制定行政法规,发布决定和命令",这是宪法对国家立法权的一种配置,国务院依据这一立法职权配置制定行政法规,就属于职权立法。又如,《立法法》第七十二条第一款规定:"国务院根据宪法和法律,制定行政法规",《立法法》第七十二条第二款规定,"行政法规可以就下列事项作出规定:(一)为执行法律的规定需要制定行政法规的事项;(二)宪法第八十九条规定的国务院行政管理职权的事项"。《立法法》的上述规定,对国务院而言就属于职权立法。所谓授权立法,是指立法机关将本属于自身的立法职权,通过法律、法规或者专门的授权决议方式,授予立法机关进行的立法活动。比如,《立法法》第七十二条第三款规定:"应当由全国人民代表大会及其常务委员会制定法律的事项,国务院根据全国人民代表大会及其常务委员会的授权决定先制定的行政法规,经过实践检验,制定法律的条件成熟时,国务院应当及时提请全国人民代表大会及其常务委员会制定法律。"这一条款中所指的国务院根据授权决定先行制定行政法规,就属于授权立法。根据《宪法》《行政法规制定程序条例》的规定,行政法规调整事项的范围非常广泛,涉及国家行政事务的方方面面,包括经济、文化、社会、生态文明等诸多领域,行政法规在效力上及于全国。

2. 部门规章立法主体的行政立法权限

根据《立法法》第九十一条规定:“国务院各部、委员会、中国人民银行、审计署和具有行政管理职能的直属机构以及法律规定的机构,可以根据法律和国务院的行政法规、决定、命令,在本部门的权限范围内,制定规章。”这里所说的直属机构,限定为具有行政管理职能的直属机构,包括证监会、银监会、保监会、电监会等,国务院参事室、国务院机关事务管理局等不具有对外行政管理职能的直属机构则没有部门规章的制定权限。在制定的部门规章内容方面,有着严格的限制性要求,部门规章规定的事项应当属于执行法律或者国务院的行政法规、决定、命令的事项,没有法律或者国务院的行政法规、决定、命令的依据,部门规章不得设定减损公民、法人和其他组织权利或者增加其义务的规范,不得增加本部门的权力或者减少本部门的法定职责。部门规章主要是针对本部门管辖范围内的事项作出的规定,不得超出法律、行政法规的范畴。为避免部门之间立法上的争议,提高行政立法质量和效率,如相应事项涉及两个以上国务院部门的职权范围,应提请国务院制定行政法规或由国务院有关部门联合制定规章。

3. 地方政府规章立法主体的行政立法权限

省、自治区、直辖市和设区的市、自治州的人民政府,是地方政府规章的立法主体。根据《立法法》第九十三条的规定:“省、自治区、直辖市和设区的市、自治州的人民政府,可以根据法律、行政法规和本省、自治区、直辖市的地方性法规,制定规章。”地方政府规章可以就下列事项作出规定:为执行法律、行政法规、地方性法规的规定需要制定规章的事项;属于本行政区域的具体行政管理事项。需要指出的是,在地方立法权事项上,针对设区的市、自治州的人民政府的行政立法权限,《立法法》规定有特别的限制性要求,设区的市、自治州的人民政府虽然具有行政立法权,但并不意味其能够针对所有的行政管理事项均可制定地方政府规章,而是限于城乡建设与管理、生态文明建设、历史文化保护、基层治理等方面的事项。在地方立法权的内部协调上,应以法治方式妥善处理地方性法规与地方政府规章的衔接问题,促进地方立法权行使的体系化发展,对于应当制定地方性法规但条件尚不成熟的,基于行政管理的迫切需要,可以先制定地方政府规章,规章实施满两年需要继续实施规章所规定的行政措施的,应当提请本级人民代表大会或者其常务委员会制定地方性法规。

(三) 行政立法的效力位阶

从法律效力上看,我国的法律规范在纵向上有着效力等级划分,这种自上而下的法律效力等级层次划分称为法律效力位阶。

在法律位阶的层级结构中,下位阶的法律不得与上位阶的法律相冲突。行政立法中应遵循效力位阶的相关要求,以上位法作为根据,比如《宪法》规定,国务院应根据宪法和法律,制定行政法规。

1. 宪法、法律、法规和规章的效力位阶

在我国法律体系中,宪法是国家的根本法,具有最高的法律效力,一切法律、行政法规、地方性法规、自治条例和单行条例、规章都不得与宪法相抵触。全国人民大表大会及其常务委员会制定的法律,在效力上高于行政法规、地方性法规、部门规章和政府规章。国务院制定的行政法规,在效力上高于地方性法规、部门规章和政府规章。地方人民大表大会及其常务委员会制定的地方性法规,在效力上高于本级和下级地方政府规章。省、自治区的人民政府制定的规章,在效力上高于本行政区域内的设区的市、自治州的人民政府制定的规章。

2. 自治条例和单行条例、经济特区法规、规章的效力范围

根据《立法法》的规定,自治条例和单行条例依法对法律、行政法规、地方性法规作变通规定的,在本自治地方适用自治条例和单行条例的规定。经济特区法规根据授权对法律、行政法规、地方性法规作变通规定的,在本经济特区适用经济特区法规的规定。部门规章之间、部门规章与地方政府规章之间

具有同等效力,在各自的权限范围内施行。

3. 法律冲突的解决规则

在适用法律规范过程中,难免会遇到不同法律规范的规定不一致甚至相互冲突的情形。解决法律冲突的一般适用规则:

首先,不同位阶的法律规范发生冲突时,适用“上位法优于下位法”原则,即适用高位阶的法律规定。

其次,同一位阶的法律规范发生冲突时,应区分不同情况,或者适用“特别法优于一般法”原则,如同一机关制定的法律、行政法规、地方性法规、自治条例和单行条例、规章,特别规定与一般规定不一致的,适用特别规定;或者适用“新法优于旧法”原则,如同一机关制定的法律、行政法规、地方性法规、自治条例和单行条例、规章,新的规定与旧的规定不一致的,适用新的规定。这里需要特别关注的是,“特别法优于一般法”“新法优于旧法”原则的适用,应注意把握同时符合两个前提条件:一是“立法机关是同一机关”,二是属于“同一概念,或者事实、事项规定不一致时”。

再次,关于“法不溯及既往”原则的适用规则。根据《立法法》规定,法律、行政法规、地方性法规、自治条例和单行条例、规章不溯及既往,但为了更好地保护公民、法人和其他组织的权利和利益而作的特别规定除外。

此外,法律之间对同一事项的新的一般规定与旧的特别规定不一致,不能确定如何适用时,由全国人民代表大会常务委员会裁决。行政法规之间对同一事项的新的一般规定与旧的特别规定不一致,不能确定如何适用时,由国务院裁决。地方性法规、规章之间不一致时,由有关机关依照下列规定的权限作出裁决:同一机关制定的新的一般规定与旧的特别规定不一致时,由制定机关裁决;地方性法规与部门规章之间对同一事项的规定不一致,不能确定如何适用时,由国务院提出意见,国务院认为应当适用地方性法规的,应当决定在该地方适用地方性法规的规定;认为应当适用部门规章的,应当提请全国人民代表大会常务委员会裁决;部门规章之间、部门规章与地方政府规章之间对同一事项的规定不一致时,由国务院裁决。根据授权制定的法规与法律规定不一致,不能确定如何适用时,由全国人民代表大会常务委员会裁决。

四、行政立法的程序

行政立法程序,是指行政立法主体根据法定权限制定行政法规和规章所应遵循的步骤、方式、顺序等程序性规定。

行政立法是行政机关实施的一项影响范围广泛的行政活动,必须通过严格的立法程序加以约束。为了规范行政立法活动,保证行政立法质量,国务院颁布了《行政法规制定程序条例》《规章制定程序条例》《法规规章备案条例》,对行政法规、规章的制定程序和备案程序等内容作了具体规定。行政立法程序主要包括:立项、起草、审查、决定与公布、解释。

(一)立项

立项,是指各级人民政府的法制机构,根据国民经济和社会发展需要,编制的具有指导性的行政立法计划。

行政立法计划的主要内容,包括一定时期内行政法规或规章的制定、修改、完善、清理等有关立法方面的工作。例如,国务院于每年年初编制本年度的行政法规立法工作计划。国务院所属部门虽然只有制定部门规章的权限,但是如果认为需要制定行政法规的,应当于每年年初国务院编制年度行政立法工作计划前,向国务院报请立项。国务院法制机构则会根据国务院行政法规立法的总体部署,对部门报送的行政法规立项申请进行汇总,在进行审查研究、评估论证之后,拟定国务院年度的行政法规立法工作计划,上报国务院批准。对于适应改革、发展、稳定的需要,有关的改革实践经验基本成熟,所要解决的问题属于国务院职权范围并需要国务院制定行政法规的事项,应当列入国务院立法年度计划。

关于规章的立项,国务院部门内设机构或者其他机构认为需要制定部门规章的,应当向该部门报请立项。省、自治区、直辖市和设区的市、自治州的人民政府所属工作部门或者下级人民政府认为需要制定地方政府规章的,应当向该省、自治区、直辖市或者设区的市、自治州的人民政府报请立项。报送制定规章的立项申请,应当对制定规章的必要性,所要解决的主要问题、拟确立的主要制度等作出说明。国务院部门法制机构,省、自治区、直辖市和设区的市、自治州的人民政府法制机构,应当对制定规章的立项申请和公开征集的规章制定项目建议进行评估论证,拟订本部门、本级人民政府年度规章制定工作计划,报本部门、本级人民政府批准后向社会公布。

行政立法规划是指导性的规划,在具体执行过程中,可以根据实际情况进行适度调整。国务院法制机构负责组织协调、督促指导行政法规立法工作计划,在执行过程中,可根据实际情况对立法计划予以调整。国务院部门法制机构,省、自治区、直辖市和设区的市、自治州的人民政府法制机构,负责组织协调、督促指导本部门、本级人民政府年度规章制定工作计划,可根据实际情况对立法计划予以调整。

(二)起草

起草,是指对列入立法计划的需要制定的行政法规和规章,由人民政府各主管部门分别草拟法案。例如,行政法规由国务院组织起草,负责具体起草工作的可以是国务院法制机构,也可以是国务院所属的一个部门或几个部门。

负责起草行政法规的部门,没有对有关管理体制如何确立、管理机构如何设置等重大方针政策问题的决定权,不过关于这些重大问题可以提出解决方案,报国务院决定。在起草规章过程中,要深入调查研究,总结实践经验,广泛听取有关机关、组织和公民的意见,特别是对于社会公众有重要影响等重大利益调整事项的,要进行论证咨询。起草行政法规、部门规章,涉及国务院其他部门的职责或者与国务院其他部门关系紧密的,起草单位应当与有关部门进行充分协商。起草地方政府规章,涉及本级人民政府其他部门的职责或者与其他部门关系紧密的,起草单位应当充分征求其他部门的意见。起草部门与其他部门有不同意见,经过充分协商不能取得一致意见的,起草单位应当在上报规章草案送审稿时说明情况和理由。

行政立法起草应当经过调查研究、协商协调、征求意见等环节,广泛听取各方意见,特别是利益相关者的意见。听取意见可以采用座谈会、讨论会、听证会等形式,其中听证会是至关重要的一种听取意见的形式。此外,要善于通过互联网平台等新媒体渠道,收集社会公众的立法意见。

(三)审查

审查,是指行政法规、规章草案的送审稿形成之后,由起草单位送交政府相应法制机构进行审议、核查的制度。

政府法制机构对行政法规、规章草案送审稿进行审查的主要内容有:制定法规、规章的必要性和可行性;是否符合党和国家的方针、政策、法律以及上一层次规范性文件的规定;是否在本机关的权限范围内,是否有越权或滥用职权的现象;法规、规章草案的结构、文字等立法技术是否规范;是否符合上报手续,以及有关的资料、说明是否齐备等。

以行政法规为例,由国务院法制机构负责对行政法规草案送审稿进行审查,审查的内容主要有:该行政法规是否严格贯彻落实党的路线方针政策和决策部署,是否符合宪法和法律的规定,是否遵循《立法法》确定的立法原则;是否符合《行政法规制定程序条例》第十二条的要求;是否与有关行政法规协调、衔接;是否正确处理有关机关、组织和公民对送审稿主要问题的意见;其他需要审查的内容。经过审查,国务院法制机构应当认真研究各方面的意见,与起草部门协商后,对行政法规草案送审稿进行修改,形成行政法规草案和对草案的说明。

（四）决定与公布

决定，是指行政法规、规章在起草、审查完毕后，交由主管机关的正式会议讨论表决的制度。公布，是行政法规、规章生效的必经程序和必要条件。

行政法规草案由国务院常务委员会议审议，或者由国务院审批。国务院常务会议审议行政法规草案时，由国务院法制机构或者起草部门作说明。部门规章应当经部务会议或者委员会会议决定。地方政府规章应当经政府常务会议或者全体会议决定。审议规章草案时，由法制机构作说明，也可以由起草单位作说明。

行政法规、规章公布的目的在于广而告之，使得行政主体、行政相对人知晓必须遵守的行为规则，以此推动法规和规章取得切实效果。行政法规由总理签署国务院令公布施行；部门规章由本部门首长签署命令予以公布；地方政府规章由省长、自治区主席、市长、自治州州长签署命令予以公布。

行政法规签署公布后，应及时在国务院公报和中国政府法制信息网以及在全国范围内发行的报纸上刊载，在国务院公报上刊登的行政法规文本为标准文本。部门规章签署公布后，要及时在国务院公报或者部门公报和中国政府法制信息网以及在全国范围内发行的报纸上刊载；地方政府规章签署公布后，要及时在本级人民政府公报和中国政府法制信息网以及在本行政区域范围内发行的报纸上刊载；在国务院公报或者部门公报、地方人民政府公报上刊登的规章文本为标准文本。

行政法规、规章应当自公布之日起 30 日后施行，涉及国家安全、外汇汇率、货币政策的确定，以及公布后不立即施行将有碍该行政法规、规章施行的，可以自公布之日起施行。

（五）解释

解释，是指根据行政法规、规章适用需要，作出的进一步明确说明。比如，行政法规的规定需要进一步明确具体含义的，或者行政法规制定后出现新的情况,需要明确适用行政法规依据的,由国务院解释。国务院法制机构研究拟订行政法规解释草案,报国务院同意后,由国务院公布或者由国务院授权国务院有关部门公布。行政法规的解释与行政法规具有同等效力。

国务院各部门和省、自治区、直辖市人民政府可以向国务院提出行政法规解释要求。对属于行政工作中具体应用行政法规的问题,省、自治区、直辖市人民政府法制机构以及国务院有关部门法制机构请求国务院法制机构解释的,国务院法制机构可以研究答复;其中涉及重大问题的,由国务院法制机构提出意见,报国务院同意后答复。

规章的规定需要进一步明确具体含义的,或者规章制定后出现新的情况,需要明确适用规章依据的,规章制定机关有解释权。规章解释由规章制定机关的法制机构参照规章送审稿审查程序提出意见,报请制定机关批准后公布。规章的解释同规章具有同等效力。

第二节 提高行政立法的质量和效率

近年来,我国行政立法工作取得显著成效,在加强和改进政府治理,促进经济社会健康发展,维护社会和谐稳定等方面发挥了重要作用。推进行政立法工作,要求行政机关在立法中坚持立法基本原则,严守立法权限,遵循立法程序,有效避免部门化倾向,防止地方保护主义影响,进一步提高立法质量和立法效率。

一、遵循行政立法的基本原则

行政机关在制定行政法规、部门规章和政府规章过程中,应当坚持科学立法、依法立法、民主立法,这也是行政立法应当遵循的基本准则和提高立法质量的根本途径。

（一）科学立法原则

行政机关立法要从基本国情和实际出发，尊重法律所调整的客观规律，遵循法律体系的内在规律、立法工作规律，适应经济社会发展和全面深化改革的要求，确保所制定的行政法规和规章既有规定性，又有合理性，体现协调性、系统性，经得起实践的检验。

科学立法要求在行政立法中要做到立足实际，进行充分的调查研究和评估论证，克服立法的简单化、表面化倾向；坚持从大局出发，制定行政法规和规章要避免行政权力部门化、部门权力利益化，维护法制统一的要求，不得与上位法相冲突；注重权利与义务相对等，科学合理地规定公民、法人和其他组织的权利与义务，明确其权利受到侵害的救济方式和途径；体现权力与责任相统一，在赋予行政机关权力的同时，要规定其行使职权的必要条件和程序，以及应当承担的责任；遵循立法技术规范，提升立法的针对性和可操作性，行政立法不是对上位法内容的简单重复，要备而不繁，逻辑严密，条文明确、具体，用语准确、简洁，便于有效贯彻执行。

（二）民主立法原则

从行政立法意义上看，行政立法活动既是满足行政机关实施行政管理活动的需求，也是凝聚社会共识、统筹协调各方利益关系的重要方式，必然要求立法活动能够充分体现民主性，更好反映人民的意志。

在我国，行政立法中的民主立法原则主要表现在两个方面：一方面，行政立法应当以保护公民权益为出发点和落脚点。民主立法的核心在于体现立法为了人民，在立法内容上是对大多数人的合法权益的实质代表，因此民主的行政立法内容必然体现为对最广大人民根本利益的维护。另一方面，行政立法过程中应当保障公民有序参与立法活动。民主的含义之中应体现出程序上的尊重，即允许最广泛的参与，最广泛的意见表达。只有让利益相关者的意志得到充分的表达，才能保证行政立法程序上的民主。

《宪法》第二条规定:“中华人民共和国的一切权力属于人民。人民行使国家权力的机关是全国人民代表大会和地方各级人民代表大会。人民依照法律规定,通过各种途径和形式,管理国家事务,管理经济和文化事业,管理社会事务。”人民民主是一种全过程的民主,公民参与立法活动,既是全过程人民民主的生动实践,也是参与管理国家事务、社会事务的重要体现。社会公众参与立法活动,有利于增强立法机关与公众之间的良性互动,促进社会利益的有机整合,更好地发挥立法的效用,推动形成多元治理合力;有利于加强对公权力的监督和制约,推动权力在阳光下运行,有效遏制权力腐败。

在行政法规、规章起草过程中,要坚持“开门立法”,广纳民意、广集民智。注重扩大立法工作的公众参与程度,创新公众参与立法的方式方法,保障公民、法人和其他组织等通过多种途径有序参与立法活动。有效发挥基层立法联系点的作用,鼓励和引导基层群众积极参与到立法活动中。通过召开座谈会、论证会、听证会等多种形式,广泛听取社会各方面的意见,特别是直接涉及公民、法人和其他组织切身利益的事项,有关机关、组织或者公民对其有重大意见分歧的,应当面向社会征求社会各界的意见,对于提出的相对集中的意见在立法中没有采纳的,要及时作出相应说明,促使立法活动能够最大程度地体现民意、汇集民智。在公众参与行政立法方面,各级行政立法主体进行了积极探索,比如山东省政府为促进公众有序参与政府立法活动,于 2021 年 1 月 30 日颁布了《山东省政府立法公众参与办法》,规定了公众参与立法的具体内容、途径方式以及配套的保障措施,这也是国内首部专门规范公众参与政府立法活动的省级政府规章。

(三)依法立法原则

依法立法原则要求行政机关的行政立法必须严格遵循立法权限、立法程序的要求,制定行政法规和规章应当符合宪法的规定、原则和精神,有明确的上位法依据,不与上位法的规则相冲突,行政立法过程符合立法法及行政法规、规章制定程序的规定。

具体而言,依法立法原则包括法律优先原则和法律保留原则。

1. 法律优先原则

法律优先原则,又称法律优位,具体表现在行政立法上,就是要求行政立法不得同现行法律相抵触。

法律优先原则表明,除宪法之外,法律在效力上高于任何其他法律规范。我国实行的是多层次的立法体制,行政立法中要明晰中央与地方、权力机关与行政机关的各自立法权限,明晰法律、行政法规、地方性法规、规章等各自的法律效力位阶关系,在维护国家法制统一前提下,依法行使立法权。

法律优先原则在《立法法》中得到了体现。首先,在总则部分,《立法法》明确规定,立法应当符合宪法的规定、原则和精神,应当依照法定的权限和程序,从国家整体利益出发,维护社会主义法制的统一、尊严和权威。在第五章适用与备案审查部分,《立法法》第九十八条至一百零六条集中规定了我国现有法律体系中各类立法的法律地位和效力。

2. 法律保留原则

法律保留原则,在《立法法》中称为国家专属立法权,是指在多层次立法中,有些立法事项的立法权只属于法律,法律以外的其他规范一律不得行使。就立法而言,重要的事项应由法律规定,未经法律授权,行政机关不得以行政立法代为规定。表现在行政立法上,法律保留原则要求行政立法必须具有法律依据,行政机关只有在取得法律授权的情况下,才能实施相应的立法行为。

德国行政法学者奥托·迈耶于 1895 年在其著作《德国行政法》一书中最先提出了法律保留①,这在限制行政权滥用,保障公民的基本权利等方面发挥了重要作用。我国《立法法》明确列举了只能制定法律的法律保留事项,即国

① 参见[德]奥托·迈耶:《德国行政法》,刘飞译,商务印书馆 2002 年版,第 72 页。

家立法机关全国人民代表大会及其常务委员会的专属立法事项，主要涉及国家主权制度、国家基本制度、国家征收征用制度、公民基本权利等事项。①

具体分析，法律保留原则可分为相对保留和绝对保留两种情况。所谓相对保留，是指对于法律保留的事项原则上由法律规定，但在法律特别授权的情况下，可将法律保留的某些事项授权给行政机关规定。根据《立法法》第十二条规定，对于法律保留事项尚未制定法律的，全国人民代表大会及其常务委员会有权作出决定，授权国务院可以根据实际需要，对其中的部分事项先制定行政法规，这就属于相对保留。所谓绝对保留，是指某些事项只能由法律规定，不得授权行政机关进行规定。根据《立法法》第十二条规定，有关犯罪和刑罚、对公民政治权利的剥夺和限制人身自由的强制措施和处罚、司法制度等事项，只能由国家立法机关全国人民代表大会及其常务委员会制定法律，这就属于绝对保留。

二、完善行政立法的工作机制

构建科学高效的行政立法工作机制，是提高行政立法质量和效率的关键所在。从我国现行立法体制看，行政立法与国家权力机关的立法统筹于国家立法体制中，必须坚持党对立法工作的领导，不断完善党委领导、人大主导、政府依托、各方参与的立法工作格局。

（一）科学制定行政立法计划

行政立法主体要完善立法项目征集、立法规划编制、立法论证评估等制

① 《立法法》第十一条规定，下列事项只能制定法律：（一）国家主权的事项；（二）各级人民代表大会、人民政府、监察委员会、人民法院和人民检察院的产生、组织和职权；（三）民族区域自治制度、特别行政区制度、基层群众自治制度；（四）犯罪和刑罚；（五）对公民政治权利的剥夺、限制人身自由的强制措施和处罚；（六）税种的设立、税率的确定和税收征收管理等税收基本制度；（七）对非国有财产的征收、征用；（八）民事基本制度；（九）基本经济制度以及财政、海关、金融和外贸的基本制度；（十）诉讼制度和仲裁基本制度；（十一）必须由全国人民代表大会及其常务委员会制定法律的其他事项。

度，统筹谋划行政立法工作，把党的领导贯穿到行政立法工作的全过程、各方面。强化问题导向，坚持问需于民，认真开展立法调研，深入基层了解群众诉求，聚焦实践中存在的问题，切实把握好立法实际需求，选准选好立法项目。在立法前的论证评估中，要注意听取行政相对人和第三方的意见建议，推进行政立法精细化、精准化，切实提高立法的针对性、实效性。

（二）加强行政立法组织协调

在行政立法实践中，行政法规、政府规章和部门规章往往涉及多方面的利益关系，涉及多部门的权力和责任，要注重抓好立法的组织协调工作，健全立法的立项、起草、论证、协调、审议机制，增强行政立法与人大立法的协同性，促进行政立法与人大立法有机衔接。加强区域协同立法协商，明确各方行政立法主体的职责任务，落实好立法计划安排，注重开展立法联合调研论证，及时共享与立法有关的信息资源，形成区域行政立法合力，更好推动区域协同立法工作，从而有效弥补地方政府规章之间不协调、不一致甚至相互冲突等问题，培育良好的区域法治环境，促进区域协调发展迈向更高水平。

（三）完善行政立法协商机制

由于行政立法涉及部门、行业、群体的利益关系调整，立法过程也是不同利益群体之间的相互博弈过程。立法协商是集思广益、增进共识，比较和平衡不同利益诉求的重要方式。行政立法主体要完善与有关国家机关的沟通协商机制，有序推进立法工作。充分发挥政协委员、民主党派、工商联、无党派人士、人民团体、社会组织在立法协商中的作用，更好统筹社会不同方面利益。

（四）优化立法征求意见机制

在立法中要扩大公众参与程度、参与覆盖面，注重公众参与的代表性。善于运用新媒体新技术拓宽立法公众参与渠道，为公众参与立法活动提供高效、便捷服务。通过政府立法信息化工作平台、互联网、新闻媒体，以及开展社会调查、召开座谈会、论证会、听证会等多种途径和形式，广泛听取社会公众特别是利益相关方等有关方面的意见和建议。对相对集中的意见未予采纳的,应当及时进行反馈和说明。

(五) 健全行政立法评估机制

立法评估是提升行政立法质量的重要保障。行政立法主体要重视开展立法前评估,对立法项目的必要性、可行性进行认真论证,确保立法项目符合现实需求和客观条件;建立健全立法风险防范机制,将风险评估贯穿立法全过程,综合评价立法对改革发展稳定等方面的影响,避免因立法而产生负面效应或者造成社会风险;对于涉及重大利益调整的立法项目和争议较大的重要立法事项,要加强咨询论证,探索引入第三方评估机制,充分听取各方意见后及时作出决定,避免因为部门之间的分歧而掣肘导致久拖不决;推动开展立法后评估,对已经生效的行政法规、部门规章和政府规章的实施效果进行评价,并根据评价情况采取相应的解决方案。

三、加强行政立法的能力建设

立法能力是保证行政立法质量的基础。总体上看,近年来行政立法工作成效显著,但与推进国家治理体系和治理能力现代化对行政立法工作提出的新要求相比,还存在一些短板问题。比如,行政立法队伍还不能完全适应立法工作的需要,特别是部分设区市立法方面的专业人才较少;地方立法创造性不足,立法特色不够鲜明;等等。加强行政立法能力建设,亟需抓好立法工作队伍建设,进一步提升地方立法水平,突出地方立法特色。

(一) 建设高素质立法工作队伍

一方面,坚持引进与培养相结合,发展壮大立法工作队伍。通过公开招录、内部选调、人才绿色通道等途径引才聚才,吸引具有法学教育背景的专业人才,或者具有法治工作实践经验的法学业务骨干加入到行政立法工作队伍中,选优配强立法工作队伍。通过举办立法业务专题培训班、立法工作学术研讨会、立法经验交流会等方式，加强对立法工作人员的系统培训、轮训，持续提升立法工作队伍的整体水平。

另一方面，善于借助外部力量，形成立法工作合力。坚持不求所有，但求所用，重视抓好立法咨询专家库建设。选聘高等院校、科研院所、律师事务所等单位的专家学者，或者在相关领域具有较高理论水平和丰富实践经验的专业人员担任专家库成员，在立法项目论证、立法条文起草、审查、审议等立法过程中提供立法咨询服务。

（二）提升地方立法工作水平

在行政立法实践中，地方政府特别是设区市政府的立法水平还需要进一步提升。要健全地方行政立法工作机制，严格行使立法权限，遵循行政立法程序。制定地方政府规章要确保不与上位法相抵触，符合行政立法程序的相关规定，处理好立法质量与立法效率的关系。地方立法不能对上位法简单重复、照搬照抄，必须加强立法需求调查研究，紧密结合本地发展需要和实际，科学编制地方立法规划计划，在充分调研论证的基础上确立地方立法项目，突出地方立法的鲜明特色，增强立法的针对性、实效性。

积极推动地方立法工作创新，健全立法机关为主导、社会各方有序参与立法的途径和方式。对于专业性、技术性较强的立法项目，可以探索委托第三方进行起草，以弥补立法力量不足问题，进一步提升行政立法质量。

四、加快重要领域的立法进程

行政立法工作是一项庞大的系统工程，涉及改革发展稳定和国家治理的方方面面。健全依法行政制度体系，必须科学分析、统筹安排，分清轻重缓急，突出立法重点，这也是完善国家治理体系、推进法治政府建设取得率先突破的必然要求。

鉴于我国立法资源的有限性，行政立法的当务之急是要聚焦改革发展大局，确保重大改革于法有据，以立法引领和推动改革；聚焦社会普遍关注的重大问题，通过立法积极回应人民群众关切，保障公民、法人和社会组织的切身利益，促进社会公平正义，维护社会和谐稳定。贯彻落实好《法治政府建设实施纲要（2021—2025年）》相关部署，“十四五”期间应加快以下几个重要领域的立法进程：

（一）完善国家治理急需和人民美好生活必备的法律制度

当前，国际国内形势复杂多变，改革发展步入深水区，国家治理涉及的经济、政治、文化、社会、生态等领域都面临着立法新需求；与此同时，伴随经济社会不断发展进步，人民生活水平日益提高，人民群众对美好生活的期盼不再仅仅局限于物质生活的富足，对民主、法治、公平、正义、安全、环境等方面有了新期盼。因此，行政立法必须充分体现国家治理急需，反映人民美好生活急盼，积极推进国家安全、科技创新、公共卫生、文化教育、民族宗教、生物安全、生态文明、防范风险、反垄断、涉外法治等重要领域立法，制定修改《传染病防治法》《突发公共卫生事件应对法》《国境卫生检疫法》，以此不断提升国家治理能力和治理水平，依法维护公民、法人和社会组织的合法权益，保障人民群众的生命健康和财产安全，推动改革发展成果更多更公平惠及广大社会公众。

（二）建立健全保障新业态新模式健康发展的相关立法

近年来，随着科学技术的迅猛发展和互联网的广泛普及应用，新业态新模式如雨后春笋般萌发、壮大。新业态新模式的蓬勃兴起，既带来了重大发展机遇，拉动了经济发展，创造了就业岗位，也给监管工作带来了新的挑战。由于新业态新模式属于新生事物，相关立法相对滞后，导致监管领域还存在不少立法空白地带，在实际监管过程中缺少必要的法律依据。为此，必须加强信息技术领域立法，及时跟进研究数字经济、互联网金融、人工智能、大数据、云计算等相关法律制度，尽快解决立法中的短板问题。

在针对新业态新模式的立法中，要遵循市场经济发展规律，秉持对新生事物的包容审慎理念,加强引导和法律规制,确保不出现因为追求经济发展而突破国家安全红线;研究制定的监管法律规则应当科学合理、宽严适度,提高立法的科学性、精准性,充分体现对创新的鼓励支持,为新生事物留有足够的发展空间,做到既能实现"管好"的治理目标,又不能由于法律条文繁苛而"管死",以良法善治保障新业态新模式能够在法治轨道上健康持续发展。

(三) 切实抓好规范共同行政行为立法

规范共同行政行为是推进依法行政、建设法治政府的客观要求,也是推动政府行为全面纳入法治轨道的现实需要。目前,我国行政法律规范相对分散,行政立法体系还不够完备,在行政行为通用规则方面缺乏法律的统一、明确规定,在行政执法和行政诉讼中,只能从行政行为的合法性、合理性等方面进行分析判断。① 为此,《法治政府建设实施纲要(2021—2025年)》明确要求:"加强规范共同行政行为立法,推进机构、职能、权限、程序、责任法定化。"

加强规范共同行政行为立法,有利于弥补行政立法的碎片化问题,构建科学完善的行政法律规范体系,减少因行政法律规范之间冲突而导致的行政效率低下,有效提升政府治理的整体效能。要通过修改《国务院组织法》《地方各级人民代表大会和地方各级人民政府组织法》,进一步厘清行政机关相应的职能、权限和责任;通过完善行政程序法律制度,对行政处罚、行政许可、行政强制、行政征收、行政征缴、行政收费、行政登记、行政给付、行政确权、行政确认、行政奖励、行政协议,以及政府信息公开等常见行政行为,在行使条件、方式、程序、时限等方面作出明确规定,推动行政程序的法定化、规范化;通过制定《行政备案条例》《行政执法监督条例》等行政法规,加强对权力运行的制约和监督,进一步规范行政机关的行政行为,提升政府形象

---

① 参见胡建淼:《法治政府建设:全面依法治国的重点任务和主体工程》,人民出版社2021年版,第58页。

和政府公信力。[①]

（四）完善突发事件应对法律体系

依法行政既是对行政机关处理常态工作的要求,也是其应对突发事件[②]过程中应当遵循的行为准则。依法应急是检视行政机关能否切实做到依法行政的一项重要考察指标,反映着法治政府建设的成效。

近年来,突发事件应对中遇到不少新情况新问题,特别是新冠疫情对突发事件应对管理工作带来巨大挑战。突发事件具有突发性、破坏性特点,对行政机关的应对效率要求非常高,依靠常态下的传统科层体系运作模式处理应急问题难以取得预期效果,在应对新冠疫情中现行《突发事件应对法》并未被普遍适用,既有行政执法问题,也有可操作性差等方面原因。[③]

《突发事件应对法》是应对突发事件的基本法。从源头上解决突发事件应对中的问题,亟待加快《突发事件应对法》修改进程,系统梳理、制定和修改应急管理相关法律法规。在抓好《突发事件应对法》《传染病防治法》修改的同时,尽快研究制定《自然灾害防治法》《危险化学品安全法》《突发公共卫生事件应对法》等应急领域相关法律,进一步理顺突发事件应对管理体制,明确相应管理责任,完善信息报送发布、应急物质保障、社会力量调动、应急能力建设和社会各主体合法权益保障等方面的法律制度措施,为应对自然灾害、事故灾难、公共卫生、社会安全等突发事件提供系统完备、可操作性强的法律支撑,力促突发事件应对法治化水平的持续提升。

---

① 参见胡建淼:《法治政府建设:全面依法治国的重点任务和主体工程》,人民出版社2021年版,第59页。

② 突发事件是指突然发生,已经造成或者有可能造成重大人员伤亡、财产损失、生态环境破坏及严重的社会危害,危及公共安全的紧急事件。突发事件主要包括自然灾害事件、事故灾难事件、公共卫生事件、社会安全事件等类型。

③ 参见郑功成:《构建完善的突发事件应对法律体系》,《光明日报》2020年8月22日,第7版。

第三节 行政规范性文件的制定与监督管理

行政规范性文件是行政机关实施行政管理活动的重要依据。制发行政规范性文件,是行政机关履行职能的重要方式,直接关系广大社会公众的切身利益,关系政府的形象和公信力,关系政府治理的效能和水平。扎实推进依法行政,全面建设法治政府,要求加强行政规范性文件的制定与监督管理工作,最大限度避免行政规范性文件不规范情况,进一步提高行政规范性文件的制定质量,促使其内容和形式规范化、科学化,既保证合理合法,也适应行政管理需求。

一、依法制定行政规范性文件

(一) 行政规范性文件的界定

行政规范性文件,是指除国务院的行政法规、决定、命令以及部门规章和地方政府规章外,由行政机关或者经法律、法规授权的具有管理公共事务职能的组织(以下统称制定机关)依照法定权限、程序制定并公开发布,涉及公民、法人和其他组织权利义务,具有普遍约束力,在一定期限内反复适用的公文。

行政规范性文件作为行政法律规范体系的有益补充,可以视为国家立法活动的延伸,在某种程度上具有准立法的性质。制定机关内部执行的管理规范、工作制度、机构编制、会议纪要、工作方案、请示报告、表彰奖惩、人事任免等文件,不作为行政规范性文件管理。

(二) 严格行使行政规范性文件制定权限

1. 严禁越权发文

行政规范性文件的制定主体,主要包括国务院各部门、地方各级人民政府、县级以上地方人民政府所属工作部门、县级以上地方人民政府依法设立的派出机关,以及法律、法规授权的具有管理公共事务职能的组织等。地方各级人民政府设立的议事协调机构,政府部门的内设机构、下设机构,没有制定行政规范性文件的权力。

行政规范性文件虽然具有准立法的性质,但是本质上并不属于立法范畴,必须严格依法制定,不能逾越法律的边界。行政规范性文件的名称,可以根据发文实际需要使用“办法”“规定”“意见”“通告”“通知”等,不能使用“法”“条例”等名称。行政规范性文件的内容,应当符合宪法、法律、法规、规章和国家政策规定,注重针对性、实效性和可操作性,切实保障公民、法人和其他组织的合法权益。制定机关制定的行政规范性文件,不得增加法律、法规规定之外的行政权力事项或者减少法定职责;不得设定行政许可、行政处罚、行政强制等事项,增加办理行政许可事项的条件,规定出具循环证明、重复证明、无谓证明的内容;不得在没有法律依据的情况下,减损公民、法人和其他组织的合法权益或者增加其义务,侵犯公民人身权、财产权、人格权、劳动权、休息权等基本权利;不得超越职权规定应当由市场调节、企业和社会自律、公民自我管理的事项;不得违法制定含有排除或者限制公平竞争内容的措施,违法干预或者影响市场主体正常生产经营活动,违法设置市场准入和退出条件等。

2. 严控发文数量

制定机关可以就其职权范围或者授权范围内的事项,依法制定行政规范性文件,但应当严格控制文件制发数量;对于法律、法规、规章和上级文件已经作出明确规定的,或者现行文件已有部署并且仍然适用的,不得重复制定行政规范性文件;对于内容相近的行政管理事项,要尽量予以归并后再制定行政规范性文件,避免照抄照搬照转上级文件、以文件“落实”文件。行政规范性文件涉及多部门的,制定机关要加强与有关部门的沟通协调,防止政出多门、政策效应相互抵消,争取规范性文件发布后实现治理效益最大化。

（三）严格遵循行政规范性文件制定程序

行政规范性文件必须严格依照法定程序制发，重要的行政规范性文件要严格执行评估论证、公开征求意见、合法性审核、集体审议决定、向社会公开发布等程序。

1. 评估论证

制定行政规范性文件，要对其必要性、可行性、合法性、合理性等进行充分调研论证，听取有关公民、法人或者其他组织的意见；对于拟采取的行政措施及其预期效果、可能产生的影响进行评估；对于事关重大公共利益或者公众利益，可能引发社会稳定、公共安全风险的，组织风险评估；对于有关产业发展、政府采购、市场准入、资质标准、经营规范等涉及市场主体经济活动的，进行公平竞争审查；对于专业性、技术性较强的行政规范性文件，组织相关领域专家进行论证，或者探索委托由第三方起草文件。

2. 公开征求意见

制定行政规范性文件，要注重广泛听取有关机关、组织和公民的意见。除依法需要保密的外，对涉及群众切身利益或者对公民、法人和其他组织权利义务有重大影响的行政规范性文件，应当通过政府网站、新闻发布会以及报刊、广播、电视等便于群众知晓的方式，面向社会公开征求意见，公布文件草案及其说明等材料，明确提出意见的方式和期限。对涉及群众重大利益调整的，起草部门要深入调查研究，采取座谈会、论证会、实地走访等形式充分听取各方面意见，特别是利益相关方的意见。对相对集中的意见建议不予采纳的，应当进行反馈并说明理由。

3. 合法性审核

开展合法性审核是维护国家法制统一、政令统一，确保行政规范性文件合法有效的重要措施，也是推进依法行政、建设法治政府的必然要求。对于涉及公民、法人和其他组织权利义务的行政规范性文件，要纳入合法性审核范围，做到应审必审。制定机关负责合法性审核的部门要对文件的制定主体、制定程序、制定内容等是否符合法律、法规和规章的规定,及时进行合法性审核,根据不同情形分别提出合法、不合法、应当予以修改的书面审核意见。建立健全专家协助审核机制,充分发挥政府法律顾问、公职律师和有关专家在合法性审核中的作用。避免以征求意见、进行会签、参加审议等方式代替合法性审核。未经合法性审核或者经审核不合法的,不得提交集体审议。

4. 集体审议决定

集体研究讨论行政规范性文件,有利于保证决策的科学性、民主性。行政规范性文件应当经制定机关集体审议决定。地方各级人民政府制定的行政规范性文件经本级政府常务会议或者全体会议审议决定,政府部门制定的行政规范性文件经本部门办公会议审议决定。集体讨论情况和决定应当如实记录,不同意见应当如实载明。

5. 公开发布

行政规范性文件经审议通过或批准后,由制定机关统一登记、统一编号、统一印发,按照政府信息公开的有关规定,及时通过政府公报、政府网站、政务新媒体、报刊、广播、电视、公示栏等公开向社会发布。两个以上制定机关联合制定的行政规范性文件,由主办机关负责登记、编号、印发、公布。

二、加强行政规范性文件的监督管理

（一）认真落实行政规范性文件备案审查制度

毋庸讳言,目前行政规范性文件还存在不规范情形,甚至屡见一些“奇葩”文件,严重影响了政府形象。为此,必须重视抓好行政规范性文件的备案审查工作,地方各级人民政府对所属部门、上级人民政府对下级人民政府、各部门对本部门制发的行政规范性文件要加强监督检查,发现问题及时进行整改。制定机关要及时按照规定程序和时限报送备案,做到有件必备。省级以下地方各级人民政府制定的行政规范性文件要报上一级人民政府和本级人民代表大会常务委员会备案，地方人民政府部门制定的行政规范性文件要报本级人民政府备案，地方人民政府两个或两个以上部门联合制定的行政规范性文件由牵头部门负责报送备案。县级以上地方人民政府依法设立的派出机关制定的行政规范性文件，报设立该派出机关的人民政府备案。法律、法规授权组织制定的行政规范性文件，报本级人民政府备案。实行垂直管理的部门，下级部门制定的行政规范性文件报上一级主管部门备案，同时抄送文件制定机关所在地的本级人民政府。备案审查机构对报送备案的行政规范性文件，要依照法定权限和程序，认真进行审查，做到有备必审、有错必纠。

（二）完善行政规范性文件动态清理工作机制

行政规范性文件具有时间跨度长、覆盖范围广、数量庞大等特点，在实践中难免会出现部分规范性文件与现行的法律、法规、规章不一致情况，或者是已经被新的规定所替代，或者是难以适应经济社会发展需要等问题。制定机关要根据实际情况变化，对行政规范性文件进行即时清理、专项清理或者定期清理，并向社会及时公布调整后的行政规范性文件目录和文本。建立行政规范性文件效力状态台账制度，标注行政规范性文件的效力状况并进行动态管理。建立健全行政规范性文件立法后评估制度，制定机关针对行政规范性文件的实施情况，适时组织开展评估活动，经评估认为不宜继续实施的，要及时进行修改或者废止。载明有效期的行政规范性文件，在有效期届满前未明确延续的，行政规范性文件有效期届满自动失效；拟在有效期届满后延续实施的，制定机关应当在文件有效期届满前组织评估，经评估认为可以继续实施的，由制定机关延续有效期后重新公布。

（三）充分发挥司法机关的监督作用

司法监督是发现并纠正行政规范性文件违法情形的重要渠道。比如在行政诉讼中，人民法院有权对行政规范性文件的合法性进行审查。根据《行政诉讼法》第五十三条规定:"公民、法人或者其他组织认为行政行为所依据的国务院部门和地方人民政府及其部门制定的规范性文件不合法,在对行政行为提起诉讼时,可以一并请求对该规范性文件进行审查。"《行政诉讼法》第六十四条规定:"人民法院在审理行政案件中,经审查认为本法第五十三条规定的规范性文件不合法的,不作为认定行政行为合法的依据,并向制定机关提出处理建议。"按照上述规定,人民法院基于行政诉讼原告的请求,应当对原告提及的规范性文件发布的主体、程序、内容是否合法等进行审查,经审查认为规范性文件不合法的,要向制定规范性文件的机关提出处理建议。制定机关对于人民法院就行政规范性文件提出的司法建议应当认真对待,并将处理的结果及时回复人民法院,这也是对人民法院的司法尊重。①

(四) 加强行政规范性文件制定的督查考核

完善考核评价制度,充分发挥政府督查机制作用,将行政规范性文件制定和监督管理工作纳入法治政府建设督察的内容,并作为依法行政考核内容列入法治政府建设考评指标体系。建立健全激励约束机制,及时通报督查考核情况,对工作扎实有效的予以表扬激励,对工作开展不力的进行督促整改,对造成严重不良影响的按照有关规定问责,切实推动行政规范性文件的质量不断得以提升。

① 参见章剑生:《论行政诉讼中规范性文件的合法性审查》,《福建行政学院学报》2016年第3期。

第三章

促进社会公平正义：着力提升行政执法的质效

在国家治理现代化进程中，政府作为多元治理体系的主体，担负着治理的重要职责。行政机关是公权力的行使者，行政执法①是行政机关行使权力、实现行政管理目标，以及维护公共利益、个体权益和社会秩序的主要方式。行政执法的质量和水平高低，反映了行政机关的依法行政能力，关系着公民、法人和其他组织的合法权益，关系着政府的形象及公信力，关系着法治政府建设的实际成效。加快法治政府建设，必须深入推进综合行政执法体制改革，创新行政执法的方式方法，以严格、规范、公正、文明的行政执法，促进社会公平正义，维护和保障社会和谐稳定。

① 行政执法分广义和狭义两种理解。广义上的行政执法，泛指行政机关所有的法律行为，是行政机关运用法律对国家事务实施管理的全部活动总称。狭义上的行政执法，是指行政主体执行、适用法律法规和规章的活动，是针对具体的人和事的法律行为。行政执法的主体包括行政机关和依法授权的非行政机关组织。

第一节 行政执法的基本原则

行政机关是国家权力的具体执行机关,行政执法是其主要的职责。行政机关在开展行政执法活动中必须遵循合法行政、合理行政、程序正当、信赖利益保护等基本的行为准则和基础性规范,以确保做到依法行政、公平公正。

一、合法行政原则

政府及其组成部门的权力直接来源于“法”的授权①,这就要求行政机关在开展行政执法活动时,首先应具备法律法规所赋予的权限,并且要在此基础上严格依法行使相应职权,否则在权力行使中就会逾越权力边界,继而引发违法行政,承担不利法律后果。

合法行政原则,是指行政权的来源、存在以及行使必须依据法律规定并且不得与法律相抵触,即行政机关行使行政权力,必须依法取得、依法行使,不得超越职权、滥用职权。行政机关实施行政管理应当做到合法行政,这是推进法治政府建设的必然要求,也是我国具有最高法律效力的《宪法》的要求②。

合法行政的基本要求至少包括以下几个方面:

1. 主体资格合法

根据我国法律、法规规定,行政执法主体必须具有明确的职责范围,能以自己的名义作出行政行为并独立承担相应的法律责任。这里的行政执法主体资格合法,主要是指行政机关的设立要符合法定要求,应当依照《宪法》《国务院组

① 行政权力所依据的“法”,仅指宪法、法律、行政法规、部门规章、地方性法规和地方政府规章等法律法规,一般意义上的行政规范性文件不是“法”,不能成为权力来源依据。

② 《宪法》第五条规定:“中华人民共和国实行依法治国,建设社会主义法治国家。国家维护社会主义法制的统一和尊严。一切法律、行政法规和地方性法规都不得同宪法相抵触。一切国家机关和武装力量、各政党和各社会团体、各企业事业组织都必须遵守宪法和法律。一切违反宪法和法律的行为,必须予以追究。任何组织或者个人都不得有超越宪法和法律的特权。”

织法》《地方组织法》等依法成立。比如，在推行简政放权改革中，设立行政审批局，相对集中行政许可权，实现“一枚印章管审批”，需要遵循《行政许可法》[①]等相关法律规定；设立综合行政执法局，相对集中行政处罚权，解决多头执法、重复执法等监管执法难题，则需要遵循《行政处罚法》[②]等相关法律规定。

基于行政管理的实际需要，行政机关设置的某些内部机构在法律、法规授权的前提下，也可以成为行政执法主体。政府职能部门的派出机构是政府职能部门在一定区域内设置的管理某项行政执法事务的机构，具有行政执法的主体资格，比如公安派出所、税务所、工商所、土地管理所等。

2. 主体权限合法

主体权限合法，主要是指行政权的来源和设定必须合法，即一切行政权都应来源于法律[③]，基于法律的授权而存在，凡是法律没有授权的领域，行政主体就无权进行相应的行政管理活动。在涉及公民权利和义务等事项方面，只有法律明确授权，行政机关才能实施相应的管理活动。行政机关超越法律授权范围行使权力，需要承担相应责任，对此，《行政诉讼法》[④]《行政复议法》[⑤]

---

① 《行政许可法》第二十五条规定：“经国务院批准，省、自治区、直辖市人民政府根据精简、统一、效能的原则，可以决定一个行政机关行使有关行政机关的行政许可权。”

② 《行政处罚法》第十八条第二款规定：“国务院或者省、自治区、直辖市人民政府可以决定一个行政机关行使有关行政机关的行政处罚权。”

③ 此处以及此后单独出现的有关“法律”的表述，泛指宪法、法律、行政法规、地方性法规、部门规章和地方政府规章等。

④ 《行政诉讼法》第七十条规定：“行政行为有下列情形之一的，人民法院判决撤销或者部分撤销，并可以判决被告重新作出行政行为：(一)主要证据不足的；(二)适用法律、法规错误的；(三)违反法定程序的；(四)超越职权的；(五)滥用职权的；(六)明显不当的。”

⑤ 《行政复议法》第二十八条第一款规定：“行政复议机关负责法制工作的机构应当对被申请人作出的具体行政行为进行审查，提出意见，经行政复议机关的负责人同意或者集体讨论通过后，按照下列规定作出行政复议决定：(一)具体行政行为认定事实清楚，证据确凿，适用依据正确，程序合法，内容适当的，决定维持；(二)被申请人不履行法定职责的，决定其在一定期限内履行；(三)具体行政行为有下列情形之一的，决定撤销、变更或者确认该具体行政行为违法；决定撤销或者确认该具体行政行为违法的，可以责令被申请人在一定期限内重新作出具体行政行为：1. 主要事实不清、证据不足的；2. 适用依据错误的；3. 违反法定程序的；4. 超越或者滥用职权的；5. 具体行政行为明显不当的。”

等法律法规均有明确规定。

3. 行为内容合法

行为内容合法主要是指行政机关应当严格在法定职权范围内履行法定职责,一切行政活动都不得与法律相抵触,行为内容要符合法律的目的和要求。行政机关实施的行政行为应有明确的事实根据和确凿证据,要正确适用法律、法规和规章的规定,体现行政法的价值和精神,依法维护公共利益以及公民、法人和其他组织的合法权益。比如,行政机关开展行政审批、监管执法活动,具体行为内容应符合法律的目的和要求。

4. 行为程序合法

行为程序合法主要是指行政机关实施的行政行为应当符合法定的方式、步骤、顺序、时限等程序性要求。程序合法体现了现代行政法治的程序正义精神,有利于防止专制和保障行政民主,是保护公民、法人和其他组织的合法权益不被违法行政行为侵犯的屏障。①

实践中发生的一些行政机关违背合法行政原则的案例,应引起行政机关的重视。比如,发生在云南省澜沧县的澜沧县国土局与澜沧县勐朗镇老街村民小组、第三人杨某土地行政决定案。该案起因是杨某与澜沧县勐朗镇老街村民小组发生的土地权属争议。2014 年 3 月 31 日,澜沧县国土资源局作出土地权属争议行政决定,将该土地的使用权确定归杨某所有。老街村民小组不服,先是向澜沧县政府申请复议,澜沧县政府维持了县国土局的行政决定。老街村民小组不服行政复议决定,于是向法院提起了诉讼。一审法院判决撤销了县国土局作出的行政决定,并责令县国土局重新作出行政行为。二审法院认为,县国土局并无权限作出本案处理决定,遂判决撤销一审判决,撤销县国土局作出的行政决定。从本案来看,根据《土地管理法》和《土地权属争议

① 参见马怀德:《行政法学》,中国政法大学出版社 2009 年版,第 117 页。

调查处理办法》的规定,村民小组与个人之间的土地所有权和土地使用权争议,当事人协商不成的,应该由人民政府处理。县国土局作为县级政府土地行政主管部门,其职能是对土地权属争议进行调查、调解和提出处理意见报所在县政府作出处理决定,但是不能直接以自己的名义作出最后的确认决定。本案中,县国土局作出的土地权属争议行政决定属于超越法定权限作出的越权行政行为,违背了合法行政原则,因此二审法院撤销了县国土局的行政决定。①

二、合理行政原则

合理行政原则,是指行政权的行使应当遵循公平、公正的原则,客观、适度,符合理性和行政目的。合理原则是合法原则的补充与发展。行政机关违反合法原则会导致行政违法,违反合理原则会导致行政不当。

合理行政原则在限制行政机关滥用行政自由裁量权方面具有极其重要的价值。行政机关违反合理行政原则,应当承担相应的法律后果。根据《行政诉讼法》的相关规定,法院对行政行为的合理性具有审查职能。②

行政机关在行政执法中应当坚持合理行政,基本要求主要包括平等原则、比例原则等内容。

1. 平等原则

平等原则是指行政机关实施行政管理,要讲求公平、公正,平等地对待行政相对人,对所有当事人要适用同样的标准和条件,做到同等情况同等对待、

---

① 参见《澜沧拉祜族自治县国土资源局与澜沧拉祜族自治县勐朗镇老街村民委员会老街村民小组、第三人杨德华土地行政决定案二审行政判决书》,中国裁判文书网,http://wenshu.court.gov.cn/website/wenshu/181107ANFZ0BXSK4/index.html?docId=3fedb096fc91427aa31d1c0617e6fe01。

② 《行政诉讼法》第七十条规定:"行政行为有下列情形之一的,人民法院判决撤销或者部分撤销,并可以判决被告重新作出行政行为:(一)主要证据不足的;(二)适用法律、法规错误的;(三)违反法定程序的;(四)超越职权的;(五)滥用职权的;(六)明显不当的。"

不同情况区别对待，不因当事人的身份、地位、地域等因素实施差别性待遇，即：情况相同的人在享受权利和负担义务方面也应当相同，并且在他们的权利受到侵犯时，有同样请求法院救济的权利；对情况不同的人，法律必须规定不同的权利和义务。①

2. 比例原则

比例原则是指行政机关实施行政行为时，应兼顾行政目的和适当手段的选择，在全面衡量公益与私益的基础上保障两者的均衡，采取对行政相对人侵害最小的适当方式进行，不能超过必要的限度。从一定意义上讲，合理行政原则的价值，主要就是在于对行政自由裁量权的控制。

从立法实践看，比例原则的思想渊源最早可追溯至英国 1215 年 6 月 10 日颁布的《大宪章》，《大宪章》规定犯轻罪者应按犯罪之程度科以罚金，犯重罪者应按犯罪之轻重没收其土地与居室以外的财产。从行政性法规来看，比例原则起源于德国，比例原则是德国行政法上的一项基本原则，并且被称为行政法的“皇冠原则”。比例原则最初只适用于德国警察法领域，德国 1931 年 6 月 1 日颁布的《普鲁士警察行政法》规定，警察机关选择维护公共安全或秩序的方式时，应尽可能选择对关系人和公众造成危害最小的方法。第二次世界大战以后，德国逐步将比例原则的适用范围扩展至几乎所有行政管理领域，其 1953 年颁布的《行政执行法》规定：“强制方法必须与其目的保持适当比例，决定强制方法时应尽可能考虑对当事人和公众最小侵害”②。此后，一些国家受到德国法的影响，也将比例原则通过立法形式加以确定。③

---

① 参见王名扬：《美国行政法》，中国法制出版社 1995 年版，第 102 页。

② 城仲模：《行政法之一般法律原则（一）》，（台北）三民书局出版有限公司 1999 年版，第 180 页。

③ 比如，《荷兰行政法通则》第三章第四条规定：“某个（行政）命令对一个或更多的利害关系人产生不利后果，这不利后果须与命令的目的相当”；《葡萄牙行政程序法典》第五条规定：“行政当局的决定与私人权利或受法律保护的利益有冲突时，仅可在对拟达致的目标系属适当及适度的情况下，损害这些权利与利益”。

比例原则由妥当性原则、必要性原则、均衡性原则几个方面内容构成。妥当性原则，主要是指行政行为必须有利于实现所追求的行政目的和法律目的，这就要求行政机关在行使自由裁量权时，应准确理解法律内容和法律精神，行政行为要建立在理性基础之上，排除各种不相关因素的干扰；必要性原则，主要是指计划采取的行政手段是必需的，属于可选择手段中最温和的方式，对当事人所产生的法律负面影响也是最小的，目的与手段、结果与措施之间相互匹配；均衡性原则，主要是指所保护的公共利益要远大于因实施行政管理而使行政相对人遭受的损害。

关于比例原则的司法审判案例，黑龙江省哈尔滨市规划局与黑龙江汇丰实业发展有限公司行政处罚纠纷案①具有一定代表性。该案也是国内司法审判实践中法院较早运用比例原则作出裁判的案例，法院在判决书中把比例原则的基本精神直接运用到了司法审判实践之中，具有重要价值。②

三、正当程序原则

行政机关在行政执法中应遵循的程序包括法定程序和正当程序，具体是

---

① 1993年4月，哈尔滨市同利实业公司（以下简称同利公司）向哈尔滨市规划局（以下简称规划局）申请翻建楼房。同年6月17日，同利公司与黑龙江汇丰实业发展有限公司（以下简称汇丰公司）达成房屋买卖协议。规划局先后核发《建设用地规划许可证》《建设工程规划许可证》。汇丰公司向规划局申请增建，在未得到答复情况下进行施工，建成面积3800平方米、6164平方米的两建筑物。1996年8月12日，规划局作出行政处罚，要求分别拆除760平方米（罚款182400元）、2964平方米（罚款192000元）。汇丰公司提起行政诉讼。参见《黑龙江省哈尔滨市规划局与黑龙江汇丰实业发展有公司行政处罚纠纷上诉案》，找法网，http://china.findlaw.cn/info/xingzheng/xzchufa/xzcfal/379529.html。

② 该案经黑龙江省高级人民法院一审审理认定，规划局处罚显失公正，对具体行政行为予以变更，减少了拆除面积，变更了罚款数量。规划局不服，提出上诉。最高人民法院二审维持原判，判决书中表述为："规划局所作的处罚决定应针对影响的程度，责令汇丰公司采取相应的改正措施，既要保证行政管理目标的实现，又要兼顾保护相对人的权益，应以达到行政执法目的和目标为限，尽可能使相对人的权益遭受最小的侵害。"参见《黑龙江省哈尔滨市规划局与黑龙江汇丰实业发展有公司行政处罚纠纷上诉案》，找法网，http://china.findlaw.cn/info/xingzheng/xzchufa/xzcfal/379529.html。

指行政机关行使行政权力,作出有可能影响行政相对人权益的行政行为时,既要严格遵循法定的方式、步骤、顺序、时限等法定程序要求,也要遵循正当程序要求。

正当程序原则,又称正当法律程序原则。正当法律程序这一词汇源自法国的一个术语:法律程序。该术语传达的意思似乎是,只有根据法律程序才能施加重大伤害,可以推测,与此相对的是,任意行事或恣意而为。①

值得一提的是,虽然正当法律程序已经过200余年的发展,但关于其内涵却是一个人言人殊的问题。② 英国是最先表达"正当法律程序"要求的国家,尽管其并未成功保持这一术语的活力。③ 按照英国丹宁勋爵的解释,"正当法律程序即法律为了保持日常司法工作的纯洁性所采取的各种方法,比如公正的审判和调查等"④。也有观点将其理解为向当事人提供律师,只有律师在场时才接受审问,非法获取的证据不予采用。如果将其运用于民事自由权,则采取广义之解释。⑤《大不列颠百科全书》中将其定义为:"按照各个法律制度中制定的规则和原则保护个人权利的行使的诉讼程序。在各个案件中,正当法律程序要求政府按照公认的保护个人权利的保护条款,根据法律的允许和授权行使其权利"⑥。而《美国法律词典》则是从司法运作中对当事人权利的保障角度来阐释的,认为正当法律程序是"表示规范的正规执法的法律概念。

---

① 参见马玉丽:《美国宪法的正当法律程序研究——从程序到实质的演变》,山东人民出版社2016年版,第45页。

② 参见刘东亮:《什么是正当法律程序》,《中国法学》2010年第4期。

③ 参见马玉丽:《美国宪法的正当法律程序研究——从程序到实质的演变》,山东人民出版社2016年版,第46页。

④ [英]丹宁勋爵:《法律的正当程序》,李克强、杨百揆、刘庸安等译,法律出版社2011年版,"前言"第2页。

⑤ 参见[英]戴维·M.沃克:《牛津法律大词典》,邓正来等译,光明日报出版社1989年版,第274页。

⑥ 《大不列颠百科全书》(国际中文版)第5卷,中国大百科全书出版社1999年版,第430页。

它建立在政府不得专横、任意的行事的原则上且意味着政府只能根据法律确立的方式和法律为保护个人权利对政府施加的限制进行活动”①。

由此可见,正当法律程序是个多义的宪法概念,既指法治、法律程序的公正,也指一项基本权利。② 即使美国联邦最高法院也未能给正当法律程序作出准确的定义,只是声称它愿意尊重司法的内涵与外延发展的规律,以一种渐进的过程对其加以适用。③

美国法与英国一脉相承,美国在宪法修正案中以成文法形式确立了正当法律程序原则,规定任何人未经正当法律程序不得剥夺其生命、自由和财产。美国对正当法律程序的发展体现了程序本位主义思想,它强调程序自身的价值,注重程序的过程的有效性。法律程序就是要使得法律裁判和决策的当事人能平等参与到法律活动中。正当法律程序起源于英美国家不是偶然的,最根本的原因在于古代的程序正义观念在英美国家的继承和发展,只要遵循了严格的正当法律程序,结果就可以视为正义,这就是英美法重视程序的传统。④

西方法治的历史,是一部奉行程序法制的历史。从英美法的经验看,法治主要是一种程序性原则,是一套精巧的技术或机制。⑤ 判断一项法律程序或者法律实施过程是否具有正当性与合理性,不取决于它是否有利于产生正确的结果,而在于他是否为一些独立的价值提供保护。⑥ 目前,世界上越来越多的国家通过行政程序立法的方式,把正当程序确立为行政法的基本原则,正当

① [美]彼得·G.伦斯特罗姆编:《美国法律辞典》,贺卫方等译,中国政法大学出版社 1998 年版,第 15 页。

② 参见薛波:《元照英美法词典》,法律出版社 2003 年版,第 448 页。

③ 参见[美]卡尔维因、帕尔德森:《美国宪法释义》,徐卫东、吴新平译,华夏出版社 1989 年版,第 231 页。

④ 参见马玉丽:《美国宪法的正当法律程序研究——从程序到实质的演变》,山东人民出版社 2016 年版,第 52、183 页。

⑤ 参见张彩凤:《英国法治研究》,中国人民公安大学出版社 2001 年版,第 266 页。

⑥ 参见陈瑞华:《程序价值理论的四个模式》,《中外法学》1996 年第 2 期。

程序已成为现代法治国家行政程序法的核心理念。

作为行政机关,在行政执法过程中,既要保证行政权力的取得和运用符合法律规定,做到实体合法,也要保证行政权力的行使和行政行为遵循正当程序,符合程序要求,做到程序合法。

正当程序原则主要体现以下几个方面内容:

1. 听取行政相对人的陈述和申辩

听取陈述和申辩,是行政相对人维护自身权利的现实需求,也是行政机关查明事实情况,作出公平、公正判断的基础。行政机关实施行政管理,尤其是在作出有可能影响行政相对人的不利决定时,应当听取行政相对人的陈述和申辩。对此,我国的《行政处罚法》①《行政许可法》②等法律法规有相关规定。行政机关作出可能严重影响行政相对人合法权益的行政行为,要依据法律规定或者行政相对人的申请组织听证③,通过双方当事人的当庭质证和辩论,审查行政执法人员的行政行为是否妥当。在西方的法学理论之中,听证被誉为“正当程序的核心”④。我国《行政处罚法》⑤《行政

① 《行政处罚法》第四十五条规定:“当事人有权进行陈述和申辩。行政机关必须充分听取当事人的意见,对当事人提出的事实、理由和证据,应当进行复核;当事人提出的事实、理由或者证据成立的,行政机关应当采纳。”第六十二条规定:“行政机关及其执法人员在作出行政处罚决定之前,未依照本法第四十四条、第四十五条的规定向当事人告知拟作出的行政处罚内容及事实、理由、依据,或者拒绝听取当事人的陈述、申辩,不得作出行政处罚决定;当事人明确放弃陈述或者申辩权利的除外。”

② 《行政许可法》第三十六条规定:“行政机关对行政许可申请进行审查时,发现行政许可事项直接关系他人重大利益的,应当告知该利害关系人。申请人、利害关系人有权进行陈述和申辩。行政机关应当听取申请人、利害关系人的意见。”

③ 听证是指行政主体作出行政决定之前,在相对独立的第三方主持下,通过庭审方式,由行政相对人与行政执法人员进行当庭质证和辩论,以供行政决定主体参考的法律制度。

④ 胡建淼:《行政法学》,法律出版社 2015 年版,第 619 页。

⑤ 《行政处罚法》第六十三条规定:“行政机关拟作出下列行政处罚决定,应当告知当事人有要求听证的权利,当事人要求听证的,行政机关应当组织听证:(一)较大数额罚款;(二)没收较大数额违法所得、没收较大价值非法财物;(三)降低资质等级、吊销许可证件;(四)责令停产停业、责令关闭、限制从业;(五)其他较重的行政处罚;(六)法律、法规、规章规定的其他情形。当事人不承担行政机关组织听证的费用。”

许可法》①等法律法规，都明确要求行政机关作出行政行为应当依法组织相关听证。

2. 告知行政相对人事实、理由和依据

告知行政相对人事实、理由和依据，是行政相对人实现知情权、参与权和救济权的基本保障。行政机关应当采取有效方式及时公开相关信息，作出行政行为时要向行政相对人说明具体的根据和理由。行政相对人对行政机关的行政决定具有提出异议的救济权利，行政机关送达行政决定时，应当注意履行告知义务，告知行政相对人具有依法申请行政复议或者提起行政诉讼等相关权利。对此，我国《行政处罚法》②和《行政许可法》③等法律法规有具体的规定。

3. 利害关系人主动回避

利害关系人主动回避主要是指“自己不做自己的法官”，这是正当程序原则的最基本要求。行政机关及其工作人员在履行职责过程中，面对与自己有利害关系的行政管理事项，应当主动回避或者按照当事人的申请进行回避。作为正当程序的重要内容，我国相关法律法规中体现了利害关系人主动回避的明确要求，比如《行政处罚法》规定行政处罚的听证由行政机关指定的非本

---

① 《行政许可法》第四十六条规定：“法律、法规、规章规定实施行政许可应当听证的事项，或者行政机关认为需要听证的其他涉及公共利益的重大行政许可事项，行政机关应当向社会公告，并举行听证。”第四十七条规定：“行政许可直接涉及申请人与他人之间重大利益关系的，行政机关在作出行政许可决定前，应当告知申请人、利害关系人享有要求听证的权利；申请人、利害关系人在被告知听证权利之日起五日内提出听证申请的，行政机关应当在二十日内组织听证。申请人、利害关系人不承担行政机关组织听证的费用。”

② 《行政处罚法》第四十四条规定：“行政机关在作出行政处罚决定之前，应当告知当事人拟作出的行政处罚内容及事实、理由、依据，并告知当事人依法享有的陈述、申辩、要求听证等权利。”

③ 《行政许可法》第三十八条规定：“申请人的申请符合法定条件、标准的，行政机关应当依法作出准予行政许可的书面决定。行政机关依法作出不予行政许可的书面决定的，应当说明理由，并告知申请人享有依法申请行政复议或者提起行政诉讼的权利。”

案调查人员主持,《公务员法》①中也规定了回避原则。

从行政执法实际情况看,近年来行政机关在行政执法过程中,因违反正当程序原则导致败诉的问题比较突出,并且已成为比较普遍现象,应引起高度重视。以山东省为例,从2017年山东省行政机关败诉案件分析,一些行政机关在执法过程中随意简化程序,或不遵守程序的现象比较突出,因违反程序被判败诉的案件占当年全省行政机关败诉案件总数的39%以上。②

实践中有不少违反正当程序原则的典型案例。比如,陈某诉句容市规划局、句容市城市管理局城建行政命令案,该案基本案情为:1994年7月,原告陈某在句容市某学校北侧搭建亭棚4间。2010年7月4日,两被告句容市规划局、句容市城市管理局以该建筑未经许可系违法建设为由,依据《城乡规划法》《江苏省城市市容和环境卫生管理条例》规定下达《限期拆除通知书》,责令陈某在收到通知书之日起7日内自行拆除亭棚。同月7日,原告起诉要求撤销两被告作出的《限期拆除通知书》。审理中,两被告于同月20日作出《关于撤销〈限期拆除通知书〉的通知》,并于当日向原告送达。句容市人民法院经审理认为,根据《城乡规划法》第十一条第二款"县级以上地方人民政府城乡规划主管部门负责本行政区域内的城乡规划管理工作"规定,以及国务院《城市市容和环境卫生管理条例》第四条第三款"城市人民政府市容环境卫生行政主管部门负责本行政区域的城市市容和环境卫生管理工作"规定,两被告在各自权限范围内有对城乡规划及城市市容及环境卫生进行管理的行政职

① 《公务员法》第七十六条规定:"公务员执行公务时,有下列情形之一的,应当回避:(一)涉及本人利害关系的;(二)涉及与本人有本法第七十四条第一款所列亲属关系人员的利害关系的;(三)其他可能影响公正执行公务的。"第七十七条规定:"公务员有应当回避情形的,本人应当申请回避;利害关系人有权申请公务员回避。其他人员可以向机关提供公务员需要回避的情况。机关根据公务员本人或者利害关系人的申请,经审查后作出是否回避的决定,也可以不经申请直接作出回避决定。"

② 参见贺辉:《山东省高院分析行政机关败诉原因,违反法定程序败诉近4成》,大众网,https://sd.dzwww.com/sdnews/201803/t20180328_17199825.htm。

责,但两被告所作责令原告限期拆除所建亭棚的《限期拆除通知书》未适用具体法律条款,未告知原告享有陈述、申辩的权利,违反了行政正当程序的要求,故两被告所作具体行政行为程序违法,应予撤销。鉴于两被告已于2010年7月20日自行撤销该《限期拆除通知书》,本案不具有可撤销的内容,原告要求撤销两被告所作《限期拆除通知书》已无必要。据此,判决确认被告句容市规划局、句容市城市管理局于2010年7月4日作出《限期拆除通知书》的行为违法。①

四、信赖保护原则

信赖保护原则,是指行政机关的行政行为一旦作出,即对行政机关具有约束力,不得随意撤销或者变更,不得反复无常,行政机关应当信守诺言。

行政机关作为公权力的行使者,其行为直接体现了政府的形象。非因法定事由并经法定程序,行政机关不得撤销、变更已经生效的行政决定,否则要承担相应的法律责任。关于诚信原则所体现的法治精神和要求,在我国《行政许可法》中有具体的体现。《行政许可法》第八条规定:"公民、法人或者其他组织依法取得的行政许可受法律保护,行政机关不得擅自改变已经生效的行政许可。行政许可所依据的法律、法规、规章修改或者废止,或者准予行政许可所依据的客观情况发生重大变化的,为了公共利益的需要,行政机关可以依法变更或者撤回已经生效的行政许可。由此给公民、法人或者其他组织造成财产损失的,行政机关应当依法给予补偿。"

诚实守信是人与人关系的基础。孔子曰:"人而无信,不知其可也"。讲诚信不仅是对公民的要求,也是对行政机关的要求。行政机关要注重加强政

① 参见中华人民共和国最高人民法院行政审判庭编:《陈刚诉句容市规划局、句容市城市管理局城建行政命令案》,载《中国行政审判案例(第3卷)》,中国法制出版社2013年版,第128—132页。

务诚信建设,作出的行政行为必须体现公平正义的理念,符合基本的道德和价值评判标准,诚实守信是其中必然之义。行政机关在行政执法中要遵守信赖保护原则,树立良好的诚信形象,切实发挥好社会信用体系建设方面的表率作用。

公民、法人和其他组织的信赖利益应当受到法律保护。信赖保护原则要求行政机关确保行政管理活动的明确性、稳定性和连续性,否则将会逐渐失去公信力,甚至步入"塔西佗陷阱"①。当公民、法人或其他组织对行政机关的行政行为已经产生信赖利益,并且这种信赖利益因其具有正当性而应当得到保护时,行政机关不得随意变更该行为,否则必须补偿行政相对人的信赖损失。

信赖保护原则的主要内容包括以下几个方面:

1. 行政行为具有确定力和公定力

行政行为具有确定力和公定力,这表明行政行为一经作出,非有法定事由并经法定程序不得随意撤销、废止或者改变。

2. 授益行政行为②不得随意撤销或变更

行政机关对行政相对人作出授益行政行为以后,即便事后发现有违法情形,只要不是因为行政相对人的过错造成的,行政机关不得撤销或变更这种行政行为,除非不撤销或变更会严重损害国家或社会公共利益。

3. 因公共利益而撤销或变更行政行为的要进行利益衡量

行政机关作出行政行为以后,如果行政行为所依据的法律、法规、规章修改或者废止,或者作出行政行为依据的客观情况发生重大变化的,为了公共利益的需要,行政机关可以依法撤销或变更已经作出的行政行为。即便基于这

① "塔西佗陷阱",是指古罗马历史学家塔西佗提出的一个理论,认为一旦公权力失去公信力时,将会陷入被动局面,政府无论发表什么言论、无论做什么事,社会都会给予负面评价。

② 授益行政行为,是指行政主体为行政相对人设定权益或者免除义务的行政行为。

种事实,行政机关作出决定前,也要进行利益衡量,只有获取的公共利益大于行政相对人因此损失的利益时,行政机关才可以依法撤销或变更有关行政行为。

4. 行政机关撤销或变更行政行为应依法给予行政相对人补偿

行政机关撤销或变更其违法作出的行政行为,如果行政相对人没有过错的,要赔偿行政相对人因此造成的损失。行政机关因公共利益而撤销或变更行政行为,如果导致行政相对人损失,也要依法给予相应补偿。

实践中,行政机关违反信赖保护原则的案例并不少见。比如,崔某诉丰县政府行政允诺案。该案基本案情为:2001 年 6 月 28 日,丰县县委、县政府印发《丰县招商引资优惠政策的通知》(以下简称《23 号通知》),优惠政策包括土地使用、税费征收、服务保护、引资奖励等条款,其中第二十五条规定,对引进外资项目实行分类奖励,附则中规定,本县新增固定资产投入 300 万元人民币以上者,可参照此政策执行。原告崔某诉称,根据《23 号通知》精神,为丰县引进并建成投产了徐州康达环保水务有限公司,项目总投资额 6733.9 万元,为丰县经济社会发展作出了积极贡献,但是在长期未间断的要求下,丰县政府拒不履行奖励承诺,为此要求丰县政府支付所欠奖金 140 万元。该案一审审理期间,被告丰县政府提供了 2015 年 6 月 19 日丰县发展改革与经济委员会(以下简称丰县发改委)出具的《关于对〈关于印发丰县招商引资优惠政策的通知〉部分条款的解释》(以下简称《招商引资条款解释》),对《23 号通知》中的部分条款及概念作出说明,强调"本县新增固定资产投入 300 万元人民币以上者,可参照此政策执行"这一条款是指丰县原有企业增加固定资产投入、扩大产能。

该案一审法院江苏省徐州市中级人民法院驳回了崔某的诉讼请求。二审法院江苏省高级人民法院认为:本案当事人之间的争议主要在于如何正确适用法律,准确理解《23 号通知》中的有关规定以及被上诉人丰县政府是否应当依法、依约履行相应义务等问题。我国统计指标中所称的“新增固定资产”是指通过投资活动所形成的新的固定资产价值,包括已经建成投入生产或交付使用的工程价值和达到规定资产标准的设备、工具、器具的价值及有关应摊入的费用。从文义解释上看,《23 号通知》中的“本县新增固定资产投入”,应当理解为新增的方式不仅包括该县原有企业的扩大投入,也包括新企业的建成投产。如《23 号通知》在颁布时对“本县新增固定资产投入”作出特别规定,则应当在制定文件之初即予以公开明示,以避免他人陷入误解。本案中丰县政府所属工作部门丰县发改委,在丰县政府涉诉之后,再对《23 号通知》中所作出的承诺进行限缩性解释,有为丰县政府推卸应负义务之嫌疑。丰县政府以此为由,拒绝履行允诺义务,在一定程度上构成了对优益权的滥用,有悖于诚实信用原则。故对丰县发改委作出的《招商引资条款解释》不予采信。二审法院最后撤销一审法院行政判决,责令被上诉人丰县政府依照《23 号通知》,在判决生效后 60 日内依法履行对崔某的奖励义务。此案进一步表明,诚实信用原则是行政允诺各方当事人应当共同遵守的基本行为准则。在行政允诺的订立和履行过程中,基于保护公共利益的需要,赋予行政主体在解除和变更中的相应的行政优益权①固然必要,但行政主体不能滥用行政优益权。行使行政优益权既不得与法律规定相违背,也不能与诚实信用原则相抵触。行政机关作出行政允诺后,在与行政相对人发生行政争议时,对行政允诺的关键内容作出没有事实根据和法律依据的随意解释的,人民法院不予支持。②

---

① 所谓行政优益权,是指国家为保证行政职权的有效行使,赋予行政主体及其工作人员某些职务上或物质上的优益条件。比如,行政机关在行政合同中所享有的较行政相对人优先的权利、依法选择合同相对方的权利、对合同履行的指挥权和监督权、单方面变更和解除合同的权利、制裁权,等等。

② 参见《崔龙书诉丰县人民政府行政允诺案》,《最高人民法院公报》2017 年第 11 期。

第二节　深化综合行政执法体制改革

综合行政执法是行政体制改革的重要内容。推进综合行政执法体制改革向纵深发展,既是深化机构改革的一项重要政治任务,也是建设法治政府、提升政府治理能力和优化营商环境的迫切要求。

一、综合行政执法概述

(一) 综合行政执法的基本内涵

关于综合行政执法内涵的理解,在学术界主要有以下几种观点:

第一种观点认为,综合行政执法是在执法过程中由单一机关进行的一种多行政主体执法。[①] 第二种观点认为,综合行政执法是不同行政主体以共同机关的名义实施的共同执法或者联合执法。[②] 第三种观点认为,综合行政执法是由单一行政主体承担法律责任并实施的一种独立执法。[③]

从实践和理论相结合的视角分析,综合行政执法是相对于分散执法而言,其实质上是指依法成立或依法授权的一个行政机关,综合行使原由多个行政机关行使的相应法定职权的一种行政执法制度,目的在于解决权责交叉、多头

① 关保英认为,行政综合执法是指在行政执法的过程中,当行政事态所归属的行政主体不明或需要调整的管理关系具有职能交叉的状况时,由相关机关转让一定职权,并形成一个新的有机的执法主体,对事态进行处理或对社会关系进行调整的执法活动。行政综合执法在执法过程中尽管是以一个单一的行政机关出现的,但不能因此就错误地认为行政综合执法是单一行政主体的执法。参见关保英:《执法与处罚的行政权重构》,法律出版社 2004 版,第 4 页。

② 杨解君认为,综合执法机构是由相关的职能部门派出一定人员组成的,它综合行使几个相关部门的各项或一定的行政处罚权,作出处罚决定是以共同机关的名义来进行的。参见杨解君:《关于行政处罚主体条件的探讨》,《河北法学》1996 年第 1 期。

③ 王春业认为,行政综合执法是指由依法成立或依法授权的一个行政机关综合行使由两个或两个以上相关的行政机关所具有的行政职权,并能以一个整体执法主体的名义承担法律责任的一种行政执法制度。参见王春业:《对行政综合执法概念的再辨析》,《盐城师范学院学报(人文社会科学版)》2007 年第 3 期。

执法、多层执法、重复执法等问题,进一步提升行政执法质效。

(二) 综合行政执法的提出与发展

1996 年 3 月 17 日,第八届全国人民代表大会第四次会议审议通过的《行政处罚法》第十六条规定:“国务院或者经国务院授权的省、自治区、直辖市人民政府可以决定一个行政机关行使有关行政机关的行政处罚权,但限制人身自由的行政处罚权只能由公安机关行使”①,首次从国家立法层面确立了“相对集中行政处罚权”制度,为综合行政执法的开展提供了法律依据。

为贯彻实施《行政处罚法》确立的相对集中行政处罚权制度,1996 年 4 月 15 日,国务院印发《关于贯彻实施〈中华人民共和国行政处罚法〉的通知》(国发〔1996〕13 号),明确要求“积极探索建立有利于提高行政执法的权威和效率的行政执法体制。各省、自治区、直辖市人民政府要认真做好相对集中行政处罚权的试点工作,结合本地方实际提出调整行政处罚权的意见,报国务院批准后施行:国务院各部门要认真研究适应社会主义市场经济要求的行政执法体制,支持省、自治区、直辖市人民政府做好相对集中行政处罚权工作。”这是国务院首次以文件形式将《行政处罚法》第十六条的相关规定概括为相对集中行政处罚权制度,并且部署开展试点工作。相对集中行政处罚权的试点工作,最初是在城市管理领域推行。1997 年 3 月,北京宣武区经批准启动了相对集中处罚权试点工作②,这是我国城市管理领域开展的首个试点地区。

1999 年 11 月 8 日,国务院印发《关于全面推进依法行政的决定》(国发〔1999〕23 号),要求“继续积极推进相对集中行政处罚权的试点工作,并在总

---

① 《行政处罚法》业经修订后于 2021 年 7 月 15 日起施行,其第十八条第二款规定:“国务院或者省、自治区、直辖市人民政府可以决定一个行政机关行使有关行政机关的行政处罚权。”第三款规定:“限制人身自由的行政处罚权只能由公安机关和法律规定的其他机关行使。”

② 1997 年 3 月 7 日,原国务院法制局向北京市人民政府办公厅发送《关于在北京市宣武区开展城市管理综合执法试点工作的复函》(国法函〔1997〕12 号),批准北京市宣武区开展城市管理综合执法试点工作。

结试点经验的基础上,扩大试点范围”。为更好推进相对集中行政处罚权试点工作,2000 年 9 月 8 日国务院办公厅印发《关于继续做好相对集中行政处罚权试点工作的通知》(国办发〔2000〕63 号),明确要求“积极稳妥地扩大试点范围”“各地方要把进行相对集中行政处罚权试点的经验运用于市、县机构改革,进一步理顺行政管理体制,坚决克服多头管理、政出多门的弊端,切实促进政府职能转变”。自此,各地陆续将原来分属于城建、环保、规划、环卫、工商等部门执法职能和机构整合,组建相对独立的城市管理综合执法机构。从实践操作层面看,城市管理是开展综合执法改革最早的领域。自 1996 年国务院部署相对集中行政处罚权试点,到 2002 年 8 月全国累计共有 23 个省、自治区的 79 个城市和北京、天津、重庆 3 个直辖市经批准开展了相对集中行政处罚权试点工作。

经过几年的试点,国务院确定的试点工作阶段性目标已经实现,在全国推进相对集中行政处罚权工作的时机基本成熟。2002 年 8 月 22 日,国务院颁布《关于进一步推进相对集中行政处罚权工作的决定》(国发〔2002〕17 号)明确提出:“依照行政处罚法的规定,国务院授权省、自治区、直辖市人民政府可以决定在本行政区域内有计划、有步骤地开展相对集中行政处罚权工作”,这表明省、自治区、直辖市人民政府自此获得了国务院的授权,可以决定在本行政区域内开展城市管理领域之外的相对集中行政处罚权工作。该通知的发布,标志着相对集中行政处罚权试点工作结束,各地进入了全面推进阶段。随着相对集中行政处罚权在各地的实施和推广,初步解决了市容环境卫生、城市规划、城市绿化、市政管理、环境保护、工商行政管理、公安交通管理等城市管理领域长期存在的执法职责交叉、多头执法、执法扰民问题,并且在一定程度上解决了多层执法、重复执法问题。

2002 年 10 月 11 日,国务院办公厅印发《关于清理整顿行政执法队伍实行综合行政执法试点工作的意见》(国办发〔2002〕56 号),明确提出“实行综合行政执法”,就综合行政执法试点工作进行部署安排,决定在广东省、重庆市开展综合行政执法试点工作,其他省、自治区、直辖市各选择 1—2 个具备条件的市(地)、县(市)进行试点,并且要求做好综合行政执法试点与相对集中行政处罚权有关工作的相互衔接。[①] 综合行政执法试点工作铺开后,从行政执法改革所涉及的侧重点看,由相对集中行政处罚权逐渐过渡为综合行政执法改革;从行政执法改革所涉及的领域范围看,已不再仅仅局限于城市管理领域,而是在文化、市场、交通等多领域进行了积极探索,并且对有关行政执法机构进行了相应调整。

“相对集中行政处罚权”和“综合行政执法”两者之间存在一定的逻辑关系。从理论上分析,综合行政执法的提出和实施,“相对集中行政处罚权”是其法律层面的依据;从实践操作层面分析,“相对集中行政处罚权”和“综合行政执法”实际上都是行政执法权的集中行使,只是两者的内涵与外延并不完全相同。

2003 年 2 月 28 日,中央编办、原国务院法制办联合发布《关于推进相对集中行政处罚权和综合行政执法试点工作有关问题的通知》(中央编办发〔2003〕4 号),其中阐述了“相对集中行政处罚权”和“综合行政执法”的关系,指出:“相对集中行政处罚权和清理整顿行政执法队伍、实行综合行政执法,都是解决多头执法、重复执法、执法扰民和执法队伍膨胀等问题的重要举措,也都是深化行政管理体制改革、推动行政执法体制创新的重要内容”。相对集中行政处罚权,是根据《行政处罚法》对部分行政处罚权的相对集中;而综合行政执法则是在相对集中行政处罚权基础上对执法工作的改革。综合行政执法不仅将日常管理、监督检查和实施处罚等职能进一步综合起来,而且据此对政府有关部门的职责权限、机构设置、人员编制进行相应调整,从体制上、源

① 参见《关于清理整顿行政执法队伍实行综合行政执法试点工作的意见》(国办发〔2002〕56 号),中国政府网,http://www.gov.cn/gongbao/content/2002/content_61813.htm。

头上改革和创新行政执法体系,解决执法工作中存在的许多弊病,进一步深化行政管理体制改革。综合看,相对集中行政处罚权与综合行政执法,两者在指导思想和改革目标上是一致的,在行政执法体制改革进程上具有连续性,关键是要做好两项改革之间的转换和衔接。①

从一定意义上看,综合行政执法是相对集中行政处罚权、相对集中行政许可权以及其他行政执法体制改革的综合。2004 年 3 月 22 日,国务院发布的《全面推进依法行政实施纲要》(国发〔2004〕10 号)提出,"继续开展相对集中行政处罚权,积极探索相对集中行政许可权,推进综合执法试点"。继《行政处罚法》之后,2004 年 7 月 1 日起施行的《行政许可法》确立了"相对集中行政许可权"制度,根据《行政许可法》第二十五条的规定:"经国务院批准,省、自治区、直辖市人民政府根据精简、统一、效能的原则,可以决定一个行政机关行使有关行政机关的行政许可权。"所谓"相对集中行政许可权",就是指经有权机关批准,将有关行政机关的行政许可权集中起来,交由一个行政机关统一行使。相对集中行政许可权制度的实施,是深化行政管理体制改革、推动行政执法体制创新的重要内容,有利于进一步提升行政效率、优化政务服务。

近年来,随着综合行政执法试点的逐步推广,综合行政执法从城管领域逐步扩展到了文化、交通、农业等诸多领域②,涉及面越来越广泛;随着行政审批制度改革的推进,各地大力推进简政放权,积极探索行政许可权相对集中行使,深度释放了改革红利,激发了市场活力,为行政相对人办事提供了较大便利。③

---

① 参见程琥:《综合行政执法体制改革的价值冲突与整合》,《行政法学研究》2021 年第 2 期。

② 《行政处罚法》第十八条第一款规定:"国家在城市管理、市场监管、生态环境、文化市场、交通运输、应急管理、农业等领域推行建立综合行政执法制度,相对集中行政处罚权。"

③ 基于本书研究阐述需要,以下在探讨综合行政执法体制改革的内容中,主要从相对集中行政处罚权视角进行探讨,有关相对集中行政许可权的问题不在本部分进行阐述。

二、综合行政执法体制改革的实践检视

党的十八大以来，党中央、国务院就深化行政执法体制改革、推进综合行政执法作出一系列重要战略部署，综合行政执法体制改革的力度越来越大。①

2015 年 4 月，中央编办印发《关于开展综合行政执法体制改革试点工作的意见》（中央编办发〔2015〕15 号），确定在全国 22 个省（自治区、直辖市）的 138 个城市开展综合行政执法体制改革试点。② 2018 年 3 月，中共中央印发《深化党和国家机构改革方案》，进一步要求“深化行政执法体制改革”，“推动整合同一领域或相近领域执法队伍，实行综合设置”，“继续探索实行跨领域跨部门综合执法”，③并就整合组建市场监管、生态环境保护、文化市场、交通运输、农业等五支综合执法队伍作出具体部署，综合行政执法体制改革迈入了新的发展阶段。

总体上看，经过多年努力，各地认真贯彻落实国家部署的改革任务，大胆探索、积极创新，行政执法体制改革稳步推进、成效显著，有力提高了行政执法

---

① 比如，中共十八届三中全会《规定》提出：“深化行政执法体制改革。整合执法主体，相对集中执法权，推进综合执法，着力解决权责交叉、多头执法问题，建立权责统一、权威高效的行政执法体制。减少行政执法层级，加强食品药品、安全生产、环境保护、劳动保障、海域海岛等重点领域基层执法力量。理顺城管执法体制，提高执法和服务水平。”《中共中央关于全面深化改革若干重大问题的决定》，人民出版社 2013 年版，第 32、33 页。中共十八届四中全会《决定》强调：“深化行政执法体制改革。根据不同层级政府的事权和职能，按照减少层次、整合队伍、提高效率的原则，合理配置执法力量。推进综合执法，大幅减少市县两级政府执法队伍种类，重点在食品药品安全、工商质检、公共卫生、安全生产、文化旅游、资源环境、农林水利、交通运输、城乡建设、海洋渔业等领域内推行综合执法，有条件的领域可以推行跨部门综合执法。”《中共中央关于全面推进依法治国若干重大问题的决定》，人民出版社 2014 年版，第 17 页。

② 这次试点的目的是按照中共十八届三中、四中全会关于推进综合执法、建立权责统一和权威高效的行政执法体制的要求，探索整合政府部门间相同相近的执法职能，归并执法机构，统一执法力量，减少执法部门，建立适应中国国情和经济社会发展要求的行政执法体制，试点地区要在继续推进减少执法层级、明确各级政府执法职责的同时，重点从探索行政执法职能和机构整合的有效方式、探索理顺综合执法机构与政府职能部门职责关系、创新执法方式和管理机制、加强执法队伍建设等四个方面推进试点工作。

③ 《深化党和国家机构改革方案》，《人民日报》2018 年 3 月 22 日，第 7 版。

效能，促进了行政管理体制改革深化和法治政府建设进程，增强了政府治理能力和社会治理水平。但各地各部门在推进改革过程中也遇到不少困难，还存在一些普遍性问题。主要体现在：

（一）综合行政执法改革法治供给不足

综合行政执法改革涉及职责权限、机构设置、人员编制的调整，以及组织法、程序法、行业监管法等法律法规的修改调整。[①] 目前，在综合行政执法体制改革方面，还缺少推动改革的专门立法，这给实践工作带来一定困难。综合行政执法工作的开展，多是依据政策文件实施，法律法规供给不足。行政执法依据的法律、法规、规章有的存在交叉重叠甚至冲突的现象，容易导致综合执法与职能部门专业执法的冲突。深化综合行政执法体制改革必须遵循法治精神，确保改革于法有据，需要加快相关法律法规的立法进程，健全立法与改革的衔接机制，形成完善配套的推动改革法治体系，有效提升法治供给力。

（二）行政执法机构队伍建设需要加强

各类执法机构在机构设置、编制种类和人员构成上多种多样。从机构设置看，有的执法机构是在政府部门的内设机构上加块牌子，有的执法机构是政府部门的直属行政机构，有的执法机构是政府部门的下属事业单位；从编制种类上看，执法机构的编制类别多样化，有的是地方自定的事业编制，有的是行政执法专项编制；从人员构成上看，各执法机构参差不齐，一线执法力量相对偏弱，尤其是乡镇（街道）缺乏行政执法机构和专业人员，难以满足全区域、全时段覆盖的行政执法需求。综合执法机构人员来源比较复杂，既有原执法机构过渡移交的人员，也有新招录的人员，法律素养参差不齐，部分执法人员的法律知识和专业知识相对匮乏，与综合执法涉及法律法规规章多、涉及专业领域广、对人员综合能力要求高的特点还不完全适应，影响了综合执法质量。部

① 参见韩雪峰：《完善市场监管和执法体制——“市场监管领域综合行政执法体制改革研讨会”会议综述》，《中国行政管理》2018 年第 8 期。

分执法人员还存在“执法者就是管理者”的特权思想,执法过程中不严格不规范,影响了执法队伍的整体形象。行政执法机构队伍建设的不规范,在一定程度上造成了执法机构的执法力量分散、社会治理能力弱化。

（三）行政执法协调机制还不顺畅

在综合行政执法权限整合过程中,由于部门利益博弈等原因,有的职能部门往往把难度大的“硬骨头”打包给综合行政执法机关,而把“容易干”的工作抓在自己的手里,导致综合行政执法机关的执法权限受到限制,在实际执法工作中会出现“出成绩”的工作各职能部门和综合行政执法机关抢着干,“出力不讨好”“工作难度大”的工作没有单位管的局面,既不利于行政效率的提高,造成行政执法资源的浪费,又影响了违法问题的查处,政府社会管理职能相对削弱。部分行政主管部门与综合执法机构之间协作不畅,存在管理和执法“两张皮”现象,难以形成监管执法合力。实施综合执法体制改革后,部分行政主管部门认为自身对某些领域已无监管职责,将监管责任推给综合执法机构,行业管理存在“以罚代管”现象。

此外,地方推进综合行政执法体制改革还存在其他一些问题。如各地进展不够平衡,部分市县改革滞后;综合行政执法体制改革设计还需适应新的机构改革要求进行相应调整,继续向纵深推进;市县两级综合行政执法改革不一致,导致后续相关工作衔接不畅;基层执法体系建设需要进一步完善,乡镇(街道)综合行政执法队伍的管理体制还不够顺畅协调;执法方式方法创新不足,难以适应新形势下的执法需求;执法公信力不高、规范化建设还需进一步加强,等等。

三、推进综合行政执法体制改革的现实路径

迈入新时代,深化行政执法体制改革面临着新形势、新任务,要把推进综合行政执法体制改革作为深化行政执法体制的重要抓手和改革突破口,建议

从以下几个方面着力：

（一）加强综合行政执法体制改革顶层设计

深入贯彻落实党的二十大精神，按照中共中央《深化党和国家机构改革方案》要求，结合党和政府机构改革，完善综合行政执法体制改革的顶层设计方案，增强综合行政执法体制改革的法治供给，确保改革于法有据。一方面，推动国家层面加快行政执法领域相关法律法规的立改废释，从法律制度上为综合行政执法改革提供强有力的法治保障，进一步明确地方推进改革涉及的综合行政执法部门的法律地位、主体资格、权责边界等问题。另一方面，加强综合行政执法体制改革相关领域的地方立法，建立健全配套法规、政策措施，统筹协调、综合施策，上下一盘棋，推进改革向纵深发展。比如，为规范城市管理综合执法行为，提高城市管理执法和服务水平，从源头上理顺城市管理执法体制，在省级层面研究制定《城市管理综合执法条例》，或者由设区市结合地方实际制定《城市管理综合执法条例》；为进一步加强基层特别是乡镇（街道）综合执法工作，提升基层社会治理能力，在省级层面研究制定《乡镇（街道）综合执法办法》《关于推进乡镇（街道）综合执法工作的实施意见》，等等。

（二）积极推进行政执法类公务员改革

鼓励支持地方大胆探索改革，及时总结推广成功经验，加快推进行政执法类公务员改革。一是拓展基层执法人员职业发展空间。行政执法类公务员实行单独序列管理，薪酬、晋升与执法数量和质量挂钩，以此解决基层执法队伍基数大、职数少、晋升难的问题，改变基层执法公务员“天花板”低的现状，促进部门之间相对平衡、职业发展机会平等，调动执法人员工作积极性。二是完善执法人员工资保障机制。基于市场监管、城市管理执法等行政执法工作性质和延时执法工作实际，探索参照公安部门做法，建立执法人员津贴补贴制度，收入分配向一线人员倾斜；实行同级别人员在基层岗位工作收入明显提高的差异化激励引导政策，发挥激励导向作用，稳定基层执法队伍。三是建立执法人员交流机制。加强系统内外人员合理流动,执法部门与划转行政处罚权的关联部门之间、执法部门与乡镇(街道)之间,实行每年不同层级、一定比例人员的相互挂职锻炼,促进协调沟通,增强队伍活力。

(三)进一步优化行政执法资源配置

根据不同层级政府的事权和职能,科学配置行政执法职能和执法资源,整合、优化行政执法力量。一是创新行政执法机构编制管理。坚持问题导向,优化机构设置,推进执法机构建设规范化。严格控制总量,持续优化存量,盘活编制资源、人力资源,实现资源效益最大化。本着有利于解决执法实践中问题、有利于满足基层执法工作需要、有利于精简行政执法机构,做好综合执法机构"三定"工作。省级层面加快出台相关指导意见,妥善解决综合执法人员身份不统一的问题。二是科学配置行政执法职能。坚持成本更低、效率更高、效果更好的集中原则,科学界定综合执法机构的职责范围,相对集中行政处罚权。明确职能部门与综合执法机构的职责权限,厘清权责边界,建立协调顺畅的无缝衔接机制。全面梳理行政执法权责清单,建立省市县三级行政执法权力事项基准库,及时调整完善,实行动态管理。三是优化行政执法资源。继续整合同一领域或相近领域执法队伍,大力推行跨领域跨部门综合执法,推动行政执法重心、执法力量下移,切实解决多头执法、交叉执法、重复执法以及部分领域和基层执法力量薄弱的问题。四是构筑科学高效的基层执法体系。基层是社会治理的基础和关键。要完善基层综合执法体制机制,针对基层执法力量薄弱、行政执法体制机制不科学等问题,构筑科学合理、运转顺畅、符合基层实际的执法体系。加强县(市、区)、乡镇(街道)行政执法工作统筹协调,建立健全乡镇(街道)与上级相关部门行政执法案件移送、协调协作机制。有序推进各县(市、区)组建综合执法机构,在乡镇(街道)开展相对集中行政处罚权工作,整合乡镇(街道)现有的站、所、分局行政执法力量和资源,积极推动乡镇(街道)实现"一支队伍管执法"。稳步将基层管理迫切需要且能有效承接的行政执法事项下放给基层，真正解决基层“看得见管不着、管得着看不见”的问题。加大对基层人力、物力、财力和技术的支持力度，加强行政执法业务指导，有效提升基层行政执法效能。五是实行基层综合执法网格化管理。充分发挥现有基层监管网络作用，推动共享行政执法信息，建立横到边、竖到底、责任到人的网格化执法体系，不断提升基层社会治理水平。

（四）创新行政执法理念和方式方法

适应行政执法需求，不断创新行政执法理念和方式方法，提高行政执法的质量和水平。一是开展柔性执法。更新行政政执法理念，在执法中强化教育先导，进一步体现教育与处罚相结合的法律精神，让执法既有力量又有温度。① 推广地方典型经验做法，比如武汉交警推出的“首违警告”②、深圳交警推出的“十分钟违停主动驶离免罚”措施③，重视运用说服教育、劝导示范等柔性执法方式，促进执法由“刚性执法”向“刚柔并济”转变。二是实行联动执法。完善跨部门、跨区域执法协作联动机制，针对某些特殊领域，实施行政执法联动，提升行政执法效率。比如，针对行政边界区域权属复杂、监管薄弱等特点，实施边界地区环境执法联动，完善协同治污、联合执法、应急联动机制，

---

① 《行政处罚法》第六条规定：“实施行政处罚，纠正违法行为，应当坚持处罚与教育相结合，教育公民、法人或者其他组织自觉守法。”第三十三条第一款规定：“违法行为轻微并及时改正，没有造成危害后果的，不予行政处罚。初次违法且危害后果轻微并及时改正的，可以不予行政处罚。”

② 武汉交警实施的“首违警告”便民举措于2016年12月30日推出，即武汉司机发生本年度首起非严重违法的电子警察记录时，参加在线交通安全知识学习并考核合格，经公安交管部门综合审核后，对其处罚可“转为”警告。参见夏晶：《武汉交警推“首违警告”举措，在线考试合格罚单可转警告》，新浪湖北网，http://hb.sina.com.cn/news/b/2017-01-03/detail-ifxzczfc6694990.shtml。

③ 深圳交警推出的“十分钟违停主动驶离免罚”，是指机动车驾驶人在非繁忙路段，短时间临时停放的车辆，未造成交通拥堵或事故，且当事人在交警开出200元罚单后短时间内（10分钟）主动驶离的，深圳交警将实施人性化免罚款申报机制。星级用户可在深圳交警微信公众号、支付宝城市服务“星级车主服务”等平台按要求提交申请，符合条件的免于罚款处罚。参见陆洋：《深圳：车辆违停后开罚单10分钟内主动驶离，可申请免罚》，人民网，http://m.people.cn/n4/2017/0929/c676-9933722.html。

进一步加强污染治理联防联控,通过召开联席会议、综合督导、评估通报等方式强化重点流域和区域边界地区的共防共治,以此打破环境监管行政区划障碍,破解跨区域环境执法的难题,促进执法由"单一执法"向"联动执法"转变。三是加强信用监管。建立健全企业和市场主体守信激励机制、失信惩戒机制,及时将行政执法的相关信息录入国家和省市的信用平台,并且依法及时向社会公布。建立综合执法信息与社会信用信息基础数据库的联动机制,健全完善信用监管制度,比如,黑名单制度、异常信用记录制度等,加快完善诚信档案基础信息,将综合行政执法过程中涉及公民、法人和其他组织的违法情况及时录入到相关信用信息系统,以此助力对失信企业和市场主体的联合惩戒,倒逼其守法经营,推动监管执法机制从"实体监管"向"信用监管"转变。

(五)全面提升行政执法的公信力

强化责任意识,坚持严格、规范、公正、文明执法,进一步改善行政机关执法形象,提升行政执法的公信力。一是健全行政执法责任制。落实行政执法岗位责任,细化、明确各级各类岗位监管职责,确保责任易追溯、可追究。严格行政执法考核评价,注重考核评价结果的运用,避免"考而不究""考用两张皮"问题。二是加强行政执法监督。完善行政执法事前防范、事中制约、事后监督机制。进一步规范行政执法资格管理,建立行政执法人员资格等级管理制度。严格执行行政事业性收费和罚没收入收支两条线制度。推动内部监督与外部监督有机结合,建立行政执法特邀监督员制度,借助公众、媒体等多方力量强化执法监督,形成监督合力。三是抓好行政执法规范化建设。加强行政执法机构规范管理,确保行政执法主体的合法性。进一步厘清权力清单、责任清单,清理、公布行政执法依据和执法权限,及时进行动态调整,确保做到"法无授权不可为、法定职责必须为"。建立行政自由裁量基准目录,细化行政裁量标准,压缩行政执法权力"弹性空间"。优化行政执法程序,规范行政执法行为,积极推行"阳光执法",落实好行政执法公示制度、执法全过程记录制度和重大执法决定法制审核制度。坚持以评促建、以查促改,开展行政执法案卷评查、专项执法检查等常态化督查活动,探索引入第三方专业机构就行政执法工作进行评估,推动形成行政执法规范化建设的“倒逼机制”。四是抓好行政执法人员教育培训。研究制定《行政执法人员教育培训规划》,针对不同层级、不同类别的执法队伍和执法岗位,有计划地开展行政执法人员分级分类培训、轮训工作,重点加强法律法规知识、基本业务技能以及职业道德等方面的教育培训,全面提升行政执法人员的综合素质和专业能力。

第四章

维护社会和谐稳定：依法预防和化解社会矛盾纠纷

社会和谐稳定是改革、发展的基础。预防和化解社会矛盾纠纷①是维护社会和谐稳定的前提，也是打造法治政府的必然要求。任何社会都不可能没有矛盾，人类社会在矛盾运动中不断发展进步。当前，我国社会矛盾纠纷多是各种利益之争和法律纠纷，需要从源头上加强预防，强化法律在化解矛盾纠纷中的权威地位，积极引导矛盾纠纷当事人步入法治轨道，从法治视角看待问题、分析问题、解决问题，通过法治途径有效化解各类纠纷。

第一节　社会矛盾纠纷的发展趋势分析

纠纷是秩序的反义词，表现为冲突（confliet）的一种类型或一个层次。②

① 社会矛盾是指社会群体、阶层、组织之间的紧张关系，这种紧张关系通常是由资源占有或者利益分配的不均以及意识形态、价值观等差异造成的，通常表现为一方对另一方的负面情绪，并会因负面情绪而采取的一定形式的外显行为。从法律意义上看，社会矛盾往往表现为纠纷和争议。参见马怀德：《预防化解社会矛盾的治本之策：规范公权力》，《中国法学》2012 年第 2 期。

② See Henry J.Brown and Arthur L.Marriott, "ADR Principles and Practise", *Sweet & Maxwell*, 1999, p.12.

从本质上看,纠纷就是社会主体之间的利益博弈。① 当代中国正处于社会转型期、改革发展的深水区、跨越“中等收入陷阱”的关键期,社会结构、组织形式和利益格局发生深刻变动,各种利益主体之间相互交融、相互交织、相互交锋,社会资源的稀缺性导致利益群体和社会个体往往因为多重原因、追逐各自利益进行博弈,继而产生矛盾纠纷,甚至因此引发激烈冲突和群体性事件。

随着改革的不断深化和社会形势的发展变化,中国社会矛盾纠纷逐步进入高发期,社会矛盾纠纷数量居高不下并且有不断增多趋势,矛盾纠纷的解决难度也越来越大。社会矛盾纠纷如果长期积压,得不到及时、妥善地解决,势必会影响到改革的顺利推进、经济的健康发展以及社会的和谐稳定。

总体而言,我国社会矛盾纠纷主要表现为社会矛盾纠纷主体多元化、社会矛盾纠纷类型多样化、社会矛盾纠纷利益诉求方式网络化、群体性事件多发频发、信访问题依然比较突出等发展趋势和基本特点。

一、社会矛盾纠纷主体多元化

当前,我国社会矛盾纠纷呈现多发易发、错综复杂的态势,社会矛盾纠纷参与主体多元化。社会矛盾纠纷涉及的纠纷主体包括行政机关、企事业单位、非法人团体和社会组织、党员干部、普通公民等多类主体,几乎涵盖社会主体的各个类型,涉及各行业各群体。社会矛盾纠纷有可能发生在行政机关与企事业单位之间、行政机关与普通公民之间、公民与企事业单位之间、公民与非法人团体和社会组织之间,党员干部与普通公民之间,以及上述各类主体相互之间,等等。

---

① 对于纠纷的性质,学术界有不同观点。比如,王成栋认为,纠纷的本质是指社会主体间的一种利益对抗状态。参见王成栋:《多元纠纷解决机制中的政府作用》,载马怀德主编:《全面推进依法行政的法律问题研究》,中国法制出版社 2014 年版,第 309 页。顾培东认为,纠纷的本质是主体的行为与社会既定的秩序和制度,以及主流道德的不协调或对之的反叛,具有反社会性。参见顾培东:《社会冲突与诉讼机制》,四川人民出版社 1991 年版,第 2—7 页。

二、社会矛盾纠纷类型多样化

社会矛盾纠纷类型多种多样,涉及的领域也比较广泛,基本涉及社会治理的各个领域和各个方面。

从近年发生的社会矛盾纠纷看,主要包括以下类型:(1)产权纠纷,表现为利益主体基于维护自身产权利益引发的纠纷,比如因农村土地征收征用、城镇房屋拆迁安置等引发的纠纷。(2)邻避纠纷,是指居民因为担心在居住地周边建设垃圾焚烧处理厂、化工厂、殡仪馆、传染病医院等项目可能会对身体健康、环境质量等带来不良影响,与政府部门、企业法人之间等产生的纠纷,比如近年来不少地方因建设 PX 项目而引发群众集体抗争导致的群体性事件。(3)劳资纠纷,是指由于拖欠工资、降低薪酬、单位裁员以及社保待遇等产生的劳资双方之间的纠纷,比如某市信访部门 2022 年受理民工讨薪类事项 1 万余批 12 万人次,涉及金额 100 多亿元。(4)服务纠纷,具体指服务对象因不满所提供的服务而引发的纠纷,比如业主与物业公司之间、医生与患者之间的纠纷。(5)执法纠纷,表现为执法对象对行政执法人员的执法行为不满而引发的执法对象与执法人员之间的纠纷,比如流动摊贩与城市管理者之间的纠纷。(6)权利纠纷,是指因为社会主体主张自身权利所引发的纠纷,比如军队转业干部转业安置引发的纠纷。(7)贫富纠纷,是指因为贫富差距、财富分配等问题引起的纠纷。(8)环境纠纷,是指因为环境治理不善引发环境污染,导致不同社会主体经济利益损失所引发的纠纷,比如因上游化工厂违法排污导致下游渔业养殖户鱼苗死亡引发的纠纷。(9)官民纠纷,是指因领导干部、行政工作人员等工作方式简单粗放,拖延履行职责或不履行法定职责,以及行政决策的科学性、公共资源配置公平性、信息公开的透明度等方面引发的干部与群众之间的纠纷。社会矛盾纠纷除上述几种常见的纠纷类型之外,还存在诸如教育、就业、医疗、住房、社会保障、金融投资、企业改制、交通运输、涉法涉诉等领域多种纠纷。

三、利益诉求方式逐步网络化

近年来,网络因其具有方便快捷、隐蔽性强、传播容量大等优势,逐步成为信息传播的重要载体。社会矛盾纠纷利益诉求表达方式随着互联网的发展与普及,愈发呈现出网络化新特点。

据中国互联网络信息中心统计,我国网民总体规模持续增长,截至2022年6月,网民规模达10.51亿,较2021年12月新增网民1919万,互联网普及率74.4%;短视频的用户规模增长最为明显,达9.62亿,较2021年12月增长2805万,占网民整体的91.5%;网民人均每周上网时长为29.5个小时,较2021年12月提升1.0个小时,互联网深度融入社会公众的日常生活。①

在当今互联网时代,自媒体盛行,人人都可以成为麦克风,社会矛盾纠纷是传统媒体、新兴媒体和自媒体争相报道、传播的舆论焦点。社会公众往往通过网络论坛、手机短信、QQ、微信、微博等新媒体来表达自己的思想观点和利益诉求,这些信息依托互联网平台在短时间内快速扩散、迅速蔓延,很容易形成网上网下遥相呼应、相互放大的局面,一件事情在网络等新媒体的炒作下会不断扩大、升级,甚至酿成影响广泛的重大网络突发事件,最终引发更大范围的社会矛盾。比如,2014年发生的海南美兰事件②,事件参与者就是借助了微

① 参见《CNNIC发布第50次〈中国互联网络发展状况统计报告〉》,中国互联网络信息中心网,http://cnnic.cn/n4/2022/0916/c38-10594.html。

② 2014年11月18日,海口市美兰区三江镇部分村民聚集在海南康乐花园项目工地,拆除部分建筑围墙,并与工地员工、在场维持秩序的公务人员发生冲突争执。事件造成5名行政执法队员、1名公安民警和2名群众受轻伤,10余台行政车辆和执法车辆车窗被砸并被掀翻。康乐花园项目是省市重点民生项目,由中央、省财政投资建设,项目包括省皮肤性病防治中心等3家职业病防治医院。居民担忧康乐花园项目在当地落户造成环境污染,影响生活。为了阻止工程建设,海口市美兰区三江镇群众被部分人士通过微信组织起来,进行罢市和集会示威,爆发群体性事件。参见:《11·18海口三江镇群体事件》,百度百科网,https://baike.baidu.com/item/11%C2%B718%E6%B5%B7%E5%8F%A3%E4%B8%89%E6%B1%9F%E9%95%87%E7%BE%A4%E4%BD%93%E4%BA%8B%E4%BB%B6/16169728?fr=aladdin。

信来表达利益诉求、组织集会，造成很大影响；又如，2018 年发生的滴滴网约车司机残害乘客、长春问题疫苗、重庆公交车坠桥事件等，均激起了社会公众的不满情绪，部分公众通过网络表达自己的观点，最终引发网络舆论热点事件。

四、群体性事件呈现为高频化

群体性事件，是指由某些社会矛盾所引发，由特定或者不特定的多数人聚合形成的偶合群体，为达到一定目的或者实现利益诉求，通过规模性聚集的方式，表达政策主张或者利益诉求，因而对社会秩序和社会稳定造成重大负面影响的事件。群体性事件表现形式多种多样，如集体上访、怠工、罢工、集会、游行，等等。

近年来，社会公众的权利意识不断增强，利益群体提起诉求的愿望日渐强烈，采取的诉求手段和方式方法趋于激烈化，社会矛盾纠纷的触点增多、燃点降低、敏感度升高，社会矛盾纠纷引发的群体性事件频繁爆发，已经成为影响社会和谐稳定的突出问题。据有关统计，中国群体性事件 1993 年 0.87 万起，1994 年 1 万余起，1999 年 3.2 万起，2003 年 5.85 万起，2004 年 7.4 万起，2005 年 8.7 万起，2006—2008 年均 9 万起，2009 年超过 10 万起，2010 年以来每年达到 12 万起。① 2021 年至 2022 年，受多种因素影响，某市开发商多个楼盘无法按期交付房屋，因楼盘烂尾和商品房延期交付引发的 100 人以上集体上访事件多达 200 余起。

社会矛盾纠纷的发生发展有一个不断变化演进的过程，特别是一些长期积累的深层次矛盾，如果在矛盾纠纷的早期不能及时排查、及早发现并采取有效措施，做好相应的预防和化解工作，就很有可能发展为破坏力极强的群体性

① 参见徐汉明等：《社会治理法治研究》，法律出版社 2018 年版，第 3 页。

事件。比如,2008 年发生的云南孟连胶农事件①,就是因为胶农与企业的经济利益纠纷长期积累,没有得到及时有效的化解,最后引发的一起群体性事件。

五、信访问题高位运行常态化

信访制度作为密切党和政府联系群众的重要制度,在化解社会矛盾纠纷方面发挥着重要作用。“信访制度严格说并不是一种特定的纠纷解决程序,然而,从实践中的作用和效果来看,信访制度却在我国的纠纷解决系统中具有不可替代的地位”②。

信访工作事关社会稳定,事关人民群众切身利益,做好基层信访工作,至关重要。目前信访群体还比较普遍存在着“信访不信法、信上不信下”“小闹小解决、大闹大解决、不闹不解决”的惯性思维。基层信访虽总体平稳可控,但信访上行压力较大,依然高位运行,越级重复上访突出。据有关统计数据分析,某市 2018 年至 2021 年重复越级上访呈现逐年上升趋势,其中 2021 年到国家、省、市三级信访部门的越级重复上访数量达 2.6 万余批次。

作为行政救济手段,由于信访在解决纠纷方面,不受任何事实证据、期限、步骤、方式等确定性要求的限制,在个别时间和个别案件中又能够“一步到位”,甚至“突破法律底线”解决问题,成为越来越多当事人的首选。此外,大量的社会矛盾纠纷不能通过司法途径得到公正解决,以致当事人不得不通过信访寻求行政救济,也会导致信访案件剧增。③ 每年全国因各种利益矛盾冲

① 2008 年 7 月 19 日,云南省普洱市孟连县发生一起群体性突发事件,执行任务的公安民警被不明真相的 500 多名群众围攻、殴打,冲突过程中,民警被迫使用防暴枪自卫,2 人被击中致死。孟连县“7 · 19”事件,表面上看是警民冲突,实质上是胶农与企业的经济利益长期纠纷所引发的一起群体性事件。参见《孟连事件》,360 百科网,https://baike.so.com/doc/5969474-6182431.html。

② 范愉:《非诉讼纠纷解决机制研究》,中国人民大学出版社 2000 年版,第 561 页。

③ 参见马怀德:《预防化解社会矛盾的治本之策:规范公权力》,《中国法学》2012 年第 2 期。

突引发的来信上访近千万件,有些信访人漫天要价,以缠访、闹访要挟执法机关满足其要求。① 总体分析,信访问题还比较突出,信访生态环境不容乐观,仍然是一个亟待解决的难点问题。

第二节 依法预防和化解社会矛盾纠纷

社会矛盾纠纷是经济社会发展的产物,依法预防和化解社会矛盾纠纷是加强社会治理、维护社会和谐稳定的现实要求。在社会矛盾化解方面,应综合施策、多措并举,加强源头预防、依法化解,采用法律、经济、行政、调解、教育等多元手段,尤其要强化法律在化解矛盾中的权威地位,重视运用法治思维和法治方式来解决社会矛盾纠纷,引导社会公众理性表达利益诉求,通过法律途径维护自身的合法权益。

一、加强社会矛盾纠纷源头预防

防范社会矛盾纠纷,必须健全矛盾纠纷预防机制,从源头上预防和减少引发社会矛盾纠纷的隐患。中共十八届四中全会指出,要"构建对维护群众利益具有重大作用的制度体系,建立健全社会矛盾预警机制、利益表达机制、协商沟通机制、救济救助机制,畅通群众利益协调、权益保障法律渠道"②。目前,维护公民、法人和社会组织等合法权益的制度体系还不健全,由于机制不完善和渠道不通畅,利益主体的一些合理合法诉求难以及时有效解决,直接影响了社会和谐稳定。加强社会矛盾源头预防,必须重视完善社会矛盾纠纷预防机制。

---

① 参见徐汉明等:《社会治理法治研究》,法律出版社 2018 年版,第 2 页。

② 《中共中央关于全面推进依法治国若干重大问题的决定》,人民出版社 2014 年版,第 29 页。

（一）完善社会矛盾预警机制

加强社会矛盾纠纷排查，紧盯重点领域、重点地区、重点群体、重点人员，及时收集、研判和分析社会热点信息、敏感信息、复杂的矛盾纠纷信息。加强群体性事件和突发性事件的预警监测，针对容易引发社会矛盾纠纷的领域，比如征地拆迁、企业改制、涉农利益、环境保护、金融投资、教育医疗、转业安置等领域进行社会稳定风险评估，结合研判分析情况制定维护社会稳定应急预案和化解风险的具体措施，提高依法应对和处置群体性事件、突发性事件的应急管理能力。

（二）完善利益表达机制

畅通社会公众利益表达渠道，健全行政复议、仲裁、诉讼等法定利益诉求表达途径，充分发挥人民代表大会、政协、人民团体、行业协会以及大众媒体等利益表达功能，大力推进媒体问政、网络参政议政，搭建社会公众意见征集、反馈交流平台。

（三）完善协商沟通机制

基于协商于民、协商为民的出发点，注重组织开展政府与不同利益主体之间的协商对话。通过协商沟通，确保不同职业身份、不同利益群体，特别是弱势群体和利益相关方能够充分发表意见，促进政府与公众之间的良性互动，及时发现各种苗头性、倾向性、深层次的问题，以便统筹协调和处理社会矛盾纠纷。

（四）完善救济救助机制

救济救助是基本的社会保障制度，包括基本生活救助、专项困难救助、就业政策援助、社会互助等方面。救济救助机制的建立，有利于维护公平正义，维持社会秩序，化解社会风险，促进和谐社会的构建。目前，中国救济救助制度法治化程度比较低，救济救助的经费投入、对象认定、标准确定、管理体制等方面缺乏法治约束。从根本上讲，完善救济救助机制，应加快制定出台“社会救助法”，以法治建设推动救济救助规范化发展，更好地发挥相应作用。通过完善和实施基本生活救助,保障群众的基本生活权益;通过完善和实施专项困难救助,帮助群众解决教育、住房、医疗、养老等方面的困难;通过完善和实施就业政策援助,鼓励和支持有劳动能力的贫困群众实现就业;通过积极倡导社会互助,推动形成互爱互助、和谐融洽的良好社会氛围。

(五) 完善权益保障机制

坚持以人民为中心的发展理念,尽最大努力解决教育、就业、医疗、住房、养老等群众关心的民生问题,促使改革发展成果真正惠及广大群众。同时要注重完善司法救助制度、法律援助制度和诉讼费用担保制度为基础的司法救助体系,加强民生领域法律服务,保证群众权利受到侵害时能够获得及时法律帮助,有效解决群众打官司难问题,维护司法公平正义。

二、依法多元化解社会矛盾纠纷

利益多元化是当今中国社会的基本特征,在利益多元化的社会,妥善调整多元利益关系的唯一机制就是法治,别无其他思维和方式。① 在解决社会矛盾纠纷过程中,行政机关要善于运用法治思维和法治方式,依法多元化解社会矛盾纠纷。

所谓多元化纠纷解决机制,是指基于诉讼途径或者非诉讼途径解决各种纠纷所形成的一种综合系统。②

---

① 参见胡锦光:《新时代党员干部的法治思维》,中国人民大学出版社 2018 年版,第 27、30 页。

② 关于多元化纠纷解决机制的概念表述和内涵理解,中外学者在认识上有所差异。比如,国内学者范愉认为,多元化纠纷解决机制是指社会中的各种纠纷解决方式、程序或制度(包括诉讼方式与非诉讼方式两大类型)以其特定的功能共同存在、相互协调所构成的纠纷解决系统。参见范愉、李浩:《纠纷解决——理论、制度与技能》,清华大学出版社 2010 年版,第 21 页;日本学者小岛武司、伊藤真认为,多元化纠纷解决机制是指诉讼外纠纷解决制度,与审判和谈判并列,是一种民事纠纷的解决方法。参见[日]小岛武司、伊藤真主编:《诉讼外纠纷解决法》,丁婕译,中国政法大学出版社 2005 年版,第 1—6 页。

从国外经验看,通过 ADR 机制①,即非诉讼程序解决纠纷是比较普遍的做法,也是有效解决纠纷的方式。比如英国政府非常重视采用 ADR 机制解决纠纷,2007 年的《行政裁判法》系统梳理了该国的非诉讼途径解决纠纷机构——行政裁判所,以保证民众能够获得实用、便捷的救济途径。②

从中国情况看,诉讼方式是解决纠纷的主要渠道,和解、调解、仲裁、行政裁决、行政复议等非诉讼途径在解决社会矛盾纠纷中也发挥着重要作用。由于社会矛盾纠纷的复杂性、多样性,以及司法资源的有限性,使得采取"诉讼+非诉讼"模式实施多元化解纠纷成为一种现实需求。

推动依法多元化解社会矛盾纠纷,要发挥矛盾纠纷多元化解模式的整体效能,需要重点抓好以下工作:

(一) 健全多元化纠纷解决机制

依法多元化解社会矛盾纠纷,要求充分发挥司法在多元化纠纷解决机制建设中的引领、推动和保障作用,有效利用诉讼、调解、仲裁、行政裁决、行政复议等各种化解矛盾纠纷途径。积极整合各类纠纷解决资源,努力在工作机制和运行制度上促进诉讼与调解、仲裁、行政裁决、行政复议等有机衔接、相互协调,实现各种化解矛盾途径实现功能互补、运转衔接、协调联动,推动纠纷解决机制覆盖社会各领域各环节,形成化解社会矛盾纠纷的合力,提升纠纷解决的效率和实际效果。

在完善多元化纠纷解决机制方面,可以通过地方立法形式推动这项工作。

---

① ADR(Alternative Dispute Resolution)概念源起于美国,最初是指 20 世纪逐步发展起来的各种诉讼外纠纷解决方式,现已引申为对世界各国普遍存在着的、民事诉讼制度以外的非诉讼纠纷解决程序或机制的总称。参见雷虹、李平:《能动和谐司法理念下我国法院附设 ADR 制度探析——与德国民事调解制度之比较研究》,中国法院网,https://www.chinacourt.org/article/detail/2011/06/id/453982.shtml。

② See Sir Willam Wade, *Administrative Law* (Tenth Edition), Oxford University Press, 2009, pp. 776-800.

比如，2016 年山东省颁布实施《山东省多元化解矛盾纠纷促进条例》，提出要建立健全纠纷多元化解机制，合理配置纠纷化解资源，为当事人提供适宜的纠纷化解渠道；鼓励和引导当事人优先选择成本较低、对抗性较弱、有利于修复关系的途径化解纠纷。这也是国内第一部关于完善纠纷多元化解机制、促进纠纷多元化解工作的省级地方性法规。此后，黑龙江、福建、安徽等地也相继出台多元化解纠纷地方性法规，为进一步完善矛盾纠纷多元化解机制提供了法治保障。

（二）加快建设多元化纠纷解决平台

根据纠纷解决实际需要，加快建设集诉讼服务、立案登记、诉调对接、涉诉信访等多项功能为一体的综合服务平台，由各级法院配备专门人员负责诉调对接工作，通过诉前导诉、程序衔接、案件分流，把诉至法院的纠纷合理分流至诉讼、非诉讼解决纠纷渠道，对适宜调解的纠纷引导当事人选择非诉讼方式解决。各级法院应主动与行政机关、仲裁机构、公证机构，以及人民调解组织、商事调解组织、行业调解组织等非诉讼纠纷解决主体建立对接关系，推动诉讼与非诉讼纠纷解决方式在程序安排、效力确认、法律指导等方面的有机衔接，促使矛盾纠纷能够通过规范、中立、有效的非诉讼渠道得到妥善解决。

（三）充分发挥诉讼救济主渠道作用

诉讼是指法院按照法定程序，在当事人和其他诉讼参与人的参加下，依法进行裁决，解决讼争的活动。诉讼是社会矛盾纠纷解决的重要方式和主渠道。从诉讼作用发挥看，通过诉讼渠道化解社会矛盾纠纷的数量庞大。据统计，2013 年至 2017 年，最高人民法院受理案件 82383 件，审结 79692 件，分别比前五年上升 60.6%和 58.8%；地方各级法院受理案件 8896.7 万件，审结、执结 8598.4 万件，结案标的额 20.2 万亿元，同比分别上升 58.6%、55.6%和 144.6%；①2021

① 参见周强：《最高人民法院工作报告——2018 年 3 月 9 日在第十三届全国人民代表大会第一次会议上》，新华网，http://www.xinhuanet.com/politics/2018lh/2018-03/25/c_1122587194.htm。

年,最高人民法院受理案件 33602 件,审结 28720 件;地方各级法院和专门法院受理案件 3351.6 万件,审结、执结 3010.4 万件,结案标的额 8.3 万亿元。[①] 诉讼的类型主要包括刑事诉讼、民事诉讼和行政诉讼等。

刑事诉讼是指法院、检察院和公安机关在当事人及其他诉讼参与人的参加下,依照法律规定的程序,查证、核实被告人是否实施了犯罪,是否应当追究刑事责任以及应当追究何种刑事责任的活动。2021 年,全国各级法院认真贯彻总体国家安全观,依法惩治各类犯罪,保障社会安定有序,审结一审刑事案件 125.6 万件,判处罪犯 171.5 万人,有力推动了平安中国建设。[②]

民事诉讼是指法院在当事人和其他诉讼参与人参加下,依法审理和解决民事纠纷[③]的活动,以及由这些活动所发生的诉讼关系总和。民事诉讼是解决平等主体当事人之间民事纠纷的重要渠道,在化解因财产关系和人身关系产生的民事纠纷方面具有重要作用。比如,2021 年全国各级法院审结一审民商事案件 1574.6 万件,同比上升 18.3%;妥善处理因疫情引发的劳资用工、购销合同、商铺租赁等纠纷,审结涉疫民商事案件 14.2 万件;审结一审知识产权案件 54.1 万件,同比增长 16.1%,较好地保护了创新驱动发展;审结金融纠纷案件 155.3 万件,依法处理涉供应链金融、不良资产处置、私募投资基金等纠纷,有力推动防范化解金融风险。[④] 通过民事诉讼活动,有效化解了民事纠

---

① 参见周强:《最高人民法院工作报告——2022 年 3 月 8 日在第十三届全国人民代表大会第五次会议上》,中国人大网,http://www.npc.gov.cn/npc/c30834/202203/e540c852c6424f14a1ab724b08057160.shtml。

② 参见周强:《最高人民法院工作报告——2022 年 3 月 8 日在第十三届全国人民代表大会第五次会议上》,中国人大网,http://www.npc.gov.cn/npc/c30834/202203/e540c852c6424f14a1ab724b08057160.shtml。

③ 民事纠纷又称民事争议,是指平等主体之间发生的,以民事权利义务为内容的社会纠纷。民事纠纷主要分为财产关系方面的民事纠纷、人身关系方面的民事纠纷。

④ 参见周强:《最高人民法院工作报告——2022 年 3 月 8 日在第十三届全国人民代表大会第五次会议上》,中国人大网,http://www.npc.gov.cn/npc/c30834/202203/e540c852c6424f14a1ab724b08057160.shtml。

纷,维护了公民、法人和其他组织的合法权益。

行政诉讼是指公民、法人或其他组织认为行政机关的行政行为侵犯其合法权益,在法定期限内,依法向法院提起诉讼,由法院对行政行为进行审查、裁决的诉讼活动。行政诉讼是解决行政争议的重要渠道,保护当事人的合法权益是行政诉讼的首要目的。2021 年,全国各级法院积极促进行政争议依法化解,审结一审行政案件 29.8 万件,同比上升 12%。①

为切实发挥好诉讼在化解社会矛盾纠纷中的作用,应进一步深化司法体制改革,大力改善司法环境,不断提高诉讼审判质量和司法服务水平,促进审判体系和审判能力现代化,切实维护司法的公平正义。与此同时,要注重多渠道提升诉讼化解社会矛盾纠纷的效果。比如,在行政诉讼中,如何更好地发挥行政诉讼的功能作用,是值得关注的一个问题。实践表明,行政机关负责人积极出庭应诉,有利于缓解行政纠纷中行政相对人的对立情绪,有利于化解官民之间的矛盾,有利于行政纠纷的顺利解决。在行政应诉时,要贯彻"谁主管,谁负责;谁执行,谁出庭"的原则,由具体负责、具体执行的机关出庭应诉,认真落实行政机关负责人出庭应诉制度②,努力提高行政机关负责人的出庭率,被诉行政机关负责人不能出庭的,应当委托行政机关相应的工作人员出庭。行政机关负责人出庭应诉时,要在案件庭审过程中就案件的有关情况进行陈述、答辩、提交证据、发表最后意见,积极争取化解行政争议,力求出庭应诉效

① 参见周强:《最高人民法院工作报告——2022 年 3 月 8 日在第十三届全国人民代表大会第五次会议上》,中国人大网,http://www.npc.gov.cn/npc/c30834/202203/e540c852c6424f14a1ab724b08057160.shtml。

② 根据《最高人民法院关于适用〈中华人民共和国行政诉讼法〉的解释》第一百二十八条规定,《行政诉讼法》第三条第三款规定的行政机关负责人,包括行政机关的正职、副职负责人以及其他参与分管的负责人。行政机关负责人出庭应诉的,可以另行委托一至二名诉讼代理人。行政机关负责人不能出庭的,应当委托行政机关相应的工作人员出庭,不得仅委托律师出庭。同时,该司法解释第一百二十九条规定,涉及重大公共利益、社会高度关注或者可能引发群体性事件等案件以及人民法院书面建议行政机关负责人出庭的案件,被诉行政机关负责人应当出庭。

果最大化。以山东省为例,近年来山东有关部门和各地区通过组织领导干部观摩庭审、开展培训宣传、健全考核追究机制等多项措施加强行政机关出庭应诉工作,“告官不见官”、行政机关负责人不愿出庭、不会应诉的被动局面得到根本扭转,行政机关负责人出庭应诉基本实现常态化,推动了行政矛盾纠纷的实质性化解。2021 年,山东省各级法院公开开庭审理行政案件 16364 件,其中行政机关负责人出庭应诉 16155 件,出庭应诉率达到 98.72%,同比上升 4.16 个百分点(见表 4-1);①山东省聊城市抓住领导干部这个“关键少数”,创新“1 个 100%+3 个全覆盖”②行政应诉工作模式,有效破解了行政纠纷化解难、败诉率高、负责人出庭应诉率低等难点问题,助推法治政府建设提质增效。

表 4-1　2021 年山东省各市行政机关负责人出庭应诉情况统计表③

地区	应参加庭审的案件总数	负责人出庭案件数	负责人出庭应诉率	正职负责人出庭案件数	政府负责人出庭案件数	职能部门负责人出庭案件数
济南	2345	2280	93.63%	23	369	1146
青岛	2039	2039	100%	131	674	1448
淄博	1104	1104	100%	133	255	865
枣庄	478	478	100%	10	163	320
东营	302	300	99.34%	7	46	276
烟台	822	822	100%	23	94	654
潍坊	623	616	98.87%	25	21	490
济宁	1153	1153	100%	28	404	776

① 参见山东高法:《2021 年山东法院行政案件司法审查报告(附行政处罚典型案例)》,知乎网,https://zhuanlan.zhihu.com/p/507126203。

② “1 个 100%+3 个全覆盖”,即:实现行政机关负责人出庭应诉率 100%,实现行政机关主要负责人出庭应诉全覆盖、参加庭审观摩全覆盖、助推法治政府建设提质增效。

③ 参见山东高法:《2021 年山东法院行政案件司法审查报告(附行政处罚典型案例)》,知乎网,https://zhuanlan.zhihu.com/p/507126203。

续表

地区	应参加庭审的案件总数	负责人出庭案件数	负责人出庭应诉率	正职负责人出庭案件数	政府负责人出庭案件数	职能部门负责人出庭案件数
泰安	798	798	100%	11	152	634
威海	404	404	100%	16	49	312
日照	725	725	100%	35	210	494
滨州	491	491	100%	24	271	320
德州	351	351	100%	9	87	265
聊城	1207	1207	100%	307	656	551
临沂	1495	1485	99. 93%	23	562	1001
菏泽	1105	1105	100%	423	633	406
铁路	832	797	95. 79%	65	526	242
全省	16364	16155	98. 72%	1293	5172	10200

（四）注重通过非诉讼途径化解社会矛盾纠纷

虽然诉讼在化解社会矛盾纠纷中发挥着不可替代的主渠道作用,但是司法资源毕竟有限,“案多人少”问题比较突出,不可能通过诉讼途径化解所有的纠纷案件,这就需要重视发挥非诉讼途径的纠纷化解功能,促进纠纷能够通过适当的途径得到及时妥善解决。

1. 发挥行政复议化解行政争议的主渠道作用

行政复议,是指行政相对人认为行政主体的行政行为侵犯了其合法权益,依法向行政复议机关提出复查该行政行为的申请,行政复议机关依照法定程序对该行政行为进行合法性、适当性审查,并作出行政复议决定的法律制度。

行政复议是行政相对人行使行政救济权的一项重要法律制度,目的是纠正行政主体作出的违法或者不当的行政行为,保护行政相对人的合法权益。一方面,行政复议具有行政监督性质,是行政系统内部的行政机关实施的自我监督、审查纠错机制;另一方面,行政复议具有准司法性质,行政复议是由争议双方之外的第三方居间对行政争议进行审查并作出裁决。依据《行政复议法》规定，行政复议机关可以根据不同情况，作出维持、责令履行、撤销、变更、确认违法、重新作出、驳回行政复议申请和请求、赔偿等决定。

从世界范围情况看，行政复议是人们解决行政争议时优先选择的纠纷解决途径。比如，英国、美国发生的行政争议，百分之九十几都由裁判所和行政法官解决；韩国近年来复议案件与行政诉讼案的比值为7∶1，复议占88%，中国台湾地区为75%。①

行政复议是化解行政争议的主渠道。从国内行政复议作用看，行政复议具有简便快捷、成本低廉，利于行政机关进行内部监督和及时纠正错误等优势，并且如果申请人认为被申请行政复议的行政行为作出的依据不合法，可以在申请行政复议时一并向行政复议机关提出对该规定进行审查。按照现行《行政复议法》和《行政复议法实施条例》的规定，只要公民、法人或者其他组织等行政相对人，认为行政机关及其他组织等行政主体实施的行政行为侵犯了自己的合法权益，均有权申请行政复议。近年来，随着行政争议当事人对行政复议制度的认识程度不断提高，越来越注重通过行政复议途径来维护自身合法权益，行政复议已逐渐成为维护社会稳定、化解社会矛盾的主要方式之一。

据统计，自1999年《行政复议法》实施以来到2018年底，全国行政复议机关共办理226万件；2018年，全国各级行政复议机关依法办理行政复议案件25.7万件，办结22.4万件。办结的案件中，符合法定受理条件，依法作出行政复议决定的19.7万件；不符合法定受理条件，依法作出相应处理的2.7万件。全国各级行政复议机关办结的受理案件中，作出撤销、变更、确认违法和责令履行等纠错决定的约3万件，纠错率15.1%；其中，司法部办理的国务院行政复议裁决案件纠错率18.7%。2018年发生的行政诉讼案件中，有68.4%

① 参见应松年：《行政复议应当成为解决行政争议的主渠道》，《行政管理改革》2010年第12期。

的案件当事人没有选择行政复议而是直接寻求司法救济,当年办结的行政复议案件中有34%又进入了行政诉讼程序,这表明行政复议工作还需要继续加强和改进,行政复议的公信力还需要进一步提升。①

从全国31个省(区、市)和新疆生产建设兵团受理的行政复议案件看,2021年全年受理202994件(见表4-2),较2020年的174778件增长了16.1%,其中广东省受理的行政复议案件连续多年领跑全国,2021年受理29932件,较2020年的26188件增长了14.3%,案件受理数量的快速增长,反映出行政复议化解行政争议的作用提高明显。2021年全国行政复议案件涉及的领域主要为:公安、市场监管、自然资源、人力资源和社会保障、房屋征补(拆迁)、交通运输等领域(见表4-3),其中市场监管领域案件受理数量31828件,较2020年的17829件增长了78.5%,反映出行政相对人通过行政复议渠道解决市场监管领域行政争议的意愿明显增强。2021年全国行政复议案件涉及的事项依次为:行政处罚、举报投诉处理、政府信息公开、行政不作为、行政确认、行政征收、行政强制、行政确权、行政许可等申请事项(见表4-4),其中行政处罚、举报投诉处理、政府信息公开三类案件数量占比为行政复议案件总数的68.6%(2020年为69.5%、2019年为67.7%),反映出相关领域的工作质效亟待提升,还要从源头上进一步预防和减少行政争议。

表4-2 2021年省区市和兵团受理行政复议案件情况(按数量降序排列)②

省份	数量	省份	数量	省份	数量	省份	数量
广东	29932	四川	8855	湖北	4232	云南	2199
上海	15463	安徽	8336	江西	4000	内蒙古	1797

① 参见《2018年全国行政复议、行政应诉总体情况》,中国宪政网,http://www.calaw.cn/article/default.asp? id=13118。

② 参见《2021年全国行政复议行政应诉案件统计数据》,司法部网,http://www.moj.gov.cn/pub/sfbgw/zwxxgk/fdzdgknr/fdzdgknrtjxx/202209/t20220902_462830.html。

续表

省份	数量	省份	数量	省份	数量	省份	数量
山东	14279	河南	8172	天津	3982	海南	1751
江苏	12769	重庆	5694	陕西	3107	宁夏	1227
辽宁	12525	福建	5540	贵州	2773	青海	301
浙江	12095	广西	5347	吉林	2653	新疆	276
北京	10806	黑龙江	5246	甘肃	2536	兵团	241
河北	9162	湖南	5205	山西	2417	西藏	76
总计	202994						

表 4-3　2021 年全国行政复议案件涉及的领域(按数量降序排列)①

领域	公安	市场监管	自然资源	人力资源和社会保障	房屋征补(拆迁)	交通运输	其他	总计
数量	76870	31828	27715	14904	12226	3188	56263	222994
百分比	34. 47%	14. 27%	12. 43%	6. 68%	5. 48%	1. 43%	25. 23%	100%

表 4-4　2021 年全国行政复议案件涉及的事项(按数量降序排列)②

事项	行政处罚	举报投诉处理	政府信息公开	行政不作为	行政确认	行政征收	行政强制	行政确权	行政许可	其他	总计
数量	94559	33747	24606	14747	14109	11002	10103	4843	3169	12109	222994
百分比	42. 40%	15. 13%	11. 03%	6. 61%	6. 33%	4. 93%	4. 53%	2. 17%	1. 42%	5. 43%	100%

从地方受理的行政复议案件纠错率看,行政复议在化解行政争议方面发挥

① 参见《2021 年全国行政复议行政应诉案件统计数据》,司法部网,http://www.moj.gov.cn/pub/sfbgw/zwxxgk/fdzdgknr/fdzdgknrtjxx/202209/t20220902_462830.html。

② 参见《2021 年全国行政复议行政应诉案件统计数据》,司法部网,http://www.moj.gov.cn/pub/sfbgw/zwxxgk/fdzdgknr/fdzdgknrtjxx/202209/t20220902_462830.html。

了重要作用。以山东省行政复议案件为例,2011 年至 2015 年,山东省着力提升行政复议纠错能力,通过撤销、变更、确认违法、责令履行等方式纠错 1.7 万件,综合纠错比例超过三分之一;其中省本级共办理案件 2095 件,纠错 369 件,综合纠错率为 17.6%;每年通过行政复议化解的案件均在 1 万件左右,2015 年达到 1.1 万件;行政复议案件约 95%发生在市县两级,超过 85%的案件在基层得到妥善处理。① 2021 年,山东省各级行政复议机构办结行政复议案件 2.1 万余件,其中纠错案件 6072 件,纠错率 28%,省本级纠错案件 254 件,纠错率 20%。②

基于行政复议在化解矛盾纠纷中的重要作用,应更加注重加强行政复议工作基础能力建设,切实提高行政复议工作水平,进一步强化行政复议纠错和层级监督功能。各级行政复议机关要坚持以事实为根据,以法律为准绳,依法办理行政复议案件,及时纠正违法或不当行政行为,争取尽早将行政争议化解在争议解决的初始阶段、化解在行政系统内部和行政程序中,避免矛盾纠纷进一步升级。

行政复议机关在行政复议过程中要坚持以下几个原则;一是坚持合法性审查原则。严格按照宪法和法律规定的职责权限,依照法定程序受理行政复议申请,对被申请行政复议的行政行为进行事实、依据、程序、权限等方面的审查。二是坚持合理性审查原则。对被申请行政复议的行政行为的内容是否客观、适度,是否符合公平正义等法律理性进行审查。三是坚持公开原则。行政复议尽可能向当事人及社会公开,保障当事人和公众的知情权、监督权。四是坚持公正原则。对被申请行政复议的行政行为进行公正的评判、认定,保证行政复议过程的公正,保证行政复议结果的公正。五是坚持及时原则。行政复议机关处理案件应当尽量程序简单、时间短暂,以使行政争议较快得到解决,

① 参见马俊骥:《山东行政复议五年纠错 1.7 万件 综合纠错比例超 1/3》,大众网,http://jinan.dzwww.com/jryw/shandong/201602/t20160219_13856794.htm。

② 参见栾海明:《全国前列! 山东各级行政复议机构办结案件 2.1 万余件》,百度网,https://baijiahao.baidu.com/s? id=1731250987144150988&wfr=spider&for=pc。

行政关系得到较快确定，行政秩序得到较快恢复。六是坚持便民原则。尽量使当事人在行政复议中以最少的付出获得最有效的权利救济。

2. 重视通过仲裁途径化解社会矛盾纠纷

仲裁是指各方当事人约定将发生的纠纷交由第三方进行评判，由第三方作出居中裁决，以此解决相互之间争议的一项制度。作为制度化的民间性非诉讼纠纷解决机制，仲裁相比诉讼而言，具有自愿性、专业性、灵活性、保密性、快捷性、经济性等特点。① 据统计，全国有行业协会、商会近 7 万个，商事仲裁委员会 230 多个，劳动仲裁委员会 3000 多个，每年仲裁案件超过 100 万件。有效利用仲裁途径化解矛盾，既可以减轻国家解决纠纷的成本，也便于当事人维护自身的合法权益。②

根据《仲裁法》③的规定，平等主体的公民、法人和其他组织之间发生的合同纠纷和其他财产权益纠纷，均可以申请仲裁；劳动争议④和农业集体经济组织内部的农业承包合同纠纷⑤的仲裁，另行规定。当事人采用仲裁方式解决

---

① 参见范愉、李浩：《纠纷解决——理论、制度与技能》，清华大学出版社 2010 年版，第 148—149 页。

② 参见徐隽：《多元化解，有助"胜败皆服"》，《人民日报》2016 年 7 月 6 日，第 17 版。

③ 仲裁实行一裁终局的制度。裁决作出后，当事人就同一纠纷再申请仲裁或者向人民法院起诉的，仲裁委员会或者人民法院不予受理。裁决被人民法院依法裁定撤销或者不予执行的，当事人就该纠纷可以根据双方重新达成的仲裁协议申请仲裁，也可以向人民法院起诉。

④ 用人单位与劳动者发生的劳动争议，主要包括因确认劳动关系发生的争议，因订立、履行、变更、解除和终止劳动合同发生的争议，因除名、辞退和辞职、离职发生的争议，因工作时间、休息休假、社会保险、福利、培训以及劳动保护发生的争议，因劳动报酬、工伤医疗费、经济补偿或者赔偿金等发生的争议。按照《劳动争议调解仲裁法》规定，发生劳动争议，当事人不愿协商、协商不成或者达成和解协议后不履行的，可以向调解组织申请调解；不愿调解、调解不成或者达成调解协议后不履行的，可以向劳动争议仲裁委员会申请仲裁。

⑤ 因农村土地承包经营产生的纠纷，主要包括因订立、履行、变更、解除和终止农村土地承包合同发生的纠纷，因农村土地承包经营权转包、出租、互换、转让、入股等流转发生的纠纷，因收回、调整承包地发生的纠纷，因确认农村土地承包经营权发生的纠纷，因侵害农村土地承包经营权发生的纠纷，适用《农村土地承包经营纠纷调解仲裁法》。按照《农村土地承包经营纠纷调解仲裁法》规定，发生农村土地承包经营纠纷的，当事人可以自行和解，也可以请求村民委员会、乡（镇）人民政府等调解；当事人和解、调解不成或者不愿和解、调解的，可以向农村土地承包仲裁委员会申请仲裁，也可以直接向人民法院起诉。

纠纷的,应当在双方自愿基础上形成仲裁协议。仲裁依法独立进行,不受行政机关、社会团体和个人的干涉。

实践中,为更好地发挥仲裁作用,应进一步完善仲裁调解制度,探讨灵活多样的仲裁纠纷化解机制,积极培育和发展仲裁组织,壮大仲裁调解队伍,方便当事人进行仲裁,提高仲裁调解的质量。以劳动争议仲裁调解为例,为妥善化解用人单位与劳动者之间的劳动争议,维护劳动关系双方权益,可以采取以下措施:一是提升劳动争议案件仲裁处理效能。推进仲裁标准化建设,健全案件繁简分流机制,优化办案程序。创新调解仲裁工作方式,深化要素式办案方式改革。加强仲裁办案信息化建设,发挥"互联网+调解仲裁"作用,加快推进"数字仲裁庭"建设。二是落实柔性调解工作机制。加强劳动人事争议调解组织规范化建设,规范调解工作程序。依托各类基层调解组织化解争议,创新运用调解协议仲裁审查制度。积极构建以协调劳动关系三方为基础、社会多方参与的联合调解工作机制。推动企业建立健全内部劳动争议协商解决机制,探索建立劳动争议预防调解联盟。三是建立多方联动处置机制。加强仲裁机构与综治部门、劳动保障监察部门、人民法院、司法行政部门、工会组织、企业代表组织等相互之间的工作衔接,进一步提高工作效率。四是加强法律援助工作。规范调解仲裁法律援助程序,加强法律援助工作规范化建设。健全便民服务机制,简化审查程序,开辟法律援助"绿色通道"。人力资源社会保障部门与司法行政部门加强沟通协调、工作对接,建立健全联席会议与工作信息通报机制。积极开展"送法进企业"活动,为企业提供调解仲裁咨询。五是完善争议速裁工作机制。构建拖欠农民工工资争议案件速裁体系,设立拖欠工资争议速裁庭,依法快速处理拖欠工资争议案件。加强案前引导服务,根据劳动人事争议仲裁机构、劳动保障监察部门、人民法院各自职责特点和优势,实行案件分类分流,引导农民工合理选择维权方式。比如,为有效处理劳动人事争议纠纷,山东省东营市探索了劳动争议"仲裁+法律援助"的办案模式①,实行案件快速受理、法律援助会商、农民工集体欠薪案件法律援助和快速审理机制,充分发挥了仲裁调解作用,促进了当地劳动关系的和谐稳定。

3. 以调解方式促进社会矛盾纠纷的实质性化解

调解是指发生争议的当事人,在争议当事人以外的第三方主持、疏导下,围绕争议的实体权利和义务进行自愿协商,解决纠纷的行为和过程。作为多元解决纠纷的方式,调解具有快捷便利、程序灵活等优势。通过调解方式,产生的矛盾纠纷可以得到有效快速解决,及时修复当事人之间的关系。非诉讼调解方式主要有人民调解、行政调解等。

(1)加强和改进人民调解。人民调解是指人民调解委员会②通过说服、疏导等方法,促使当事人在平等协商基础上自愿达成调解协议,解决民间纠纷的活动。根据《人民调解法》的规定,人民调解委员会调解纠纷应在当事人自愿、平等的基础上进行调解。经人民调解委员会调解达成调解协议的,可以制

---

① “仲裁+法律援助”的办案模式:一是建立快速受理的机制。对于符合条件的法律援助案件,实行当场审核立案,由入驻援助律师帮助当事人办理援助手续。二是建立法律援助会商机制。对于涉及人数众多、社会影响较大的集体性争议案件,劳动争议仲裁机构和法律援助机构通过定期座谈等形式,及时通报交流案件情况,分析研究调处方案。三是建立农民工集体欠薪案件法律援助机制和快速审理机制。对于农民工群体欠薪案件,主动与市法律援助中心对接,引导、帮助劳动者申请法律援助;纳入法律援助的案件,仲裁机构开辟“绿色通道”,坚持“简案快审”与“繁案精审”并举,实现了法律援助案件的提速结案。参见闫雯雯:《新模式!东营市建立“仲裁+法律援助”矛盾纠纷化解机制》,鲁中网,http://news.lznews.cn/luzhong/dongying/201906/t20190610_11454675.html。

② 根据《人民调解法》的规定,人民调解委员会是依法设立的调解民间纠纷的群众性组织。村民委员会、居民委员会设立人民调解委员会。企业事业单位根据需要设立人民调解委员会。人民调解委员会由委员三至九人组成,设主任一人,必要时,可以设副主任若干人。人民调解委员会应当有妇女成员,多民族居住的地区应当有人数较少民族的成员。村民委员会、居民委员会的人民调解委员会委员由村民会议或者村民代表会议、居民会议推选产生;企业事业单位设立的人民调解委员会委员由职工大会、职工代表大会或者工会组织推选产生。人民调解委员会委员每届任期三年,可以连选连任。乡镇、街道以及社会团体或者其他组织根据需要可以参照《人民调解法》有关规定设立人民调解委员会,调解民间纠纷。

作调解协议书①,调解协议具有法律约束力,当事人应当按照约定履行。当事人之间就调解协议的履行或者调解协议的内容发生争议的,一方当事人可以向人民法院提起诉讼。

人民调解是社会稳定的“第一道防线”,近年来全国人民调解组织每年调解各类矛盾纠纷达900万件左右,调解成功率在96%以上,通过人民调解方式化解社会矛盾纠纷成效显著,为维护人民群众合法权益、维护社会和谐稳定、服务经济社会发展作出了积极贡献。目前,全国共有人民调解委员会76.6万个,村(社区)人民调解委员会65.7万个,行业性、专业性人民调解组织4.3万个,派驻有关部门调解室1.6万个;人民调解员367万人,其中专职调解员49.7万人,初步形成了一支专兼结合、优势互补的人民调解员队伍。② 总体来看,当前专职人民调解员的数量偏少,还不能满足人民调解工作发展需要和化解社会矛盾纠纷的现实需求。

推动人民调解工作,需要从以下几个方面着力:

第一,完善人民调解工作机制。健全调解体制机制,促进人民调解与行政调解、司法调解的衔接联动。落实人民调解工作经费保障,人民调解委员会设立单位和相关行业主管部门应依法为人民调解员开展工作提供场所、设施等办公条件和必要的工作经费。做好政府购买人民调解服务工作,拓宽和优化社会运用人民调解化解矛盾纠纷的渠道。

第二,加强人民调解员队伍建设。一方面,要加强专职人民调解员队伍建

① 为增强调解协议的执行力,根据《人民调解法》规定,双方当事人达成调解协议后,双方当事人认为有必要的,可以自调解协议生效之日起三十日内共同向法院申请司法确认,法院应当及时对调解协议进行审查,依法确认调解协议的效力;法院依法确认调解协议有效,一方当事人拒绝履行或者未全部履行的,对方当事人可以向法院申请强制执行;法院依法确认调解协议无效的,当事人可以通过人民调解方式变更原调解协议或者达成新的调解协议,也可以向法院提起诉讼。

② 参见《司法部就人民调解员队伍建设举行新闻发布会》,国务院新闻办公室网站,http://www.scio.gov.cn/xwfbh/gbwxwfbh/xwfbh/sfb/Document/1628632/1628632.htm。

设，注重选聘律师、公证员、仲裁员、基层法律服务工作者、医生、教师、专家学者等社会专业人士和退休法官、检察官、民警、司法行政干警以及相关行业主管部门退休人员担任人民调解员，不断提高人民调解员的专业化水平；另一方面，要加强兼职人民调解员队伍建设，广泛发动社会力量参与到调解工作中。此外，还要重视抓好人民调解员业务培训，通过岗前培训、年度轮训、观摩交流、旁听庭审、网络培训等形式多样的培训，逐步提升调解员的业务水平，确保调解工作质量。

第三，培育发展人民调解组织。支持和鼓励医疗卫生、道路交通、劳动争议、物业管理、环境保护、知识产权等领域设立行业性、专业性人民调解组织，运用专业知识，借助专业力量，提高调解的权威性和公信力，依法及时化解相关行业、专业领域的矛盾纠纷。司法行政机关、行业主管部门要加强对行业性、专业性人民调解组织的指导帮助，建立健全纠纷受理、调解、履行、回访等工作制度，进一步规范调解行为、调解流程，完善行业性、专业性人民调解组织协作机制，推进调解组织之间信息资源共享、专业调解人才资源共用，最大限度形成调解合力。推动律师事务所、公证机构、司法鉴定机构、基层法律服务所等法律服务组织参与纠纷化解，积极推进个人调解工作室建设，不断完善人民调解组织网络。发挥好人民调解组织的自治功能，在调解中注重以案释法、明法析理，推进调解与普法宣传的深度融合，促进群众自我教育、自我服务、自我管理和自我监督。引导人民调解组织运用法律、道德和“村规民约”等来化解矛盾纠纷，促使自治、德治、法治有机融合，助力打造共建、共治、共享的社会治理格局。

第四，坚持和发展“枫桥经验”①。20 世纪 60 年代浙江省枫桥镇的干部

---

① 20 世纪 60 年代初，浙江省诸暨市枫桥镇的干部群众创造了“发动和依靠群众，坚持矛盾不上交、就地解决”的“枫桥经验”。1963 年，毛泽东同志批示要求“各地仿效，经过试点，推广去做”。各地学习推广“小事不出村、大事不出镇、矛盾不上交”等经验做法，“枫桥经验”成为全国政法战线的典型经验。之后，“枫桥经验”得到不断发展，形成了具有鲜明时代特色的“党政动手，依靠群众，预防纠纷，化解矛盾，维护稳定，促进发展”的枫桥新经验，成为把党的群众路线坚持好、贯彻好的典范。

群众创造的发动和依靠群众、矛盾不上交、就地解决的“枫桥经验”,历经各地的坚持和发展,逐步成为新时代做好基层社会治理的“金字招牌”。从人民调解视角看,在调解中重视运用法治思维和法治方式来化解矛盾纠纷,推进自治、法治、德治“三治融合”,是“枫桥经验”的鲜明时代特点。推进人民调解工作,必须适应新形势、新变化、新任务、新要求,把“枫桥经验”的精神贯穿于人民调解工作始终。近年来,各地坚持创新发展“枫桥经验”,在加强人民调解、化解社会矛盾纠纷、推进基层社会治理方面取得明显成效。比如,诸暨市坚持和发展“枫桥经验”,建立“大调解”工作体系①,形成了以人民调解为基础、专业行业调解为依托,行政调解、司法调解、仲裁调解、信访调解等多种调解协调配合、分工合作的多元化解社会矛盾纠纷机制,主要做法:①推动人民调解与行政调解联动。为促进人民调解与行政调解的联动,诸暨市在公安派出所、交警队等机构,均设置了人民调解工作室,接受委托进行民事纠纷调处工作。②推动仲裁与调解衔接。为促进劳动争议及时妥善解决,诸暨市颁布实施了《劳动仲裁、调解、监察、法律援助相互衔接的实施办法》,规范和促进了仲裁、调解、监察、法律援助之间的相互衔接,对于未经调解申请仲裁的劳动者,仲裁委员会引导当事人到相关调解组织进行调解,或者委托相关调解组织先行调解,调解达成协议的可到仲裁委员会置换为仲裁调解书,调解不成功的由调解人员整理相关材料,以便于当事人及时提起仲裁;对劳动者确实无法获取相应证据的,监察部门先行调查取证;劳动仲裁、调解、监察等单位在办理案件过程中,应及时告知符合条件的人员可以申请法律援助。③推动信访与调解相结合。信访部门对于可以通过人民调解方式调处的信访案件,在当事人同意进行调解的情况下,及时分流移交给人民调解委员会先行调解;对于信访量大、

① “大调解”工作体系,是指地方各级党委和政府充分发挥政治优势,构建政法、综治、维稳、信访部门综合协调,有关部门、单位各司其职,社会各界广泛参与,人民调解、行政调解、司法调解既充分发挥作用又相互协调配合的调解工作体系。

群众性上访多、矛盾突出的信访问题,信访部门可以邀请相关调解机构参与信访接待或信访听证。④推动人民调解与检察工作互动。诸暨市检察院、司法局联合成立检调对接人民调解室,以检察环节轻微刑事案件和解、民事行政申诉案件和解、涉检信访息诉和解为主要工作内容,运用人民调解手段化解社会矛盾纠纷。⑤充分发挥社会力量参与调解。注重发掘社会力量,广泛吸收调解自愿者、社会组织等参与到调解工作中,邀请社会专业人士协助做好重大疑难纠纷的联合会商和指导化解工作。诸暨市所有乡镇、街道均建立了调解志愿者队伍,如枫桥镇调解志愿者联合会、暨阳街道江新社区“江大姐”调解室、江藻镇“詹大姐”帮忙团、璜山镇开三村调解室,等等。

又如,青岛市坚持和发展“枫桥经验”,探索形成了“以人民调解组织建设为基础、多元化解纠纷体系为纽带、‘1+1+N’社区人民调解机制为主体、实现矛盾不上交为目标”的多元化解矛盾纠纷体系,具体做法:①密织人民调解组织网络。一是构筑四级调解网络平台。结合公共法律服务体系建设,构建了市级公共法律服务大厅、区市人民调解中心、街镇和社村人民调解委员会四级人民调解工作实体平台,形成了市、区市、街镇、社村四级人民调解组织为主体和政府企事业单位、行业性专业性等其他人民调解组织为补充的“大调解”工作格局。全市建立调委会7376个,其中村居调委会6519个,街镇调委会141个,企事业单位、社会团体和其他组织调委会716个。二是发展专职专业调解队伍。积极打造各类优化营商环境人民调解组织,推动环境保护、劳动争议、消费权益、金融商务、保险等多个重点领域设立行业性专业性调解组织168个,年均排查化解矛盾纠纷6000余件,约占全部人民调解案件的20%。三是推行党员金牌特色调解品牌。充分发挥基层调解专家的引领示范作用,大力推动以个人命名的特色品牌人民调解工作室建设,先后建立特色品牌调解工作室151个。②创新“1+1+N”社区人民调解工作机制。每个社区建立1个社区司法行政工作室、配备1名法律顾问、组建N个调解小组,将矛盾纠纷排查调处的触角延伸到最基层,实现了由群防群治向共建共治共享升级。一是1个工作室延伸“前沿阵地”。在全市1358个社区按照群众周知的要求选址,建立社区司法行政工作室,内设人民调解、法治宣传、法律援助、法律咨询等窗口,认真落实公示公开、登记报告、值班工作三项制度,对排查出的矛盾纠纷和法律服务需求的特点和动向及时登记反馈,做到有人值班、有人“接事”“管事”“解决事”,真正实现司法行政职能整合、服务基层阵地前移,让老百姓遇到法律问题和纠纷,在家门口就能解决。二是1名法律顾问配强“法律助手”。以政府购买法律服务为基本保障方式,实施“一村(社区)一法律顾问”工程,每个社区(村居)全部配备法律顾问,明确信息公开、定时服务、工作日志、信息报告、考核评价等工作制度,推广集服务、管理、监督、测评于一体的“一村(社区)一法律顾问”在线管理平台,有效提升了对法律顾问服务、管理的信息化水平。三是“N”个调解小组打造“精兵团队”。结合城市和农村社区发展的差异性,构建以社区人民调解委员会为主体,以家庭纠纷、邻里纠纷、物业纠纷、治安纠纷等N个人民调解小组为分支的社区人民调解“精兵网络”。充分发挥人民调解员扎根基层、分布广泛、方便快捷等特点,深入基层、纵横交叉、源头预控,依法及时调处当前热点问题、重点人群发生的矛盾纠纷,促进源头治理,努力实现“小事不出村(居),大事不出镇(街),矛盾不上交”。③健全矛盾纠纷多元化解体系。充分发挥人民调解在多元化解纠纷机制中的基础性作用,实现由单一调解向多元化解升级。一是厘清职责定位。按照“谁主管谁负责”“谁受益谁保障”“谁使用谁管理”原则,由各部门、各单位、各行业,负责建立行业性、专业性人民调解组织或行政调解组织,分别承担矛盾纠纷多元化解责任。坚持在党委领导、政府主导、综治协调前提下,司法行政部门负责指导、规范人民调解组织参与矛盾纠纷多元化解,建立健全由调解、行政裁决、行政复议、仲裁等途径有机衔接、协调联动、高效便捷的矛盾纠纷多元化解机制。二是坚持多元联动。深化人民调解、行政调解、司法调解

“三调联动”，让矛盾纠纷在多元体系内快捷有效化解。与信访维稳办、法院巡回法庭、仲裁办、公安交警、派出所等单位“联署办公”，指导设立驻信访部门、法院、仲裁、公安派出所等联动调解组织217个，调解员464人，基本形成“警调联动、诉调联动、访调联动、裁调联动”等多元联动工作格局，年均化解矛盾纠纷4000余件。三是突出智慧协同。探索试点人民调解与社会治理中心平台联动，依托综治部门社会治理中心平台和网格员及早提供排查信息，实现纠纷信息排查与调解组织调处智能协同。网格员通过“社区e通”信息采集终端，以照片、文字、语音等方式，第一时间将排查出的民间纠纷隐患向所在街道网络平台报送信息，平台第一时间将纠纷信息流转至基层调解组织调处，并及时介入化解跟踪回访，有效提高了排查调处工作智能化水平。

（2）积极开展行政调解。行政调解是指行政主体①在实施行政管理过程中，依法对与本机关职权相关的争议纠纷，在争议各方当事人自愿基础上主持调解纠纷，力求经过调解达成和解、形成调解协议，解决争议纠纷的行政活动。

行政调解是行政机关的一项重要职责，也是行政机关定分止争的一种主要方式。从行政调解实践看，具体承担行政调解职责的行政机关，主要包括公安、规划、环保、交通、民政、市场监管、知识产权、自然资源等部门。从行政调解的范围看，主要包括：行政机关行使职权过程中与公民、法人和其他组织之间产生的行政争议；公民、法人和其他组织之间产生的与行政机关行使职权有关的民事纠纷；行政机关依法进行裁决的民事纠纷。从行政调解的效力看，行政调解不具有法律上强制执行的效力，争议双方根据形成的调解协议履行各自义务。

行政调解具有快捷迅速、成本低廉、程序简便等特点，不需要当事人办理烦琐的手续，以尊重当事人的意思自治为原则，以国家法律、法规、规章及政策

① 行政调解的行政主体，包括行政机关和法律法规授权的具有公共管理职能的组织。

为依据,通过对争议各方当事人的说服与劝导,促使当事人互让互谅、平等协商、达成协议,有利于通过调解促进矛盾纠纷的化解。

目前,我国还未出台国家层面的行政调解专门立法,有关的法律、法规和规范性文件中可见关于行政调解的具体规定。比如,《治安管理处罚法》①《道路交通事故处理办法》②中对公安机关的行政调解行为作出了明确规定;国务院《关于加强法治政府建设的意见》(国发〔2010〕33 号)和中共中央、国务院《法治政府建设实施纲要(2015—2020 年)》《法治政府建设实施纲要(2021—2025 年)》等规范性文件,均明确要求各级政府要建立和完善行政调解制度。地方层面,部分地区颁布实施了有关行政调解的地方性政府规章,比如,《贵阳市行政调解暂行规定》《无锡市行政调解实施办法》《潍坊市行政调解工作规定》等,对于推进行政调解的制度化、规范化、标准化起到了积极作用。

地方政府和有关部门要切实履行行政调解职责,充分发挥行政机关在化解行政争议和民事纠纷中的作用。要科学界定行政调解的范围,梳理行政调解权责清单,厘清行政调解的权限边界,主要受理调解行政争议或与行政管理密切相关的民事争议。作为居间的第三方,行政机关在调解过程中要充分尊重当事人的意愿,依照相关法律规定,公平公正地进行调解。优化行政调解机

---

① 《治安管理处罚法》第九条规定:"对于因民间纠纷引起的打架斗殴或者损毁他人财物等违反治安管理行为,情节较轻的,公安机关可以调解处理。经公安机关调解,当事人达成协议的,不予处罚。经调解未达成协议或者达成协议后不履行的,公安机关应当依照本法的规定对违反治安管理行为人给予处罚,并告知当事人可以就民事争议依法向人民法院提起民事诉讼。"

② 《道路交通事故处理办法》第三十条规定:"公安机关处理交通事故,应当在查明交通事故原因、认定交通事故责任、确定交通事故造成的损失情况后,召集当事人和有关人员对损害赔偿进行调解。"第三十三条规定:"经调解达成协议的,公安机关应当制作调解书,由当事人和有关人员、调解人签名,加盖公安机关印章后即行生效。公安机关应当将调解书分别送交当事人和有关人员。调解期满后未达成协议的,公安机关应当制作调解终结书,由调解人签名,加盖公安机关印章,分别送交当事人和有关人员。"第三十四条规定:"经调解未达成协议或者调解书生效后任何一方不履行的,公安机关不再调解,当事人可以向人民法院提起民事诉讼。"

制，规范行政调解程序，对行政调解中的管辖、受理、方式、顺序和时限等方面作出明确具体规定。行政机关在实践中可以探索设立行政调解专门机构、组建行政调解委员会等方式，积极开展行政调解工作，有效化解矛盾纠纷，进一步提升行政调解工作水平。对于涉及人数较多、影响较大、可能影响社会稳定的矛盾纠纷，要争取提前介入、主动进行调解。依法加强消费者权益保护、交通损害赔偿、治安管理、环境污染、社会保障、房屋土地征收、知识产权等方面的行政调解，及时妥善推进矛盾纠纷化解。

行政调解协议依赖于当事人的自觉履行作为保障。由于经过行政调解达成的调解协议并不具有法律上的强制执行效力，对当事人的约束力存在不足。为保证调解协议的履行，提高行政调解的实际效果，可以借鉴人民调解协议效力的确认方式，探索通过相应的司法审核程序，由法院确认行政调解协议的效力，法院在审核调解协议时，除非认为调解协议存在违反法律规定或者违反当事人的自愿原则，就应当依法确认调解协议的效力。

加强调解工作，要注意推进"三调"联动，建立健全人民调解、行政调解与司法调解①等不同调解方式之间的联调联动机制，努力形成调解合力。积极吸纳符合条件的人民调解员和调解组织参与司法调解，提升司法调解的影响力和公信力。抓好调解与诉讼的对接工作，创新诉调对接工作模式②，不断提高诉调对接的规范化、常态化和精细化水平。

---

① 司法调解是指各方当事人在法院法官的主持下，就争议的问题进行协商，解决纠纷的一种方式。司法调解是一种法定的诉讼程序，调解的范围主要是法院受理的民事案件和刑事自诉案件。司法调解协议与法院作出的判决具有同等的法律效力，对双方当事人具有法律上的约束力和强制力。运用司法调解方式解决纠纷，有利于减小当事人之间的对抗性，有效节约司法资源，促进矛盾纠纷的实质性化解。

② 比如，法院可以探索与外部调解组织联调联动，将立案前的矛盾纠纷委派法院外部的社会调解组织进行调解化解；或者将立案之后的矛盾纠纷交由法院内部聘请的调解组织、调解员进行调解。

4. 有序推进行政裁决工作

行政裁决是指行政机关依据当事人的申请，根据法律法规的授权，居中对与行政管理活动密切相关且与合同无关的民事纠纷进行审查并作出裁决的行政行为。

行政裁决实质上是行政机关行使行政权的一种活动，具有准司法的性质。行政裁决效率高、成本低、专业性强、程序简便，有利于发挥行政机关管理相关领域的特长，从专业角度促成矛盾纠纷的快速解决。

行政裁决的受理范围是与行政管理活动密切相关的民事纠纷，主要集中在自然资源权属争议、知识产权侵权纠纷和补偿争议、政府采购活动争议等方面，合同纠纷等民事争议不属于行政裁决的受理范围。

行政机关实施行政裁决权须有法律明文授权，应由行政机关裁决民事纠纷范围，应由法律明文规定。① 从我国现行法律法规看，目前还没有制定出统一的“行政裁决法”，行政机关的行政裁决权散见于不同的单行法律法规中。比如《土地管理法》第十四条规定土地所有权和使用权争议，由当事人协商解决，协商不成的由人民政府处理。《专利法》第六十二条规定对于取得实施强制许可的单位或者个人向专利权人支付使用费的，其数额由双方协商，双方不能达成协议的由国务院专利行政部门裁决。其他如《森林法》《草原法》《矿产资源法》等法律规定了林地、草原、矿区等自然资源权属民事纠纷的行政裁决事项，《商标法》《植物新品种保护条例》《中药品种保护条例》《集成电路布图设计保护条例》等法律法规就知识产权侵权纠纷和补偿争议的行政裁决事项作出了规定，《政府采购法》等法律对政府采购活动争议的裁决处理作出了规定。《湖南省行政程序规定》《山东省多元化解纠纷促进条例》《安徽省多元化解纠纷促进条例》等地方性法规也对行政裁决进行了相应规范。

① 参见胡建森：《行政法学》，法律出版社 2015 年版，第 409 页。

近年来，行政机关在解决民事争议方面发挥了一定作用，但也存在行政裁决范围不明确、程序不规范、制度不健全等一些现实问题。为切实发挥行政裁决化解社会矛盾纠纷的功能，建议采取以下措施：一是研究制定行政裁决相关法律法规。比如，国家层面适时制定“行政裁决法”或者“行政裁决条例”，进一步明确行政裁决的内涵、原则、范围、程序、责任等规范，以此促进行政裁决的专业化、规范化和制度化，有效发挥行政裁决化解民事纠纷的“分流阀”作用。二是建立行政裁决事项权力清单制度。全面梳理行政裁决事项权力清单并向社会公开，根据实际情况变化及时对权力清单作出动态调整。依法承担行政裁决职责的行政机关要积极履行裁决职责，努力化解当事人之间的民事纠纷。三是推行行政裁决先行制度。在不动产相邻关系纠纷、土地承包纠纷、山林纠纷等领域，可以推行行政裁决先行制度，对于未经乡镇调处的上述纠纷，人民法院不予受理。① 四是强化行政裁决调解工作。坚持行政机关裁决民事纠纷必须先行调解，当事人经调解达成协议的由行政机关制作调解协议书，调解不能达成协议的由行政机关及时作出裁决。五是推广信息技术在行政裁决工作中的运用。在自然资源权属、知识产权侵权纠纷和补偿、政府采购活动等行政裁决纠纷多发领域，探索建立“一站式”纠纷解决服务平台，为当事人提起行政裁决提供便利服务，减轻当事人依法维权中的负担。六是建立健全行政裁决告知制度。加强行政裁决与诉讼、调解等其他矛盾纠纷化解方式的衔接协调。对于可以通过行政裁决解决纠纷的，人民法院在登记立案前要主动向当事人提供通过行政裁决解决争议的建议，人民调解委员会在参与矛盾纠纷调解时要告知当事人可以选择行政裁决途径解决争议。七是优化行政裁决程序。对于行政裁决涉及的程序性事项，比如行政裁决的申请、受理、回避、证据、调解、审理、执行、期间和送达等方面要进一步细化，切实增强可操

① 参见王成栋：《多元纠纷解决机制中的政府作用》，载马怀德主编：《全面推进依法行政的法律问题研究》，中国法制出版社 2014 年版，第 358—359 页。

作性,促进行政裁决工作规范化。八是完善行政裁决救济程序衔接机制。行政裁决结果具有非终局性特点,当事人不服行政裁决的,可以依法向人民法院提起诉讼。① 既可以把民事争议中的对方当事人作为被告提起民事诉讼,也可以因不服行政裁决行为而提起行政诉讼。

第三节 推动信访纳入法治化轨道

信访工作是社会稳定的“晴雨表”和“风向标”。当前,信访形势依然比较严峻,各地在如何妥善解决信访问题、推动信访工作高质量发展方面,还面临着较大的压力。有效预防和化解信访矛盾纠纷,必须加强和改进信访工作,创新信访工作理念,压实化解信访问题主体责任,健全信访联动预警处置机制,切实抓好信访基础保障工作,积极引导群众依法行使权利、表达诉求、解决纠纷,把信访纳入法治化轨道,保障合理合法诉求依照法律规定和程序能够得到合理合法的结果。

一、创新化解信访问题理念思路

(一)树立抓信访就是抓民生的理念

信访工作是党的群众工作的重要组成部分,是党和政府了解民情、集中民智、维护民利、凝聚民心的一项重要工作,是各级机关、单位及其领导干部、工作人员接受群众监督、改进工作作风的重要途径。做好信访工作要坚持民生优先,把解决群众的基本生活需求问题放在首位,像抓经济建设一样抓民生保障,像落实发展指标一样落实民生任务。在工作部署中,将信访问题化解放在

① 例如,《土地管理法》第十四条第一款规定:“土地所有权和使用权争议,由当事人协商解决;协商不成的,由人民政府处理。”第十四条第三款规定:“当事人对有关人民政府的处理决定不服的,可以自接到处理决定通知之日起三十日内,向人民法院起诉。”

经济社会发展大局中统筹谋划、一体推进,把群众利益、群众满意度作为目标和主线,把信访工作链条向治本控源、修复警示延伸,把阳光信访、责任信访、法治信访作为基础性工作常抓不懈。加强信访工作的经费保障,地方财政每年列支信访专项资金,与中央省市专项资金相配套,专门用于化解信访难题,减少信访问题存量。

(二) 强化依法化解信访问题的意识

牢固树立法治思维理念,坚持把信访纳入法治化轨道,按照"法定职责必须为,法无授权不可为"的原则,运用法治思维、法治手段开展工作。在信访工作中要坚决摈弃脱离法治轨道的"维稳"思维,打破通过领导签批方式解决问题的传统模式,解决问题时对相同事实应同等对待,平等地适用法律规范,杜绝因人而异、因地而异、因时而异等不符合法治的工作方式。要优化传统信访途径,积极开展信访政策宣传活动,引导群众在法治框架内解决矛盾纠纷。对于依法应当通过诉讼、仲裁、行政复议解决的信访诉求①,教育引导群众通过法律途径去解决纠纷,同时要保障群众的合理合法诉求依照法律规定和程序就能够得到合理合法的结果。推进落实社会稳定风险评估工作,实行社会稳定风险评估领导签批备案制,从源头上预防和减少社会矛盾的产生。

(三) 推动"互联网+信访"深度融合

一是打造"互联网+信访"工作模式。从实际情况来看,群众的信访诉求大多数是基层应该解决也是可以解决的问题。有效化解信访问题,必须加强基层信访工作。积极推广在村居(社区)设立信访事项代办室,在乡镇(街道)

---

① 根据《依法分类处理信访诉求工作规则》(国信发〔2017〕19号)规定,依法应当通过诉讼、仲裁、行政复议解决的信访诉求,主要包括:根据法律规定应由人民法院、人民检察院、公安机关通过刑事立案处理的事项;行政相对人不服行政复议决定的事项;当事人达成有效仲裁协议的事项;其他只能通过诉讼、仲裁、行政复议等法定途径处理的事项。

设立信访事项会商室,在县(市、区)设立信访事项听证室等方式方法,充分发挥信息化网络系统作用,打造可办理、可查询、可跟踪、可监督、可评价的“互联网+信访”工作模式,进一步拓展基层信访工作的新局面。

二是逐步形成网上信访主渠道。健全网上受理信访制度,积极推广网上受理信访,推动信访问题及早受理、及快解决,让数据多跑路、群众少跑腿,为信访群体依法提起信访诉求增加便利,节约信访问题的化解成本。加快政府和职能部门网上信访受理平台建设,在镇街信访场所设立网上信访自助服务区,有条件的村居配备相应设备或整合远程教育资源开展工作,推动“阳光信访”信息系统省市县乡村五级建设全覆盖,为群众网上信访提供更多便利条件。将网上信访系统与领导信箱、市县长热线等平台全面整合,一个口径对外,一个平台处置,实现互联互通、数据共享。压减网上信访受理办理周期,发挥网上信访比较优势,让群众体验到网络平台的高效便捷,把网上信访打造成群众反映问题、解决问题、汇集社情民意的主渠道。

三是推动领导干部网上接访常态化。借助信访信息系统,培育“信息网上录入、流程网上管理、活动网上督查、绩效网上考评”信访工作新模式,办信、接访、网上投诉办理、督查督办等基本业务全覆盖,信访信息全录入、业务全流转、数据全生成、办理全公开。领导干部可以通过信访信息系统直接批转案件,信访人可以随时查询信访事项办理情况和处理结果,并对信访部门和责任单位作出满意度评价,形成良性互动局面,提高信访工作质效。

四是促进网上信访大数据转化应用。加强对信访数据的综合分析和精准研判,及时转化为可用的信息资源。注重从农村农业、城乡建设、劳动社保等民生领域的信访问题中,以及非法集资、房地产交易等涉众型利益群体的信访事项中,梳理、归纳出带有普遍性、苗头性问题,有计划地生成工作“体检表”,为党委政府科学决策、改进工作、优化政策提供咨政参考。

二、压实化解信访问题主体责任

（一）严格执行诉访分离制度

根据相关法律法规，厘清信访与诉讼、仲裁、行政复议等法定救济途径的边界。信访部门对于信访群众应当依照法定途径提出的诉讼、仲裁和行政复议类信访事项不予受理、不予转送、不予交办，对此要向信访群众耐心做好解释工作，明确告知、积极引导他们向有权处理机关反映诉求。

（二）大力推行责任清单制度

职能部门要进一步梳理本部门信访问题法定解决途径，形成各自的分类处理清单，明确行政部门之间依法处理矛盾纠纷的责任，解决行政机关之间信访问题的“管辖”边界问题。压实各级的责任，强化村信访信息员承担的信访问题排查、化解、预警、上报、跟踪处访和落实上级问题处理意见的职责，大力推广矛盾不上交、就地解决的“枫桥经验”，争取在一线及时发现问题，就地解决问题。

（三）加强信访工作督查考核

加强对信访问题化解的督查督办，强化问责刚性，严肃追究责任，让失责必问成为常态。对思想不重视、工作不作为、问题不解决、责任不落实，造成信访问题多发频发，发生严重影响社会稳定重大信访案件的，进行严厉的责任倒查追究。充分发挥信访考核的指挥棒作用，科学设计信访工作考核办法，坚持控制信访发生数量与提升工作质量效率“两手抓”，推动信访工作由“数量压力型”向“质量责任型”转化，把源头预防和解决问题作为核心要素，突出对信访信息排查预警率、信访事项及时受理率、按期办理率、群众满意率的考核，推动提高信访事项办理质量上水平。加强对涉法涉诉信访工作的考核，加大考核权重，注重考核结果的运用。

三、健全信访联动预警处置机制

(一) 有效发挥信访联席会议作用

建立公安部门、检察院、法院、信访机构、司法部门以及社会矛盾纠纷调处中心等单位参加的信访联席会议制度,有利于对信访问题进行综合研判分析,形成化解信访问题的合力。要强化联席会议综合协调、组织推动、督导落实等职能作用,实现联席会实体化、常态化开展工作。联席会议要严格落实例会制度,集中分析研判信访形势和一个时期内或者某个领域的信访突出问题,研究解决方案和推进措施,增强信访工作的前瞻性、针对性,及时妥善处理重大、复杂、疑难信访事项,有力促进信访矛盾纠纷的精准预防和精准处置。

(二) 建立党委政府办公例会制度

坚持和加强党对信访工作的全面领导,健全党领导信访工作的体制机制。把信访问题化解工作列为地方党委常务委员会、政府常务会、书记办公会固定研究议题,定期听取信访问题化解情况汇报,梳理分析当前热点难点,认真研究部署信访问题化解工作,形成研究推动信访工作的常态机制,推动各级各部门落实信访问题化解工作责任。

(三) 进一步健全部门联动机制

建立健全信访联治、矛盾联调、工作联动的相关机制,推动形成大信访、大联动工作格局。整合政法、综治、司法、维稳、信访等系统资源,在矛盾纠纷排查调处、信访信息预警工作中加强信息共享和有效联动。严格落实领导公开接访、部门联合接访制度,定期开展专项督查并及时通报。通过速调速决、会商研判、重大疑难复杂矛盾纠纷专班联席会议等机制,实现"急事速调、要事联调、难事商调",急群众之所急,解群众之所忧。

(四) 强化信访问题排查预警处置

完善矛盾纠纷排查机制,实行镇村联动,落实矛盾纠纷"日报告""零报告”制度,管区干部、村干部深入到所包片区、村居进行矛盾排查,及时将矛盾排查情况逐级进行汇总上报,确保排查无死角,信息无错误。完善网络舆情监控机制,加强突发事件的分析和预警研判,对出现的网络舆情科学迅速作出反应,争取在“黄金四小时”内妥善处置,最大限度减少因突发事件造成的网络负面影响。

四、抓好信访基层基础保障工作

(一)推广网格化管理模式

积极推行扁平化管理,结合区域实际划分基础网格(比如,每 300—500 户、每 1000 人划分为一个基础网格)和若干个专属网格(机关、学校、企业等划分为一个专属网格)。选优配强专职网格员,或者通过政府购买服务的形式,在每个网格配备 1 至 2 名网格社工作为管理员,做好基础数据采集、收集社情民意、化解矛盾纠纷、服务居民群众、加强应急管理等基础工作。

(二)积极主动联系服务群众

增强服务群众意识,推行领导干部包案化解矛盾纠纷做法,领导干部按照工作分工研究分管领域的信访突出问题,主动参加信访事项听证会,分级分类接访、定期接访、带案下访,对于排查出的重点信访事项,联系包保区域的重点信访案件,实行一包到底、直至矛盾纠纷解决。充分发挥各级驻村干部在做好信访问题化解工作方面的积极作用,探索由各村“第一书记”兼任所在村信访信息员,把信息员矛盾排查调处、信息预警等工作情况纳入干部考核和基层党建述职,作为干部选拔任用、激励表彰的重要依据。

(三)加强基层信访工作队伍建设

加大市县信访干部交流选拔使用力度,对政治上靠得住、工作上有本事、善于做群众工作的信访干部大胆提拔使用,选派市、县优秀信访干部到县、乡挂职领导职务,定期推动市、县信访干部在部门间的横向交流。县(市、区)信访部门配备信访督察专员,在各职能部门和各乡镇街道明确信访工作机构、配备专兼职信访工作人员,组建专职调解员队伍,进一步充实信访工作力量。加强对信访工作人员的教育培训,不断提升信访干部化解社会矛盾纠纷的能力。

(四) 推动社会力量参与社会治理

注重发挥志愿服务组织、民间组织的作用,鼓励支持不同领域、不同行业具有专业知识和群众工作经验的人员参与矛盾纠纷化解工作。积极面向社会吸纳“五老人员”①、乡贤达人、法学专家等社会力量,集中调处各类信访矛盾纠纷。探索通过政府购买服务方式,为区域群众提供法律咨询服务和法律援助,推广律师参与领导干部接访制度,加强对群众的普法宣传教育,引导群众加强自我管理,营造办事依法、遇事找法、解决问题靠法的良好社会环境。

① “五老人员”,主要是指退休的老党员、老干部、老代表、老教师、老军人等。

第五章

加强权力制约与监督：推动行政权力规范透明运行

对于行政机关而言，行政权力是一把“双刃剑”。没有制约和监督的权力，必然会导致腐败。权力运行不规范是引发社会矛盾纠纷的一个重要因素。社会保持平稳有序运行，离不开政府对自身权力的合理控制。正确行使权力、不滥用权力，确保权力的规范透明运行，这是对行政机关和权力使用者的一项基本要求，也是维护社会公平正义的重要保障。

第一节 依法规范行政决策

社会矛盾纠纷的产生与公权力有着密不可分的联系，公权力失范加剧了党群矛盾和官民冲突。[①] 公权力行使不规范，易引发社会矛盾纠纷。有效预防和化解社会矛盾纠纷，首先要加强对公权力的规制。政府机关的“行政行为不是一个单一、孤立、静止的行为，而是一系列不断运动、相互关联具有承接

① 参见马怀德：《预防化解社会矛盾的治本之策：规范公权力》，《中国法学》2012 年第 2 期。

性的过程,这些过程又构成一个个多层次的、极为复杂的系统”①。在行政行为链条上的每一个环节,都有可能出现权力的滥用和扩张。行政决策是公权力运行的首要环节,直接关系着政府的形象和政府的公信力。规范政府机关的行政行为,必须注重规范行政决策特别是重大行政决策,这也是规制公权力依法运行的重点内容。

一、行政决策存在的不足之处

近年来,各级政府机关决策机制不断完善,领导干部决策水平不断提高,但实践中还存在一些比较突出问题,主要体现在:有的政府机关在行政决策中,尊重客观规律不够,仍然习惯于行政主导型决策模式,行政决策程序不规范,决策的民主化程度偏低,听取群众意见不充分,还存在违法决策、专断决策、拍脑袋决策现象;有的政府机关在决策前,虽然也请了专家进行“咨询”,但往往只愿意听专家的顺耳之言,使得专家咨询流于形式,专家论证会成了“走过场”;有的政府机关行政决策中公众参与机制不够完善,公众参与积极性不高、参与效果不佳,对于公众参与的意见缺少必要反馈;有的地方政府由于在行政决策中没有做到科学决策、依法决策、民主决策,特别是在事关公众切身利益的重大事项进行决策时缺少专家论证、公众参与等必要程序,难以得到公众的理解和支持,甚至成为引发社会矛盾纠纷以致群体性事件的导火索,比如在邻避设施项目决策过程中,往往因公众参与不充分,政府与公众之间交流沟通不顺畅而引发邻避冲突②,导致项目陷入“宣布上马—公众抗议—项目紧急叫停、延期、撤销或者迁址建

---

① 朱维究、胡卫列:《行政行为过程性论纲》,《中国法学》1998 年第 4 期。

② 邻避设施主要是指能够带来广泛的社会效益,但却会给设施周边居民带来不可描述的负外部性影响的公共基础设施。邻避冲突是在邻避设施选址建设中,由于项目周边居民担心项目建在自己家的周边,会造成环境污染、影响身体健康等一些潜在的不良影响,通过不同方式进行反对、抗争所引发的一种社会冲突。

设”的怪圈。

二、规范行政决策的对策建议

依法规范政府机关的行政决策,要注重加强行政决策科学化、民主化和法治化建设。政府机关在作出重大行政决策时,必须严格遵循公众参与、专家论证、风险评估、合法性审查和集体讨论决定等法定程序。具体而言,可以采取以下措施:

(一)以制度建设规范行政决策

完备的制度是保证行政决策规范实施的重要依据,也是促进行政决策法治化水平提升的基础条件。这就要求必须加强行政决策相关立法和制度建设,进一步健全依法决策机制,优化行政决策流程,细化行政决策事项范围,推行重大行政决策目录化管理、全过程记录等制度,切实增强制度的针对性、可操作性,以此进一步规范行政决策。比如,为规范行政决策程序,山东省政府实行年度决策事项目录制度,于2021年6月25日印发《关于公布山东省人民政府2021年度重大行政决策事项目录的通知》(鲁政发〔2021〕9号),围绕省委、省政府重点工作任务,以落实战略部署、保障服务民生为重点,采用“清单”式列举决策事项20项,并且对重大行政决策事项目录实行动态管理,决策事项承办单位根据省委、省政府年度重点工作任务实际情况,在认真研究论证基础上,可以提出目录调整建议,按程序报经批准后公布。通过编制目录、公开目录,山东省政府重大行政决策事项实现了“可视化”的计划管理,决策承办单位和完成时限得以明确,从源头上保证决策事项能够严格履行法定程序,得到有效监督,取得较好效果。

(二)切实增强公众参与决策实效

公众参与是社会主义民主政治的重要方面,公众参与的意义在于赋予公众表达个人需求、提出利益主张的渠道和平台,从而使行政决策更为科学、民主、合理,政策的制定更符合民众的期待。[1] 为此,要完善重大行政决策公众参与程序,探索重大行政决策与公民互动的有效途径。积极拓展公众参与的广度和深度,加强公众参与平台建设,畅通公众参与渠道,推行文化教育、医疗卫生、资源开发、环境保护、公用事业等重大民生决策事项民意调查制度,推动公民参与决策,促使其合理意见得到充分表达、合法诉求得到充分体现。对于社会涉及面广、事关群众切身利益、需要社会广泛知晓的重大行政决策事项,要在决策前及时向社会公布决策草案、决策依据,通过听证座谈、调查研究、咨询协商、媒体沟通等方式广泛听取公众意见,及时反馈公众意见采纳情况和理由。

以公众参与事关环境保护的决策为例,西方国家公众参与决策的经验具有一定借鉴意义。比如,美国 1969 年 12 月颁布实施的《国家环境政策法》规定,应对环境危机的战略突破口是政府的环境行政行为,联邦行政机关的决策行动,如果对环境可能产生重大的影响,必须遵循该法的规定,在决策之前对拟采取行动的环境影响开展评价,制作环境影响报告书并且予以公开,同时邀请公众及其他政府机关对报告书发表意见,对于提出的意见,有关机关要认真听取并将这些意见提交给决策者参考,在完成环境影响评价程序之后,拟采取行动的政府机构才能作出决策,将州政府的环境行政行为纳入法律监督和制约的范围。[2] 我国要注重抓好公众参与相关法治建设,建立严格规范的环境行政行为程序规则,进一步明确公众参与的内容、形式、方法和程序等规定,引导公众依法、有序、理性参与生态环境相关决策,与此同时要明确规定政府在作出行政决策之前,对有可能造成生态环境重大影响的行动,应及时组织开展环境影响评价,邀请公众参与发表意见,安排进行专家论证,在此基础上方可根据实际情况进行决策。

---

① 参见马玉丽:《社会组织与社会治理研究》,山东大学出版社 2019 年版,第 47—49 页。

② 参见周适:《环境监管的他国镜鉴与对策选择》,《改革》2015 年第 4 期。

（三）提高专家论证和风险评估质量

专家论证和风险评估是保证科学决策的重要措施，有利于减少行政决策中的失误。政府机关要根据行政决策实际需要，建立行政决策咨询论证专家库，优化决策咨询专家遴选机制，真正把理论功底深厚、实践经验丰富、社会诚信度高的专家遴选为决策咨询专家。加强专家库运行管理，建立专家诚信考核及退出机制，适时对入库专家进行动态调整。对于决策咨询专家提出的论证意见，在行政决策中要认真对待、充分尊重，及时向专家反馈意见的采纳情况。

落实重大决策社会稳定风险评估机制，重视开展社会稳定风险评估、公共安全风险评估以及“互联网+”背景下的网络舆论风险评估等“新兴风险”评估。依法维护社会公众的知情权、参与权、表达权和监督权，对于事关公众切身利益、社会涉及面广、容易引发社会稳定风险的重大决策事项，如重大公共政策、重大管理措施、重大改革措施、重大公共项目等，要认真做好分析和评估，把评估的过程变成协调利益、取得共识的过程，提高行政决策的权威性和政府的公信力，避免陷入“塔西佗陷阱”，最大限度降低因行政决策不当引发社会矛盾纠纷的风险。比如，为减少行政决策失误、有效避免因决策不当导致的邻避冲突，在邻避设施项目实施之前，要有计划地组织风险评估，针对项目立项、建设、运营中可能引发的风险进行分析评价，可以探索由公众参与环境风险评估机构的选择或者环境风险评估专家的选聘，消减公众对环境评估报告的疑虑和环境风险的恐惧心理，在开展风险评估基础上制定风险防控预案，从而有效预防、避免和减小项目实施过程中引发的风险。

（四）把好合法性审查关口

合法性审查是确保行政决策能够符合法律规定的关键所在。为此，在政府机关作出行政决策之前，负责合法性审查的部门要把好审查关口，避免合法性审查流于形式。要严格执行重大行政决策合法性审查机制，主要围绕决策事项是否符合法定权限，决策草案的形成是否履行相关法定程序，决策草案内容是否符合有关法律、法规、规章和国家政策的规定等进行合法性审查，及时出具合法性审查意见。决策草案未经合法性审查或经审查不合法的，不得提交决策机关讨论。

（五）认真执行集体讨论制度

集体讨论决定既能体现民主决策的要求，也是实现科学决策的重要保障。① 行政决策要坚持民主集中原则，切实把民主和集中统一起来、结合起来，坚决避免搞“家长制”“一言堂”，决策事项在经过会议充分讨论的基础上方能作出决定。除遇重大突发事件和紧急情况外，避免以传阅、会签或者个别征求意见等方式代替集体决策。参与讨论人员应充分发表意见并如实记录在案，会议记录要记明参与讨论人员的表决意见和依据理由、决策形式、决策结果及落实决策的责任部门、具体责任人。对集体讨论过程中，参与讨论人员的意见分歧较大，或者发现有重大问题尚不清楚的，除在紧急情况下可以按照多数意见执行外，应该暂缓作出决定，待进一步调查研究后再行决策。

（六）严格落实决策追责问责制度

责任追究制度对于实现科学决策、民主决策、依法决策具有监督保障功能。要按照“谁决策、谁负责”的原则，强化行政决策主体的责任意识。严格落实重大决策终身责任追究及责任倒查机制，确保行政决策权力和行政决策责任有机统一，避免因决策失误产生矛盾纠纷、引发社会风险或者造成不必要的损失。加强行政决策执行情况督促检查，重大行政决策一经作出，未经法定程序不得随意进行变更或者停止执行。完善行政决策跟踪反馈机制，适时对行政决策情况进行跟踪评估，科学评价行政决策的实际效果，并且根据评价中发现的问题，及时对决策进行调整完善，从而促进决策水平的不断提升。

---

① 参见韩春晖：《行政决策的多元困局及其立法应对》，《政法论坛》2016 年第 3 期。

第二节 推进政府信息公开

阳光是最好的防腐剂。推进政府信息公开,有利于提高政府工作的透明度,保障公民、法人和其他组织的知情权,有效监督权力行使、防止行政权力滥用,促进行政权力规范透明运行。

我国最早规定政府信息公开内容的地方政府规章,是广州市 2002 年 11 月 6 日公布的《广州市政府信息公开规定》。2007 年 4 月 5 日,国务院颁布了《政府信息公开条例》(自 2008 年 5 月 1 日起实施),这是我国政府信息公开的第一部行政法规,也是政府信息公开最主要的法律依据。2019 年 4 月 3 日,国务院以第 711 号令形式公布了修订后的《政府信息公开条例》(以下简称《条例》),自 2019 年 5 月 15 日起实施。

一、政府信息的界定

政府信息,是指行政机关在履行行政管理职能过程中制作或者获取的,以一定形式记录、保存的信息。

从政府信息的界定上看,符合政府信息应满足四个要素:

1. 信息主体要素。信息主体要素,即政府信息应是行政机关所掌握的信息,这里的“行政机关”意指广义概念上的行政机关,既包括政府及其组成部门,也包括法律法规授权管理公共事务的组织,比如证监会、银监会、保监会等事业单位。

2. 信息职责要素。信息职责要素是界定政府信息的核心要素之一。政府信息产生于行政机关履行行政管理职能的过程中,与行政机关履职具有密切关联性。

3. 信息来源要素。从政府信息来源上看,政府信息既可以是行政机关制作的信息，也可以是行政机关从公民、法人和其他组织获取的政府信息。

4. 信息载体要素。政府信息必须能以一定的形式记录、保存，具体的形式可以是纸质文本，也可以是电子介质如电子文档、音频文件、视频文件，或者是其他形式的能为人类所感知的载体形式。

二、政府信息公开的主要形式

根据《条例》规定，我国政府信息公开主要分为依职权主动公开和依申请公开两种形式。

（一）依职权主动公开政府信息

1. 政府信息主动公开的范围

行政机关对涉及公众利益调整、需要公众广泛知晓或者需要公众参与决策的政府信息，应当主动公开。此外，行政机关还应当主动公开本行政机关的下列政府信息：行政法规、规章和规范性文件；机关职能、机构设置、办公地址、办公时间、联系方式、负责人姓名；国民经济和社会发展规划、专项规划、区域规划及相关政策；国民经济和社会发展统计信息；办理行政许可和其他对外管理服务事项的依据、条件、程序以及办理结果；实施行政处罚、行政强制的依据、条件、程序以及本行政机关认为具有一定社会影响的行政处罚决定；财政预算、决算信息；行政事业性收费项目及其依据、标准；政府集中采购项目的目录、标准及实施情况；重大建设项目的批准和实施情况；扶贫、教育、医疗、社会保障、促进就业等方面的政策、措施及其实施情况；突发公共事件的应急预案、预警信息及应对情况；环境保护、公共卫生、安全生产、食品药品、产品质量的监督检查情况；公务员招考的职位、名额、报考条件等事项以及录用结果；法律、法规、规章和国家有关规定中规定的应当主动公开的其他政府信息。

除上述政府信息外，设区的市级、县级人民政府及其部门应当根据本地方的具体情况，主动公开涉及市政建设、公共服务、公益事业、土地征收、房屋征收、治安管理、社会救助等方面的政府信息；乡（镇）人民政府还应当根据本地方的具体情况，主动公开贯彻落实农业农村政策、农田水利工程建设运营、农村土地承包经营权流转、宅基地使用情况审核、土地征收、房屋征收、筹资筹劳、社会救助等方面的政府信息。

2. 政府信息公开的例外情形

依法确定为国家秘密的政府信息，法律、行政法规禁止公开的政府信息，以及公开后可能危及国家安全、公共安全、经济安全、社会稳定的政府信息，不予公开。涉及商业秘密①、个人隐私②等公开会对第三方合法权益造成损害的政府信息，行政机关不得公开；但是第三方同意公开或者行政机关认为不公开会对公共利益造成重大影响的，予以公开。

行政机关的内部事务信息，包括人事管理、后勤管理、内部工作流程等方面的信息，可以不予公开；行政机关在履行行政管理职能过程中形成的讨论记录、过程稿、磋商信函、请示报告等过程性信息以及行政执法案卷信息，可以不予公开；法律、法规、规章规定上述信息应当公开的，从其规定。

行政机关的内部事务信息、过程性信息、行政执法案卷信息可以不予公开，主要是因为行政机关内部事务信息不具有外部性特点，属于机关内部事务，对行政相对人的权利义务不产生直接影响，公开之后反而有可能对行政机关的正常工作造成不必要的影响；过程性信息由于处于讨论、研究或者审查的过程之中，还具有不确定性，信息公开后可能会误导社会公众，也可能会影响到行政机关公正、合理地作出决策；行政执法案卷信息主要涉及当事人、利害关系人的权益，相关法律、法规、规章对于在具体行政程序中保障当事人、利害

① 商业秘密，是指不为公众所知悉、具有商业价值并经权利人采取相应保密措施的技术信息、经营信息等商业信息。

② 个人隐私，是指自然人的私人生活安宁和不愿为他人知晓的私密空间、私密活动、私密信息。

关系人的知情权已有规定,与当事人、利害关系人之外的其他主体没有直接利害关系,而且通常涉及相关主体的商业秘密和个人隐私,公开后可能会对行政机关的执法工作和当事人、利害关系人的权益产生不利影响。

法律、法规、规章规定的应当公开的行政执法案卷信息等,要依法予以公开。比如,《行政复议法》第二十三条第二款规定:"申请人、第三人可以查阅被申请人提出的书面答复、作出具体行政行为的证据、依据和其他有关材料,除涉及国家秘密、商业秘密或者个人隐私外,行政复议机关不得拒绝。"再如,我国海关总署颁布的《海关关于当事人查阅行政处罚案件材料的暂行规定》第四条规定:"当事人、当事人委托的律师可以向海关申请查阅案件材料。经海关审查有下列情况之一的当事人不得查阅案件材料,但可委托律师查阅:(一)抗拒海关检查、调查、稽查的;(二)调查、稽查、检查过程中转移、隐匿有关证据的;(三)海关认为不宜由当事人查阅案件材料的。"

3. 政府信息公开的主体、方式和程序

(1)政府信息公开的主体。信息公开的主体指信息公开的义务机关。在信息公开的主体界定上,应秉持"谁制作谁公开、谁保存谁公开"的原则,根据不同情形确定政府信息公开的主体。具体为:行政机关制作的政府信息,由制作该政府信息的行政机关负责公开;行政机关从公民、法人和其他组织获取的政府信息,由保存该政府信息的行政机关负责公开;行政机关获取的其他行政机关的政府信息,由制作或者最初获取该政府信息的行政机关负责公开。法律、法规对政府信息公开的权限另有规定的,从其规定。比如,对于重大传染病疫情信息,应严格按照《传染病防治法》等法律规定的权限、程序要求发布信息。行政机关设立的派出机构、内设机构依照法律、法规对外以自己名义履行行政管理职能的,可以由该派出机构、内设机构负责与所履行行政管理职能有关的政府信息公开工作。两个以上行政机关共同制作的政府信息,由牵头制作的行政机关负责公开。

(2)政府信息公开的方式。行政机关可以通过政府公报、政府网站、新闻发布会,以及报刊、广播、电视等便于公众知晓的方式公开政府信息。各级政府应当及时向国家档案馆、公共图书馆提供主动公开的政府信息,在国家档案馆、公共图书馆设置政府信息查阅场所,并配备相应的设施、设备。行政机关可以根据需要设立公共查阅室、资料索取点、信息公告栏、电子信息屏等场所、设施,公开政府信息。

(3)政府信息公开的程序。对于属于主动公开范围的政府信息,行政机关应当自该政府信息形成或者变更之日起20个工作日内予以公开,法律、法规另有规定的,从其规定。

(二) 依申请公开政府信息

1. 政府信息公开申请的提出

除行政机关主动公开的政府信息外,公民、法人或者其他组织基于生产、生活等方面的需要,可以向地方各级政府、对外以自己名义履行行政管理职能的县级以上政府部门,以及对外以自己名义履行行政管理职能的派出机构、内设机构申请获取相关政府信息。

2. 申请政府信息公开的方式和内容

(1)申请政府信息公开的方式。公民、法人或者其他组织申请获取政府信息的,应当向行政机关的政府信息公开工作机构提出,并采用包括信件、数据电文在内的书面形式;采用书面形式确有困难的,申请人可以口头提出,由受理该申请的政府信息公开工作机构代为填写政府信息公开申请。

(2)申请政府信息公开的内容。政府信息公开申请应当包括的内容主要有:申请人的姓名或者名称、身份证明、联系方式;申请公开的政府信息的名称、文号或者便于行政机关查询的其他特征性描述;申请公开的政府信息的形式要求,包括获取信息的方式、途径。

3. 对申请政府信息公开的处理程序

行政机关收到政府信息公开申请后,要严格遵循信息答复时限方面的规定,能够当场答复的信息,应当当场予以答复;行政机关不能当场答复的,应当自收到申请之日起20个工作日内予以答复;如需延长答复期限的,应当经政府信息公开工作机构负责人同意,并告知申请人,延长答复的期限不得超过20个工作日。

行政机关如果认为申请公开的信息涉及第三方权益,在信息答复前需要征求第三方意见的,行政机关征求第三方和其他机关意见所需时间不计算在规定的期限内。

4. 对申请政府信息公开的答复方式

按照《条例》的规定,对政府信息公开申请,行政机关根据下列情况分别作出答复:所申请公开信息已经主动公开的,告知申请人获取该政府信息的方式、途径;所申请公开信息可以公开的,向申请人提供该政府信息,或者告知申请人获取该政府信息的方式、途径和时间;行政机关依据条例的规定决定不予公开的,告知申请人不予公开并说明理由;经检索没有所申请公开信息的,告知申请人该政府信息不存在;所申请公开信息不属于本行政机关负责公开的,告知申请人并说明理由,能够确定负责公开该政府信息的行政机关的,告知申请人该行政机关的名称、联系方式;行政机关已就申请人提出的政府信息公开申请作出答复、申请人重复申请公开相同政府信息的,告知申请人不予重复处理;所申请公开信息属于工商、不动产登记资料等信息,有关法律、行政法规对信息的获取有特别规定的,告知申请人依照有关法律、行政法规的规定办理。

依申请公开的政府信息公开可能损害第三方合法权益的,行政机关应当书面征求第三方的意见,第三方应当自收到征求意见书之日起15个工作日内提出意见,第三方逾期未提出意见的,由行政机关依照规定决定是否公开。第三方不同意公开信息并且有合理理由的,行政机关不予公开信息。行政机关认为不公开信息可能对公共利益造成重大影响的,可以决定予以公开,并将决定公开的政府信息内容和理由书面告知第三方。

三、推进政府信息公开的对策建议

近年来,各级政府和有关部门不断拓展政府信息公开的广度和深度,充分发挥信息公开在建设法治政府方面的促进作用,取得了明显成效。同时我们也要看到,政府信息公开工作与全面深化政务公开、建设法治政府的要求相比,与广大人民群众的期待相比,还存在一定差距。比如,有的地方和部门重点领域信息公开不到位,部分领域信息主动公开不够;有的地方和部门信息公开答复的规范化程度需要进一步提升,信息公开答复中存在法律依据不明确、救济渠道缺失、答复时间超出规定时限等情形;有的地方特别是一些基层单位公开信息质量不高、公开随意性大、公开信息碎片化比较严重;有的地方政府网站信息公开栏目设置交叉重叠,信息发布重复、分散,给公众和企业查询带来不便;等等。此外,在有些事项上,政府信息公开的力度明显不够,公众的意见比较集中,"环境保护、食品药品安全日益成为社会各界重点关注的问题,公众对于相关领域的信息公开需求呈现上涨趋势,但地方政府在信息主动公开方面存在的短板却与此形成鲜明矛盾,从而诱发因信息不对称所导致的公民利益受损,严重者甚至引发社会群体性事件"①。

随着社会公众权利意识和参与治理意识的日益增强,以及满足生产、生活、科研等方面的需要,申请政府信息公开的数量越来越多、要求越来越高。以山东省为例,从近年来信息公开数量看,全省各级政府和县级以上政府部门收到的政府信息公开申请呈现连年递增趋势,2019 年办理政府信息公开申请 25785 件,同比增长 17.9%;2020 年办理政府信息公开申请 28063 件,同比增

---

① 王敬波、李帅:《我国政府信息公开的问题、对策与前瞻》,《行政法学研究》2017 年第 2 期。

长 8.8%;2021 年共办理政府信息公开申请 35893 件,同比增长 27.9%。从申请信息公开内容看,政府信息公开申请的内容主要涉及征地补偿、房屋拆迁、棚户区改造、社会保障、军人安置、信访举报等方面。从申请信息公开答复情况看,2021 年答复的 35893 件政府信息公开申请,其中予以公开 16930 件,占 47.2%;部分公开 3619 件,占 10.1%;不予公开 2049 件,占 5.7%;无法提供 10908 件,占 30.4%;不予处理 783 件,占 2.2%;其他处理 1604 件,占 4.4%。①

为更好适应社会公众对政府信息公开的迫切需求,进一步推动权力的规范透明运行,各级政府和有关部门应全面推进政府信息公开,不断提升政府信息公开的质效。

(一) 坚持以公开为常态、不公开为例外

政府和行政机关掌握着大量的行政管理、公共服务和行政决策等方面的信息,这些信息事关公民、法人和社会组织的生产、生活,首先要树立能够主动公开的信息一律进行公开的理念,及时、准确依法主动公开政府信息,充分发挥政府信息对群众生产、生活和经济社会活动的服务作用。

政府及相关部门要建立健全本行政机关的政府信息公开工作制度,制定政府信息公开指南和信息公开目录,并且根据信息变化情况及早进行更新、进行动态调整,依法推进决策公开、执行公开、管理公开、服务公开、结果公开。本着推进行政权力公开化、透明化的原则,全面梳理行政许可、行政处罚、行政强制、行政征收、行政收费、行政检查等行政权力事项,明确政府及相关行政部门的职责范围,编制行政权力清单、政府责任清单并及时对外发布,全面公开政府职能、法律依据、实施主体、职责权限、运行流程、监督方式、联系方法等事项,推动行政权力在阳光下运行。与此同时,要把握好信息公开法定例外情况,依法不能公开的不予公开。

---

① 数据系笔者根据山东省政府信息公开工作年度报告整理。

（二）提升政府信息公开的质量和水平

1. 持续加大政府信息主动公开力度

充分依托信息科学技术手段，打造统一规范的政务信息服务平台，提高政务公开信息化、集中化水平和信息公开质量，进一步优化网站检索功能，提升公众和企业查询、检索政府信息的满意度。拓展政府信息公开渠道，通过报刊、广播、电视、宣传栏等传统媒体，以及政府网站、政务微博、政务微信等新兴媒体或者召开新闻发布会等途径主动公开政务信息。强化政府信息全生命周期管理，持续规范政府信息制作、获取、保存、公开等相关流程，完善政府信息发布审核机制，全链条加强政府信息管理。加强省、市、县三级主动公开基本目录体系建设，规范各领域政府信息的发布，重点推进财政预算、公共资源配置、重大建设项目批准和实施、社会公益事业建设、乡村振兴等领域的政府信息公开。提高政策文件解读质量，在政策文件解读中注重对政策背景、目的意义、相关举措等方面的实质性解读，辅之以图表、视频、动漫等多种展示形式，力求解读政策文件信息简单明了、通俗易懂，避免单纯把政策性文件内容进行摘抄、信息公开解读流于形式。对基层政府编制的政务公开事项标准目录进行跟踪评估，以基层群众实际需求为导向及时优化、调整完善，增强政府信息公开的针对性、操作性和实效性。

2. 努力提升依申请公开信息质效

建立健全政府信息公开协查、会商等工作机制，进一步完善登记、审核、办理、答复、归档等工作制度，严格规范政府信息依申请公开办理流程，统一办理文书格式，促进依申请公开信息标准化、规范化建设。提高依申请公开信息服务意识，对于公民、法人或者其他组织申请获取的政府信息，要充分履行审查告知义务，依照法定的信息公开答复实体性和程序性规定，及时、全面、准确地向信息公开申请人作出回复。对于依申请公开的信息，如果信息含有不宜公开或者不属于政府信息的内容，但是能够作出区分处理的，要将可公开的信息内容提供给申请人,同时对不予公开的信息要说明理由,不能简单作出不予公开信息的概括性答复。加强依申请公开信息的分析研判,梳理社会公众普遍关注的征地拆迁、教育医疗、社会保障等方面的热点、难点信息,积极推动依申请公开信息向主动公开信息转化。为社会公众获取政府信息增便利,完善信息共享机制,打破信息垄断、信息壁垒,推进信息在政府部门间的共享共用,真正实现信息多跑路,群众和企业办事时少跑腿。积极回应群众普遍关心关注的热点信息,根据实际需要设置政府信息查阅场所,并配备相应的设施、设备,方便公民、法人和其他组织获取政府信息。充分发挥党校、行政学院、干部学院等培训机构作用,将政务公开列入各级领导干部培训和公务员初任培训课程体系,分级分类抓好政府信息公开业务培训,切实提升行政机关工作人员的信息公开能力。

第六章

加快转变政府职能：进一步深化简政放权改革

政府职能是指行政机关根据法律规定，在推动国家经济社会发展中所承担的职责和功能。改革开放以来，伴随经济社会的不断发展，转变政府职能日益成为深化行政管理体制改革、加快建设法治政府的重要举措。

深化简政放权改革是推进政府职能转变的关键。简政放权改革是全面深化改革的重要内容，也是重塑政府和市场关系、刀刃向内的政府自我革命，事关市场活力的深度激发，事关发展环境的持续优化，事关国家治理体系和治理能力现代化的顺利实现。

党的十八大以来，党中央、国务院高度重视简政放权改革，把推进简政放权改革作为全面深化改革、转变政府职能的“先手棋”和“当头炮”，就深化简政放权改革作出了一系列重要战略部署。党的十八大报告指出：“深化行政审批制度改革，继续简政放权，推动政府职能向创造良好发展环境、提供优质公共服务、维护社会公平正义转变。”①党的十九大报告要求：“转

① 胡锦涛：《坚定不移沿着中国特色社会主义道路前进，为全面建成小康社会而奋斗——在中国共产党第十八次全国代表大会上的报告》，人民出版社2012年版，第28页。

变政府职能,深化简政放权,创新监管方式,增强政府公信力和执行力,建设人民满意的服务型政府。”①党的二十大报告进一步强调:“转变政府职能,优化政府职责体系和组织结构”,“深化简政放权、放管结合、优化服务改革”。②

近年来,随着简政放权改革的逐步深化,市场主体数量迅猛增长,新产业新业态快速发展,有力推动了大众创业、万众创新,激发了市场主体活力和经济发展内生动力,营商环境有了明显改善。同时我们也看到,在改革进程中还存在简政放权质量需要提升、市场监管转型相对滞后、政务服务工作亟待优化等诸多现实问题。

推进简政放权改革,必须坚持“以人民为中心”的发展理念,把企业和群众是否满意作为检验改革成效的衡量标准,更加注重突出问题导向、需求导向,牢牢把握改革的工作重点,找准改革的突破口,破除制约改革的体制机制障碍,进一步降低制度性交易成本,加快转变政府机关的工作作风,采取有效措施力促改革不断向纵深推进。

第一节 简政放权改革的理论基础

深化简政放权改革是一项系统工程,既需要更新理念,不断加强实践领域的探索创新,也需要深入开展相关理论研究,为改革向纵深推进提供丰厚的理论基础和学理支撑。

---

① 习近平:《决胜全面建成小康社会,夺取新时代中国特色社会主义伟大胜利——在中国共产党第十九次全国代表大会上的报告》,人民出版社 2017 年版,第 39 页。

② 习近平:《高举中国特色社会主义伟大旗帜,为全面建设社会主义现代化国家而团结奋斗——在中国共产党第二十次全国代表大会上的报告》,人民出版社 2022 年版,第 29、41 页。

一、简政放权改革的相关概念

（一）简政放权

简政放权改革，不是简单的权力简化和下放，而是转变政府管理方式，实现“放”“管”“服”的紧密结合，意指“简政放权、放管结合、优化服务”。① “简政放权”是“简政”与“放权”的结合体，简而言之，就是指政府简化行政管理事务，下放手中权力给下级政府、市场或社会；“放管结合”，就是权力下放后要重视抓好监管，做到“放”和“管”的紧密结合；“优化服务”，要求政府应加强政务服务，持续优化和提高政务服务的质量。

简政放权是推动政府职能转变，深化经济体制改革，增强企业活力，扩大企业经营自主权，构建具有中国特色社会主义行政管理体制的重要改革措施。

在改革开放的前二十年中，“简政放权”的提法主要见于 1985 年前后和 1993 年前后，从更宽泛的意义上讲，改革开放以来的简政放权从未停步。② 比如，1985 年 3 月国务院办公厅印发的《国务院办公厅转发〈全国城市经济体制改革试点工作座谈会纪要〉的通知》要求：“进一步简政放权，搞活企业”“城市政府放权要更加开明，首先从自己做起，把市里掌握的权该放的尽快放给企业”“进一步缩小主管部门对企业生产经营的审批权限，简化审批手续”“中央各部门与省一级政府也要实行政企职责分开，进一步简政放权”。③

---

① 笔者为便于本书的行文阐述与读者理解，书中对于“简政放权改革”“简政放权、放管结合、优化服务”“放管服”“放管服改革”等词汇表述视为同一含义。

② 参见程志强：《政府职能转变与简政放权——简政放权的缘起、反思和未来趋势》，载厉以宁主编：《中国道路与简政放权》，商务印书馆 2016 年版，第 4—5 页。

③ 《国务院办公厅转发〈全国城市经济体制改革试点工作座谈会纪要〉的通知》，法邦网，https://code.fabao365.com/law_35557_2.html。

党的十八大以来,简政放权改革的力度不断加大,曾被誉为“政府开门第一件大事”①,“深化政府改革、加快政府职能转变的关键之举”②。

(二)行政审批

行政审批是指审批主体③在法律法规的授权范围内,依法对行政相对人提出的申请进行审查,以决定是否准予其从事特定活动、认可其资格资质、确认特定民事关系或者特定民事权利能力和行为能力的活动。

国内外学者对行政审批的概念界定有不同理解。比如,从国外学者研究看,一般将行政审批称为政府管制或政府规制。美国学者施蒂格勒认为,政府的行政审批就是政府管制,政府管制通常是产业自己争取来的,政府管制和实施主要是为受规制产业的利益而服务;④日本学者植草益认为,政府规制是国家按照一定的规章制度对企业的行为进行限制及规划。⑤ 从国内学者研究看,有的学者认为行政审批就是国家对申请者是否具备经营权利及责任承担能力的认定;⑥有的学者认为行政审批是“行政审核”和“行政批准”的合称,行政审核的实质是行政机关对行政相对人行为合法性、真实性进行审查、认可,行政批准又称行政许可,行政批准的实质是行政主体同意特定相对人取得某种法律资格或实施某种行为;⑦有的学者认为行政审批就是在

---

① 《2014 年政府工作报告》,中国政府网,http://www.gov.cn/guowuyuan/2014zfgzbg.htm。

② 李克强:《简政放权不是简单“放权”了事》,中国政府网,http://www.gov.cn/govweb/2014-06/04/content_2695493.htm。

③ 行政审批主体主要包括行政机关和具有行政审批权的其他组织。

④ 参见[美]库尔特·勒布、托马斯·盖尔·穆尔编:《施蒂格勒论文精粹》,吴珠华译,商务印书馆 1999 年版,第 308 页。

⑤ 参见[日]植草益:《微观规制经济学》,朱少文译,中国发展出版社 1992 年版,第 20—40 页。

⑥ 参见傅小随:《中国行政体制改革的制度分析》,国家行政学院出版社 1999 年版,第 246—247 页。

⑦ 参见乔榛:《我国收入分配的逆向转移现象及其控制》,《经济学家》2013 年第 10 期。

法律上的行政许可。[①] 根据《行政许可法》第二条规定，行政许可是指行政机关根据公民、法人或者其他组织的申请，经依法审查，准予其从事特定活动的行为。

目前国内的行政审批范围比较广泛，审批事项一般包括：(1)资源配置类审批。政府所控制的自然资源、公共资源或者经营资源的审批都属于该类审批事项。(2)投资与市场准入类审批。目前很多经济活动领域都需要市场准入的审批。(3)一般经济管理类审批。如道路规划、城市建设、金融与外汇管理等方面的审批。[②]

（三）权力清单

权力清单是指各级政府及其组成部门根据法律法规，以清单形式将行使的各项行政职权明确列示出来，向社会公布并接受社会监督的政府文件。权力清单是对政府拥有合法权力的汇总和整理，权力清单的制定必须依据法律法规的规定，权力清单对政府行使权力应有约束效力，当然这种约束力不是来自权力清单本身，而是来自权力清单所依据的法律法规。[③]

权力清单制度是指各级政府及其组成部门通过梳理法律法规所规定的权力，以列举的方式将这些权力公之于众，主动接受社会监督并依法行使清单所列权力的一种制度。建立权力清单制度，是规制政府依法行使权力的一种有效方式，能够较好地厘清政府和市场的边界。没有制约和监督的权力，必然会导致腐败。正确行使权力、不滥用权力，是对行政机关和权力使用者的一项基本要求。

国内有关权力清单制度的实施，最早可追溯至河北省邯郸市政府 2005 年

---

① 参见麻宝斌：《行政审批制度改革的价值取向与行为选择》，《中共福建省委党校学报》2003 年第 2 期。

② 参见张立荣、冷向明：《当代中国政府治理范式的变迁机理与革新进路》，《华中师范大学学报(人文社会科学版)》2007 年第 2 期。

③ 参见王克稳：《行政审批制度改革中的法律问题》，法律出版社 2018 年版，第 70—71 页。

4 月公布的市长权力清单①。此后,地方陆续开始探索编制、公布权力清单,比如 2009 年成都市公布了市级行政权力清单,2011 年北京市西城区编制了权力清单。2013 年,权力清单制度获得中央层面的认可,中共十八届三中全会明确提出“推行地方各级政府及其工作部门权力清单制度,依法公开权力运行流程”②。中共十八届四中全会强调,“推行政府权力清单制度,坚决消除权力设租寻租空间”③。2015 年 3 月,中共中央办公厅、国务院办公厅印发《关于推行地方各级政府工作部门权力清单制度的指导意见》(中办发〔2015〕21 号),对地方各级政府工作部门推行权力清单制度作出指导和安排,要求省级政府于 2015 年年底前、市县两级政府 2016 年年底前要基本完成政府工作部门、依法承担行政职能的事业单位权力清单的公布工作,乡镇政府推行权力清单制度工作由各省(自治区、直辖市)结合实际研究确定,垂直管理部门设在地方的具有行政职权的机构的权力清单公布,要与当地政府工作部门权力清单公布相衔接。④ 2015 年 12 月,国务院办公厅印发《关于印发国务院部门权

① 2005 年 4 月,隶属于邯郸市直属的 65 个职能部门开始清理自己手中的权力,并依次向市政府法制办申报,经过三轮审核,一个涵盖 384 项行政许可权力、420 项非行政许可权力、521 项行政处罚权力、25 项税收征管权力和 184 项行政事业性收费权力的清单浮出水面,这也标志着我国第一份行政权力清单的诞生。在这份权力清单中,邯郸市市长的权力最引人关注,经过多次审查,邯郸市市长的权力被确定为 93 项,另外还有 10 项由于涉及国家机密、商业秘密和个人隐私不予以公开,邯郸市政府将 93 项权力汇总编成了目录,向全社会进行公开,这就是我国的第一份市长权力清单。参见《反思巨贪案:国内首份市长“权力清单”邯郸出炉》,新浪网,https://news.sina.com.cn/c/2005-08-26/13216788808s.shtml。

② 《中共中央关于全面深化改革若干重大问题的决定》,人民出版社 2013 年版,第 36 页。

③ 《中共中央关于全面推进依法治国若干重大问题的决定》,人民出版社 2014 年版,第 54 页。

④ 《关于推行地方各级政府工作部门权力清单制度的指导意见》指出,推行地方各级政府工作部门权力清单制度,是党中央、国务院部署的重要改革任务,是国家治理体系和治理能力现代化建设的重要举措,对于深化行政体制改革,建设法治政府、创新政府、廉洁政府具有重要意义。将地方各级政府工作部门行使的各项行政职权及其依据、行使主体、运行流程、对应的责任等,以清单形式明确列示出来,向社会公布,接受社会监督。通过建立权力清单和相应责任清单制度,进一步明确地方各级政府工作部门职责权限,大力推动简政放权,加快形成边界清晰、分工合理、权责一致、运转高效、依法保障的政府职能体系和科学有效的权力监督、制约、协调机制,全面推进依法行政。参见《关于推行地方各级政府工作部门权力清单制度的指导意见》,中国政府网,http://www.gov.cn/fuwu/2015-03/24/content_2837962.htm。

力和责任清单编制试点方案的通知》(国办发〔2015〕92号),提出开展国务院部门权力和责任清单编制试点工作,试点工作在2016年12月底前完成。①

中共十八届三中全会以来,国务院各部门和地方政府认真贯彻落实中央要求,陆续编制、公布了权力清单。比如,2014年3月17日,60个有行政审批事项的国务院部门首次“晒”出权力清单,各部门实施的行政审批事项共计1235项;2014年12月30日,山东公布省级行政权力清单,58个部门(单位)权力事项4227项,其中省级直接行使的权力事项2876项、省市县共有由市县属地管理的权力事项1351项,2015年3月31日山东省各市、县政府网站上公布了本级政府行政权力清单。

在全面推进依法治国的时代背景下,政府必须做到依法行政,合法、合理行使所掌握的权力,保证权力公开透明运行。权力清单明确了各级政府及其组成部门的权力边界以及权力运行的流程,直观地列明了政府有哪些权力、政府可以做什么、政府应当怎么做。推行政府权力清单制度,面向社会实行公开晒权,对于政府行使权力具有良好的规制作用,有利于解决权责交叉、多头执法、互相推诿等问题,有利于避免权力运行中的不作为、假作为、乱作为等怠于履职和权力滥用行为,有利于消除权力的设租、寻租空间,便于社会监督公权力依法运行。

政府机关及其工作人员在行使职权时必须受到法律法规的约束,逾越权力边界行使职权就是违法行政,就会违背“法无授权不可为”的基本要求,要根据具体情节及造成的后果承担相应的法律责任。“一个成熟的法治社会,

① 《关于印发国务院部门权力和责任清单编制试点方案的通知》指出,按照简政放权、放管结合、优化服务和转变政府职能要求,以清单形式列明试点部门的行政权责及其依据、行使主体、运行流程等,推进行政权责依法公开,强化行政权力监督和制约,防止出现权力真空和监管缺失,加快形成边界清晰、分工合理、权责一致、运转高效、依法保障的政府职能体系。要把加强党的领导、依法全面正确履行政府职能作为试点工作的基本遵循。参见《国务院办公厅关于印发国务院部门权力和责任清单编制试点方案的通知》,中国政府网,http://www.gov.cn/zhengce/content/2016-01/05/content_10554.htm。

不仅要通过法律约束老百姓,更要约束官吏,并有效制衡公权力,在私主体受到公权力的侵害之后,法律应当对其提供充分的救济。”①

(四) 责任清单

责任清单是指各级政府及其组成部门根据法律法规,以清单形式将必须承担的各项责任明确列示出来,向社会公布并接受社会监督的政府文件。责任清单明确了各级政府及其组成部门的职责边界,也表明了所列举的责任事项政府必须积极作为、认真履职,把该做的事做好,把该管的事管好。

责任清单这一概念,国内最早是在 2014 年 9 月 10 日天津召开的夏季达沃斯论坛上李克强首次提出的,他要求政府理出“责任清单”,明确怎么管市场,做到“法定责任必须为”,以建立和维护诚信经营、公平竞争的市场环境,激发企业动力,鼓励创新创造。② 诚然,责任清单不仅是一张简单的写满政府职权和责任的纸,它作为权力的监督制度,能否在实际中取得良好的效果,关键在于能否通过制定责任清单这一契机,调动现有的监督力量来保证其实施,最终做到权责明晰,有权必有责,用权受监督。③

责任清单与权力清单同是权力监管制度,两者既有相似之处,又有所不同。责任清单与权力清单均是根据法律法规梳理列出,表明政府及其组成部门不能逾越法律法规的授权而恣意行政,必须依法用权、依法行政。两者的区别在于,责任清单更清晰地列明了政府及其组成部门必须履行的职责,不作为、不履职即是失职。

安徽省、浙江省是国内最早公布责任清单的省级政府。2014 年 10 月

① 宋功德:《建设法治政府的理论基础与制度安排》,国家行政学院出版社 2008 年版,第 5 页。

② 参见李克强:《在第八届夏季达沃斯论坛上的致辞》,中国政府网,http://www.gov.cn/guowuyuan/2014-09/11/content_2748703.htm。

③ 参见王克稳:《行政审批制度改革中的法律问题》,法律出版社 2018 年版,第 100—101 页。

31日，安徽省政府公布责任清单，责任清单的主要内容为责任事项和追责情形。① 同日，浙江省级部门的责任清单正式向社会公布，包括43个部门主要职责543项，细化具体工作事项3941项，涉及部门边界划分事项165项，编写案例165个，建立健全事中事后监管制度555项，公共服务事项405项。②此后，江西省、吉林省、山东省等地也陆续公布了责任清单。

（五）负面清单

负面清单是指政府明确列出禁止、限制投资经营的行业、领域和业务，清单上列举之外的行业、领域和业务，市场主体都可以平等进入、依法投资经营，也就是说“法无禁止即可为”。

负面清单的管理模式，是转变政府职能、理顺政府与市场关系问题上的重大创新。通过负面清单方式，列明禁止进入的行业、领域和业务，有利于进一步明确政府的职责边界，减少政府对微观市场的干预，能够避免市场主体少走弯路，充分调动市场主体的积极性，激发市场活力，增强市场内生动力，更好地维护市场依法有序运行，提高政府行政管理的效率和效能。

从负面清单的政策部署看，2013年11月，中共十八届三中全会通过的《中共中央关于全面深化改革若干重大问题的决定》确定：“实行统一的市场准入制度，在制定负面清单基础上，各类市场主体可依法平等进入清单之外领域。探索对外商投资实行准入前国民待遇加负面清单的管理模式。”③这是在国家顶层设计上，就实施市场准入制度和负面清单制度作出的重大决策部署。

从负面清单的改革实践看，负面清单的最初尝试是2013年9月29日上

① 参见汪国梁：《安徽省公布省级政府权力清单责任清单》，中国共产党新闻网，http://cpc.people.com.cn/n/2014/1101/c389745-25952580.html。

② 参见黄平、金敏丹：《浙江发布全国首张政府责任清单》，《经济日报》2014年11月2日，第3版。

③ 《中共中央关于全面深化改革若干重大问题的决定》，人民出版社2013年版，第12页。

海自贸区针对外商投资"试水"的负面清单,共计190项。2013年12月10日,佛山市南海区发布了广东省第一份行政审批"负面清单",并且同时面向社会公布了355项禁限项目。2015年4月8日,国务院办公厅颁布《关于印发自由贸易试验区外商投资准入特别管理措施(负面清单)的通知》(国办发〔2015〕23号),负面清单列明了不符合国民待遇等原则的外商投资准入特别管理措施①,适用于上海、广东、天津、福建四个自由贸易试验区。

2015年10月2日,国务院发布《关于实行市场准入负面清单制度的意见》(国发〔2015〕55号)②,要求对各类市场主体基于自愿的投资经营行为,凡涉及市场准入的领域和环节,都要建立和实行负面清单制度;条件成熟时,将采取目录式管理的现行市场准入事项统一纳入市场准入负面清单。明确按照先行先试、逐步推开的原则,从2015年12月1日至2017年12月31日,在部分地区试行市场准入负面清单制度,积累经验、逐步完善,探索形成全国统一

① 《自由贸易试验区外商投资准入特别管理措施(负面清单)》依据《国民经济行业分类》(GB/T4754—2011)划分为15个门类、50个条目、122项特别管理措施。其中特别管理措施包括具体行业措施和适用于所有行业的水平措施。

② 根据《关于实行市场准入负面清单制度的意见》规定:(1)市场准入负面清单包括禁止准入类和限制准入类,适用于各类市场主体基于自愿的初始投资、扩大投资、并购投资等投资经营行为及其他市场进入行为。对禁止准入事项,市场主体不得进入,行政机关不予审批、核准,不得办理有关手续;对限制准入事项,或由市场主体提出申请,行政机关依法依规作出是否予以准入的决定,或由市场主体依照政府规定的准入条件和准入方式合规进入。(2)对各类市场主体涉及以下领域的投资经营行为及其他市场进入行为,依照法律、行政法规和国务院决定的有关规定,可以采取禁止进入或限制市场主体资质、股权比例、经营范围、经营业态、商业模式、空间布局、国土空间开发保护等管理措施:涉及人民生命财产安全、政治安全、国土安全、军事安全、经济安全、金融安全、文化安全、社会安全、科技安全、信息安全、生态安全、资源安全、核安全和新型领域安全等国家安全的有关行业、领域、业务等;涉及全国重大生产力布局、战略性资源开发和重大公共利益的有关行业、领域、业务等;依法可以设定行政许可且涉及市场主体投资经营行为的有关行业、领域、业务等。(3)负面清单主要包括市场准入负面清单和外商投资负面清单。市场准入负面清单是适用于境内外投资者的一致性管理措施,是对各类市场主体市场准入管理的统一要求;外商投资负面清单适用于境外投资者在华投资经营行为,是针对外商投资准入的特别管理措施。参见《国务院关于实行市场准入负面清单制度的意见》,中国政府网,http://www.gov.cn/zhengce/content/2015-10/19/content_10247.htm。

的市场准入负面清单及相应的体制机制，从2018年起正式实行全国统一的市场准入负面清单制度。①

2016年3月2日，国家发展改革委、商务部印发《市场准入负面清单草案（试点版）》（发改经体〔2016〕442号），列明了在中国境内禁止和限制投资经营的行业、领域、业务等，包括禁止准入类96项，限制准入类232项，天津、上海、福建、广东成为首批试点省市。同时提出，在试点过程中，各有关地区和部门要充分听取各类市场主体和公众意见，开展必要的政策解读和宣传，建立健全第三方评估机制，及时反馈改进和完善的意见。2017年，负面清单的试点范围扩大到了全国的15个省市。②

2018年12月21日，国家发展改革委、商务部发布《市场准入负面清单（2018年版）》（发改经体〔2018〕1892号），这标志着经过部分省市的两年试点后，市场准入负面清单制度在中国全面推开，凡负面清单以外的行业、领域、业务等，各类市场主体皆可依法平等进入。公布的负面清单包括"禁止准入类"和"许可准入类"两大类，共151个事项、581条具体管理措施，与此前的试点版负面清单相比，事项减少了177项，具体管理措施减少了288条。③

2019年10月24日，国家发展改革委、商务部发布《市场准入负面清单（2019年版）》（发改体改〔2019〕1685号），要求各地区各部门坚决维护市场准入负面清单制度的统一性、严肃性和权威性，确保"一单尽列、单外无单"，严禁自行发布市场准入性质的负面清单，及时发现并推动破除各种形式的市场准入不合理限制和隐性壁垒，努力营造稳定公平透明可预期的营商环境。

---

① 参见《国务院关于实行市场准入负面清单制度的意见》，中国政府网，http://www.gov.cn/zhengce/content/2015-10/19/content_10247.htm。

② 参见《国家发展改革委、商务部关于印发市场准入负面清单草案（试点版）的通知》，中华人民共和国商务部网，http://www.mofcom.gov.cn/article/h/redht/201604/20160401296884.shtml。

③ 参见《市场准入负面清单（2018年版）》，中华人民共和国商务部网，http://tfs.mofcom.gov.cn/article/bc/201812/20181202820405.shtml。

2019 年版的负面清单共列入事项 131 项,较 2018 年版清单减少事项 20 项,清单的修订维持了清单的稳定性与连续性,主要是把社会规制、国家安全规制等项目移出清单,在适用范围上更加精准。①

此后,国家发展改革委、商务部又陆续发布了《市场准入负面清单(2020 年版)》《市场准入负面清单(2022 年版)》,这表明国家发展改革委、商务部根据实际情况,对市场准入负面清单进行动态调整已成为一项常态化工作。

二、简政放权改革的基本理论

简政放权改革的提出和逐步深化,需要一定的理论基础和理论支撑。政府管制理论、整体性治理理论、政府流程再造理论和服务型政府理论等诸多理论,可视为简政放权改革的重要理论依据。

(一)政府管制理论

关于政府管制(government regulations)的概念,目前国内外学界尚无统一的界定。比如美国学者丹尼尔·F.史普博认为,政府管制是由行政机构制定并执行的直接干预市场配置机制,或者间接改变企业和消费者的供求决策的一般规则或特殊行为。② 中国学者樊纲认为,政府管制是指政府对私人经济部门的活动,予以某种规定或者限制。③

政府管制与简政放权是密不可分的,政府管制理论是简政放权改革的基础理论,简政放权是政府行使管制职能的重要表现。政府管制属于政府的微观经济管理职能,在当前法治政府建设的大背景下,政府管制的最根本特征即依法管制,意味着政府机构要在法律授权范围内进行行政许可、监督检查等行

① 参见《市场准入负面清单(2019 年版)》,中华人民共和国商务部网,http://tfs.mofcom.gov.cn/article/bc/201911/20191102916059.shtml。

② 参见[美]丹尼尔·F.史普博:《管制与市场》,余晖等译,上海三联书店、上海人民出版社 1999 年版,第 45 页。

③ 参见樊纲:《市场机制与经济效率》,上海人民出版社 1995 年版,第 164 页。

政行为。政府管制是一种行政权,是对经济和社会的监督与控制。一方面,管制过多有诸多弊端,从行政审批来看,过多的行政许可会抹杀市场的活力,导致效率低下,同时也会扩大政府自身权力并滋生腐败等。另一方面,管制并非越少越好,限制政府权力并非一味削减政府权力,而是更好地服务公民与社会,更好地保障公民权利与自由。从简政放权实践来看,权力事项下放的同时,政府监管依然重要,否则会造成社会管制缺位。

（二）整体性治理理论

"治理"(governance)一词最早起源于希腊语(Kybernan)与拉丁语(Gubernare),原意主要指控制、指导或操纵。① 现代意义上的治理研究,源于西方国家治理现象全球化。20世纪90年代以来,随着全球政治、经济、社会文化等不断发展,国内外学术界围绕"治理"的概念和内涵展开了一系列研究,产生了有关治理的诸多理论学说,使得治理理论成为国际学术界热门的前沿理论问题,整体性治理理论即是治理相关理论之一。②

整体性治理理论的代表人物是英国学者佩里·希克斯,他在1997年出版的《整体性政府》一书中首次提出整体性政府(holistic governance)概念,阐述了整体性政府产生的社会背景及其治理目标,倡导推行"整体性治理"。整体性治理理论认为,整合是整体性治理最核心的概念,是解决碎片化治理问题的最佳途径,也是推进政府部门间协调、整合的现实需求;整体性治理以公民需求和问题解决为治理导向,依赖于信息技术的有力支撑,信息技术的发展可以推动行政系统的运行趋向集中和整合,实现大规模实时、在线的多方社会协作治理和多部门的同步并联,要重视信息技术手段在整体性治理中的运用;整体性治理实现的关键在于合作,合作不仅包括政府部门间的合作,还包括要积极

① 参见[英]鲍勃·杰索普:《治理的兴起及其失败的风险:以经济发展为例的论述》,《国际社会科学杂志》(中文版)1999年第1期。

② 参见马玉丽:《社会组织与社会治理研究》,山东大学出版社2019年版,第12—13页。

发挥市场和社会的辅助作用。

20 世纪 90 年代以来,英国、加拿大、新西兰、澳大利亚等国开始逐步探索整体性治理模式。比如,澳大利亚的《联合政府报告》提出,整体政府指的是公共服务机构基于同一个目标,为了解决达成这一目标而产生的问题所进行的跨部门合作。从理论上看,整体政府的提出是为了在存在组织边界的条件下,实现跨组织边界联合工作,实现为民众提供民主的、连贯的、无缝隙的公共服务,经过整合的整体政府的组织结构也是基于这一目标产生。这一理论在行政审批的流程再造方面具有重要地位,审批流程进行整体优化也要遵循这一原则。①

从简政放权改革的推进看,近年来国内推行的机构改革,在地方设立行政审批局、综合行政执法局,以实现集中行使行政许可权、集中行使行政处罚权,提高行政审批效率和监管执法效能;打破信息壁垒、加快信息共享,推进"互联网+政务服务",持续优化政务服务,打造高效便民的服务型政府等诸多改革举措,都必须充分依赖信息技术的作用,都需要发挥政府的整体性治理效能。由此看来,整体性治理理论可作为深化简政放权改革的理论支撑。

(三)政府流程再造理论

政府流程再造(Government Process Reengineering),是指以"公众需求"为核心,引入现代企业业务流程再造方法和理念,对政府现有的服务流程、组织机构进行重组,从而形成政府内部进行决策、执行、监督的有机统一体,以快速适应政府部门外部环境的变化,提高政府绩效,提高社会公众对公共服务或产品的满意度与认可。② 该理论起源于 20 世纪 90 年代的美国,最初作为新公

① 参见杨景雯:《"放管服"背景下甘肃省行政审批制度改革研究》,甘肃农业大学硕士学位论文,2019 年。

② 参见姜晓萍:《政府流程再造的基础理论与现实意义》,《中国行政管理》2006 年第 5 期。

共管理的重要组成部分,成为政府再造的有效工具。

政府流程再造在服务型政府建设中占有重要地位。中共十八届三中全会审议通过的《中共中央关于全面深化改革若干重大问题的决定》指出,要“优化政府机构设置、职能配置、工作流程”①。流程再造促使政府优化组织结构,科学配置政府资源,对以往重复、低效、无效的流程进行合并整合、改善或取消,从而加快政府职能转变。从行政行为角度看,政府流程再造的主要内容即行政审批,行政权对市场和社会的干预、管理,主要是通过行政审批的方式实现。② 因此,以行政审批流程再造为切入点,成为推动政府流程再造的重要路径。③ 从实践来看,地方各地政府对政府流程再造积累了一些有益探索和尝试,如设立一站式服务大厅、行政审批服务中心等。

(四) 服务型政府理论

有学者认为,从政府治理模式来看,主要经历了三种模式:传统型政府治理模式、管理型政府治理模式、服务型政府治理模式。④ 随着我国改革开放的不断深化,传统的政府管理理念、方法及体制已经不适应新时代改革发展要求,建设服务型政府成为政府提升治理能力的现实需求和社会公众的迫切需要。

服务型政府是建立在民主政治基础之上的,同现代市场经济相适应,以服务社会、服务公众为基本职能的政府模型。建立服务型政府,强化简政放权、改变传统的全能政府治理模式,既是推进政府治理迈向现代化的逻辑前提,也是政府治理走向创新的实践起点。服务型政府要求政府机关应当作出公正、

---

① 《中共中央关于全面深化改革若干重大问题的决定》,人民出版社 2013 年版,第 18 页。

② 参见魏琼:《简政放权背景下的行政审批改革》,《政治与法律》2013 年第 9 期。

③ 参见汪智汉、宋世明:《我国政府职能精细化管理和流程再造的主要内容和路径选择》,《中国行政管理》2013 年第 6 期。

④ 参见于千千、邹再进、甘开鹏:《服务型政府管理概论》,北京大学出版社 2012 年版,第 2 页。

科学的制度安排，提供可靠的公共产品和服务，维护社会公平与和谐稳定，保障市场有序竞争、充分释放活力。①

中共十八届三中全会指出："科学的宏观调控，有效的政府治理，是发挥社会主义市场经济体制优势的内在要求。必须切实转变政府职能，深化行政体制改革，创新行政管理方式，增强政府公信力和执行力，建设法治政府和服务型政府。""政府的职责和作用主要是保持宏观经济稳定，加强和优化公共服务，保障公平竞争，加强市场监管，维护市场秩序，推动可持续发展，促进共同富裕，弥补市场失灵。"②简政放权的一个关键即打破现有的政府利益格局，重新划分政府、市场与社会的权力边界。③ 简政放权改革是落实以人民为中心发展思想的重要体现，在改革进程中必须始终坚持服务为民、服务便民的发展理念，加快转变政府职能和工作作风，切实提升行政效能。优化政务服务是深化简政放权改革的重要组成部分，关键是要通过政务服务改革，不断提升政务服务的质量和水平。

服务型政府的重要特点即精简、高效。服务型政府应是一个高效的、精简的而非冗杂的、人浮于事的政府，应是兼顾效率与效益的政府，应首先考虑当事人与社会发展的实际需要，在为公众提供更高、更多的优质服务的同时，减少或避免不必要的资源浪费。政府机构的设置应精简，政府工作的效率应高效，才能真正回应人民对服务型政府的期盼。

推进简政放权改革，要强化服务理念、效率意识，聚焦企业和群众反映突出的办事不便问题，充分发挥互联网、云计算、大数据、人工智能等信息技术作

---

① 参见马玉丽：《地方政府向社会组织购买公共服务研究》，人民出版社 2022 年版，第 48—54 页。

② 《中共中央关于全面深化改革若干重大问题的决定》，人民出版社 2013 年版，第 6、16 页。

③ 参见孙彩虹：《新时期政府职能转变与简政放权的辩证法》，《天津行政学院学报》2013 年第 9 期。

用,推动“互联网+政务服务”工作向基层延伸,促进政务服务网络化、移动化、智慧化;下大气力解决审批流程繁杂冗长问题,减少办事环节、优化办事流程、压减办事时限、提升办事效能,推动各部门之间的公共服务无缝衔接,变“群众来回跑”为“部门协同办”,着力打造“审批数量少、办事效率高、服务质量优”的政务服务环境,最大限度地减少企业和群众跑腿办事的次数,建设人民满意的服务型政府,让改革成果惠及更广大人民群众,不断增强人民群众的获得感和幸福感。

第二节　简政放权改革的发展历程

党的十八大以来,党和国家把深化简政放权改革提到了前所未有的高度,多次就简政放权改革作出重大决策和战略部署。认真梳理考察简政放权改革提出的历史背景和发展历程,有助于更清晰地认识和把握国家推行简政放权改革的初衷。

一、简政放权改革的提出背景

简政放权改革的提出具有深层的历史背景,重要的现实意义。

(一) 计划经济时代重视行政审批

1949 年 10 月中华人民共和国成立后,国家在很长一段时间内实行的是计划经济体制,在资源配置上采用的是计划经济管理手段,其实质就是通过计划调节、行政审批模式来实现管理。

传统的行政审批制度在特定历史条件下发挥了重要作用①,但也逐渐显示出一些弊端。比如,有时政府管了过多不该管的事情,而有些该管的事情并

① 计划经济体制对于稳定政治统治、恢复和发展经济、改善人民生活起到了积极作用。

没有管好,导致管理中出现越位、缺位、错位现象,政府与企业的关系、政府与市场的关系、政府与社会的关系没有从根本上理顺,这些问题都在一定程度上限制了市场的开放与竞争,同时也降低了资源配置的效率。

(二) 市场经济发展呼唤简政放权改革

经济体制改革模式的选择,关系社会主义现代化建设全局,其核心就是要正确认识和处理好计划与市场两者之间的关系。1992 年初,邓小平同志在南方谈话中,深刻论述了社会主义市场经济问题①。1992 年 10 月,党的十四大报告明确提出:我国经济体制改革的目标是建立社会主义市场经济体制,“加快政府职能的转变。这是上层建筑适应经济基础和促进经济发展的大问题。不在这方面取得实质性进展,改革难以深化,社会主义市场经济体制难以建立。转变的根本途径是政企分开。凡是国家法令规定属于企业行使的职权,各级政府都不要干预。下放给企业的权利,中央政府部门和地方政府都不得截留”。“下决心进行行政管理体制和机构改革,切实做到转变职能、理顺关系、精兵简政、提高效率。”“机构改革,精兵简政,是政治体制改革的紧迫任务,也是深化经济改革、建立市场经济体制和加快现代化建设的重要条件”。②1993 年 11 月,中共十四届三中全会审议通过的《中共中央关于建立社会主义市场经济体制若干问题的决定》,就构建社会主义市场经济体制作出了部署和安排,进一步强调“要转变计划经济的传统观念”,“转变政府职能,改革政府机构”,“按照政企分开,精简、统一、效能的原则,继续并尽早完成政府机构改革”。③

---

① 邓小平指出:“计划经济不等于社会主义,资本主义也有计划;市场经济不等于资本主义,社会主义也有市场。计划和市场都是经济手段。”邓小平:《在武昌、深圳、珠海、上海等地的谈话要点》,载《邓小平文选》(第三卷),人民出版社 1993 年版,第 373 页。

② 中共中央文献研究室编:《十四大以来重要文献选编》(上),人民出版社 1996 年版,第 22、29、30 页。

③ 中共中央文献研究室编:《十四大以来重要文献选编》(上),人民出版社 1996 年版,第 521、530 页。

随着经济社会的发展,20 世纪末中国已初步建立起社会主义市场经济体制,传统的计划经济逐步被市场经济取而代之,社会主义市场经济成为新的经济体制,但是以计划经济体制为基础建立起的审批管理体制并没有因此终结。市场经济是一种自由经济,经济自由是市场经济的灵魂,市场正式通过经济自由使整个经济活动充满了竞争与活力,然而广泛存在的投资与项目审批、准入审批、经营活动审批、经济结社审批等无一不是对市场自由的限制。①

社会主义市场经济体制建立后,传统行政审批制度与市场经济体制不相适应的矛盾日益凸显,如何通过改革破除传统审批制度的束缚,有效激发市场经济的活力,越来越引起中央和地方以及社会各界的关注和重视,以行政审批制度改革为核心的简政放权改革由此应运而生。

(三) 简政放权改革具有重要的现实意义

深化简政放权改革的现实意义,主要体现在以下几个方面:

1. 深化简政放权改革,有利于激发发展的内生动力

长期以来,政府与企业、政府与市场、政府与社会之间的职责边界不清晰,政府对微观经济活动干预过多,比如前置行政审批多、市场准入门槛高、行政性垄断壁垒难打破,等等,这都严重影响了市场在资源配置中的作用发挥,制约了经济社会发展活力。通过推进简政放权改革,取消、下放行政审批权力,更充分地给企业放权、给市场放权、给社会放权,把权力放足、放到位,可以减少政府对市场的管制,清理制约经济发展的阻碍,正确处理好政府与企业、政府与市场、政府与社会之间的关系,有效激发市场主体的创造活力,增强经济发展的内生动力,深度释放改革的红利,进一步加快经济转型升级,更好推动经济高质量发展。

2. 深化简政放权改革,有利于规范行政权力的行使

政府部门掌握着大量的行政权力,权力的行使能否做到严格规范、公平公

---

① 参见王克稳:《行政审批制度改革中的法律问题》,法律出版社 2018 年版,第 3 页。

正、公开透明,直接关系政府的形象和公信力。比如,在实际工作中,有的政府部门行政审批权力集中、资金资源管理权力集中、监管执法权力集中,曾一度成为腐败案件的高发领域;有的政府部门工作人员,在行政审批、监管执法中用权任性、滥用权力,在社会上引起很大负面影响。通过深化简政放权改革,以法律法规为依据梳理公布权力清单、责任清单,可以进一步明确政府部门的职责和权限,推进政企分开、政资分开、政事分开、政社分开,有效防止公权力滥用,减少公权力寻租现象,实现对政府部门的控权目的,加强社会对权力行使的监督,推动行政权力在阳光下运行,促使政府部门依法规范用权,真正实现把权力关进制度的笼子里。

3. 深化简政放权改革,有利于推动服务型政府建设

政府部门在行使行政审批权力过程中,直接面对着企业、群众等管理服务对象。从政务服务整体情况看,各级政府的政务服务水平距离企业和群众的期盼还有一定差距,审批环节多、流程烦琐、耗时长、收费高等问题比较突出,导致了企业和群众办事难、办事慢,多头跑、来回跑。此外,政府部门在监管认识上还有误区,存在"重审批、轻监管""重实体、轻程序""重制度建设、轻工作落实"等问题,这种观念在实际监管中容易导致监管缺位、监管漏洞,影响公平公正、竞争有序的市场环境。通过深化简政放权改革,取消和下放行政审批权力,政府部门可以集中更多精力加强事中事后监管,把该管的事管好、管到位;全面优化政务服务,可以疏通企业和群众办事的"难点""痛点""堵点",不断提升政务服务的质量和效能,更加方便企业和群众办事,加快人民满意的服务型政府建设步伐。

二、简政放权改革的发展阶段

改革开放以来,我国简政放权改革主要经历了四个发展阶段:

(一) 简政放权改革的萌芽起步阶段(1978年—1991年)

自1978年到1991年,这一时期可以视为简政放权改革的萌芽起步阶段。简政放权改革酝酿提出并有所起步,其改革主要内容是取消和下放行政审批权,减少审批层次,提高行政效率。

1978年是我国历史上划时代的一年,党和国家确立了推行改革开放的重大决策部署,此后改革不断深入推进,计划经济体制逐步向市场经济体制过渡,国家开始把部分行政审批权下放给地方,向市场、企业和社会放权,以破除计划经济体制下的弊端,激发市场的活力。

1984年10月,中共十二届三中全会审议通过的《中共中央关于经济体制改革的决定》明确指出:"按照政企职责分开、简政放权的原则进行改革,是搞活企业和整个国民经济的迫切需要","实行政企职责分开、简政放权,是社会主义上层建筑的一次深刻改造","要坚定不移地按照为人民服务和精简、统一、效能的原则,改造机关作风,提高工作人员的素质"。① 这次会议明确提出了推进简政放权改革的要求,在我国简政放权改革历史上具有里程碑意义。

1987年3月,国务院进一步加大了投资审批权的放权力度,极力简化程序,投资审批权按照资金多少进行划分:从1985年以前为1000万元以上提高到3000万元以上,1987年对能源、交通、原材料工业项目审批限额提高到5000万元以上。② 1987年10月,党的十三大明确指出机构改革必须抓住转变职能这个关键,并且进一步明确了简政放权改革的方向。③

总体上看,这一阶段的简政放权改革取得了一定成效,但也存在不少问

---

① 中共中央文献研究室编:《十二大以来重要文献选编》(中),人民出版社1986年版,第573、575页。

② 参见汪玉凯:《中国行政体制改革20年》,中州古籍出版社1998年版,第75页。

③ 参见中共中央文献研究室编:《十三大以来重要文献选编》(上),人民出版社1991年版,第40页。

题,简政放权改革缺乏整体规划,进展还比较缓慢。

(二) 简政放权改革的探索发展阶段(1992年—2000年)

自1992年至2000年,这一时期可以视为简政放权改革的探索发展阶段。改革主要内容是转变政府职能,精简机构,政企分开,其中经济领域是改革的侧重点。

1992年10月,党的十四大明确提出建立社会主义市场经济的目标,行政审批制度改革以转变政府职能、清理政企关系为主要方向。① 1993年3月,第八届全国人民代表大会第一次会议就国务院机构改革的说明中指出,机构改革的重点是转变政府职能,转变职能的根本途径是政企分开,要减少具体审批事务和对企业的直接管理,坚决把属于企业的权力放给企业,把应该由企业解决的问题,交由企业自己去解决;理顺国务院各部门之间的关系,合理划分职责权限,避免交叉重复,调整机构设置,精简各部门的内设机构和人员,提高行政效率。②

这一阶段,地方层面积极探索简政放权改革的路子,1997年开始深圳市率先实施行政审批制度改革,先后于1998年1月颁布了《深圳市政府审批制度改革方案》,于1999年2月发布施行了《深圳市审批制度改革若干规定》,改革主要从减少审批项目、规范审批行为、简化审批手续和强化审批监督等方面入手,通过实施改革,市政府部门和单位的审批事项减少了418项,减幅57.8%,有效促进了政府职能转变,初步形成新的政府管理机制。③ 深圳市的试点改革积累了许多宝贵的经验,起到了模范带头作用,在全国范围产生了积极的影响,宁波、北京等地随后也开展了审批的清理工作。

---

① 参见王瑞军:《政府治理视域下深化行政审批制度改革研究》,中央党校(国家行政学院)博士学位论文,2019年。

② 参见《关于国务院机构改革方案的说明》,《中华人民共和国国务院公报》1993年第10期。

③ 参见《深圳着力行政审批制度改革》,《人民日报》2000年12月29日,第3版。

总体上看，这一阶段的简政放权改革目标逐渐清晰，国务院各部门和地方政府作出了积极尝试并取得初步成效，为改革的全面推开奠定了基础，但在改革中也存在不少问题，比如改革的范围、力度不大，改革中还没有建立科学有效的监督制约机制，等等。

（三）简政放权改革的整体推进阶段（2001年—2012年）

自2001年到2012年，这一时期可以视为简政放权改革的整体推进阶段，改革的主要内容是在全国范围内普遍推开改革，创新行政审批方式、完善行政审批相关制度体系。

这一阶段，国家层面就简政放权改革出台了一系列方针政策、法律法规，对推进改革作出系统部署安排。

2001年9月，国务院成立了行政审批制度改革工作领导小组①，标志着以行政审批制度改革为核心的简政放权改革全面启动。

2001年10月18日，国务院印发《关于行政审批制度改革工作的实施意见》（国发〔2001〕33号），明确提出坚决取消不符合政企分开和政事分开原则、妨碍市场开放和公平竞争以及实际上难以发挥有效作用的行政审批，可以用市场机制代替的行政审批要通过市场机制运作，确需保留的行政审批要建立健全监督制约机制，做到审批程序严密、审批环节减少、审批效率明显提高，行政审批责任追究制得到严格执行；同时提出，在行政审批制度改革中要遵循合法原则、合理原则、效能原则、责任原则、监督原则等五项原则。② 2001年12月10日，国务院行政审批制度改革工作领导小组印发《关

---

① 国务院行政审批制度改革工作领导小组的主要职责是：（1）指导和协调全国行政审批制度改革工作；（2）研究提出国务院各部门需要取消和保留的行政审批项目并拟定有关规定；（3）督促国务院各部门做好行政审批项目的清理和处理工作；（4）研究处理与行政审批制度改革有关的其他重要问题。参见《国务院办公厅关于成立国务院行政审批制度改革工作领导小组的通知》，中国政府网，http://www.gov.cn/gongbao/content/2001/content_61130.htm。

② 参见《国务院批转关于行政审批制度改革工作实施意见的通知》，中国政府网，http://www.gov.cn/zhengce/content/2016-09/23/content_5111217.htm。

于贯彻行政审批制度改革的五项原则需要把握的几个问题》(国审改发〔2001〕1号),进一步就贯彻落实行政审批制度改革的五项原则作出要求。为推动行政审批制度改革不断取得新的成效,2003年9月29日国务院办公厅印发《关于进一步推进省级政府行政审批制度改革意见的通知》(国办发〔2003〕84号),就推进省级政府行政审批制度改革再次提出了明确要求。①

2004年7月1日《行政许可法》颁布实施,开启了以法律形式推进行简政放权改革的先河,标志着简政放权改革迈上了法治化道路的新起点。《行政许可法》就行政许可的概念、设定、实施,以及监督检查、法律责任等作出了详细规定,对于保护公民、法人和其他组织的合法权益,维护公共利益和社会秩序,规范、监督行政机关依法行使行政许可权具有重要价值。

2001年至2012年的十余年间,国务院先后分六个批次取消、调整和下放了共2497项行政审批事项(参见表6-1),占原有行政审批事项总数的69.3%②,并且就行政审批范围、行政审批流程、行政审批时效等进行了优化调整;地方政府持续加大简政放权的改革、创新力度,积极取消、调整和下放行政审批事项,各县(市)基本都成立了行政审批服务中心,有的地方还成立了省级行政审批服务中心,有的地方推行一站式审批、一个窗口对外服务,有的

---

① 根据通知规定,省级政府要做到:(1)正确把握有关政策和要求,进一步对现行行政审批项目作出处理。(2)搞好工作衔接,确保国务院取消和调整行政审批项目决定的落实。(3)加强已取消和改变管理方式的行政审批事项的后续监管。(4)认真清理并依法妥善处理拟取消和改变管理方式的行政审批项目的设定依据。(5)严格规范行政审批行为,促进依法行政。(6)深入推动行政审批制度创新。(7)加强组织领导和督促检查。参见《国务院办公厅转发国务院行政审批制度改革工作领导小组办公室关于进一步推进省级政府行政审批制度改革意见的通知》,中国政府网,http://www.gov.cn/zhengce/zhengceku/2008-03/28/content_1973.htm。

② 参见史竞男、崔清新:《国务院10年来共取消调整2497项行政审批项目》,中国政府网,http://www.gov.cn/jrzg/2013-06/25/content_2434025.htm。

地方实行首问负责制、服务承诺制、限时办结制,等等。

表 6-1　2001 年—2012 年国务院取消、调整和下放行政审批事项一览①

序号	时间	政策文件	相关规定
1	2002 年 11 月 1 日	《关于取消第一批行政审批项目的决定》(国发〔2002〕24 号)	取消行政审批项目 789 项
2	2003 年 2 月 27 日	《关于取消第二批行政审批项目和改变一批行政审批项目管理方式的决定》(国发〔2003〕5 号)	取消 406 项行政审批项目;82 项行政审批项目改变管理方式,移交行业组织和社会中介机构管理
3	2004 年 5 月 19 日	《关于第三批取消和调整行政审批项目的决定》(国发〔2004〕16 号)	取消和调整 495 项行政审批项目。其中取消 409 项、改变管理方式由行业组织或社会中介机构自律管理 39 项、下放管理层级 47 项
4	2007 年 10 月 9 日	《关于第四批取消和调整行政审批项目的决定》(国发〔2007〕33 号)	取消和调整 186 项行政审批项目。其中,取消 128 项、下放管理层级 29 项、改变实施部门 8 项、合并同类事项 21 项
5	2010 年 7 月 4 日	《关于第五批取消和下放管理层级行政审批项目的决定》(国发〔2010〕21 号)	取消和下放管理层级 184 项。其中,取消 113 项、下放管理层级 71 项
6	2012 年 9 月 23 日	《关于第六批取消和调整行政审批项目的决定》(国发〔2012〕52 号)	取消和调整 314 项行政审批项目。其中,取消 171 项、下放 117 项、减少 9 项、合并 17 项

总体上看,通过十余年的努力,简政放权改革自上而下全面推开,行政审批事项大幅减少,政务服务效率有了提升,权力运行监督机制逐步建立,政府行为进一步规范,行政审批制度体系逐步完善,改革取得了明显成效,但问题依然不同程度存在,比如权力下放还不到位、行政审批流程还比较烦琐,政务服务质量还亟待提高,等等。

① 本图表资料来源为中国政府网(http://www.gov.cn),系笔者梳理该网站公开的相关文件后形成。

(四) 简政放权改革的全面深化阶段(2013 年至今)

2013 年至今,这一时期可以视为简政放权改革的全面深化阶段。改革的主要内容是深入推进简政放权、放管结合、优化服务,加快转变政府职能,进一步优化营商环境。

简政放权改革历经前述三个阶段的探索和发展,虽然取得了明显成效,但是问题还没有从根本上解决,改革发展还有很大的空间,亟须向纵深持续推动。比如,有的行政审批事项流程依然非常烦琐,2013 年 1 月 21 日,广州政协委员曹志伟在广州政协小组讨论会上展示了一个"万里长征图"①,形象地说明了一个投资建设项目从立项到验收的漫长审批历程。

1. 国家层面的顶层设计

从国家层面看,党的十八大以来,以习近平同志为核心的党中央高度重视简政放权改革,把推进简政放权改革作为全面深化改革、转变政府职能的"先手棋"和"当头炮",就深化简政放权改革作出重大决策和战略部署。自 2013 年起,国务院连续 10 年的开年第一次常务会议,都研究了涉及简政放权改革的相关议题②。

---

① 2013 年 1 月 21 日,广州政协委员曹志伟在广州政协小组讨论会上展示了一个"万里长征图",在这张行政审批"万里长征图"中,上百个不同颜色的小方块堆积着,形象地说明了一个投资建设项目从立项到验收的漫长历程:要经过 20 个委、办、局,53 个处、室、中心、站,100 个审批环节,总共盖 108 个章,缴纳 36 项行政收费。如果要全部走完,审批工作日累计达到 2020 天。即便按照最短的关键线路走,也需 799 个审批工作日。此图一经展示,引起社会各界的高度重视,后来经过削减行政审批事项,优化审批流程,在一年半的时间内一个投资项目从立项到验收,审批时长降到了 180 天,成为全国倒逼行政审批改革的一个经典案例。参见吴为、王梦遥等:《行政审批"万里长征图"绘制者曹志伟:"万里"已压缩至"百里"以下》,新京报网,http://www.bjnews.com.cn/news/2017/03/15/436571.html。

② 比如,2018 年 1 月 3 日,国务院第一次常务会议要求,以简政减税减费为重点进一步优化营商环境。对企业开办、纳税、施工许可、水电气报装、不动产登记等事项大幅精简审批、压缩办理时间。进一步清理取消经营服务性收费和行业协会商会收费,降低通关环节费用。大力推动降电价。促进"证照分离"改革扩容提速。以"双随机一公开"为原则,积极推进综合监管和检查信息公开。加快建立以信用承诺、信息公示为特点的新型监管机制,制定失信守信黑红名单及管理办法并向社会公布。

习近平总书记就简政放权改革多次发表重要讲话，提出明确要求。比如，他曾指出："深化经济体制改革，核心是处理好政府和市场关系，使市场在资源配置中起决定性作用和更好发挥政府作用。这就要讲辩证法、两点论，'看不见的手'和'看得见的手'都要用好。关键是加快转变政府职能，该放给市场和社会的权一定要放足、放到位，该政府管的事一定要管好、管到位"，"最大限度减少政府对微观事务的管理。对保留的审批事项，要推行权力清单制度，公开审批流程，提高审批透明度"，"深化行政审批制度改革，推进简政放权，深化权力清单、责任清单管理，同时要强化事中事后监管"，"转变政府职能是深化行政体制改革的核心，实质上要解决的是政府应该做什么、不应该做什么，重点是政府、市场、社会的关系，即哪些事该由市场、社会、政府各自分担，哪些事应该由三者共同承担"。① 习近平总书记的系列重要论述，为简政放权改革工作提供了行动指南。

2013 年 3 月 14 日，第十二届全国人民代表大会第一次会议审议通过了《国务院机构改革和职能转变方案》（以下简称《方案》），这是我国第七次机构改革②，这次机构改革与职能转变紧密结合，成为改革一大亮点。《方案》明确提出，要以职能转变为核心，继续简政放权、推进机构改革、完善制度机制、提高行政效能，必须处理好政府与市场、政府与社会、中央与地方的关系，深化行政审批制度改革，减少微观事务管理，并且就行政审批制度改革

① 《习近平关于社会主义政治建设论述摘编》，中央文献出版社 2017 年版，第 109、117—118、119 页。

② 自 1982 年到 2013 年，国务院已先后开展了 7 次机构改革：1982 年提出精简机构、推行"市管县"，1998 年提出政府职能转变，1993 年实行政企分开，1988 年推行国企所有制改革，2003 年提出政府不再直接管理国企，2008 年探索实行大部制，2013 年提出简政放权。

指出了具体要求①。同年 3 月 18 日,李克强主持召开国务院常务会议,就简政放权改革进行了研究部署。

2013 年 5 月 15 日,国务院印发《关于取消和下放一批行政审批项目等事项的决定》(国发〔2013〕19 号),确定取消和下放 117 项行政审批等事项,简政放权改革由此开始落地推进。2016 年 5 月 9 日,李克强在全国推进简政放权放管结合优化服务改革电视电话会议的讲话中指出:国务院部门取消下放行政审批事项 1/3 以上,提前超额完成承诺的目标任务;他同时强调,要推动简政放权向纵深发展,下决心继续减少审批,相同相近、关联事项要一并取消或下放,并确保基层接得住管得好,推进政府监管体制改革,促进各类市场主体公平竞争,优化政府服务,让企业和群众办事更方便、更快捷。② 据统计,2013 年 1 月至 2022 年 12 月的十年间,国务院陆续印发 23 个文件,大力取消、调整和下放行政审批等事项(参见表 6-2),改革力度之大前所未有。

---

① 《国务院机构改革和职能转变方案》明确提出:(一)减少和下放投资审批事项。除涉及国家安全、公共安全等重大项目外,按照"谁投资、谁决策、谁收益、谁承担风险"的原则,最大限度地缩小审批、核准、备案范围,切实落实企业和个人投资自主权。(二)减少和下放生产经营活动审批事项。按照市场主体能够自主决定、市场机制能够有效调节、行业组织能够自律管理、行政机关采用事后监督能够解决的事项不设立审批的原则,最大限度地减少对生产经营活动和产品物品的许可,最大限度地减少对各类机构及其活动的认定等非许可审批。依法需要实施的生产经营活动审批,凡直接面向基层、量大面广或由地方实施更方便有效的,一律下放地方。(三)减少资质资格许可和认定。除依照行政许可法要求具备特殊信誉、特殊条件或特殊技能的职业、行业需要设立的资质资格许可外,其他资质资格许可一律予以取消。按规定需要对企业事业单位和个人进行水平评价的,国务院部门依法制定职业标准或评价规范,由有关行业协会、学会具体认定。除法律、行政法规或国务院有明确规定的外,其他达标、评比、评估和相关检查活动一律予以取消。除此之外,《方案》还就专项转移支付项目审批权下放、取消不合法不合理的行政事业性收费和政府性基金项目,以及改革工商登记制度、改革社会组织管理制度等简政放权改革相关事项提出了明确、具体要求。参见《国务院机构改革和职能转变方案》,中国共产党新闻网,http://theory.people.com.cn/n/2013/0310/c40531-20738452.html。

② 参见《上下联动,攻坚克难,深化"放管服"改革,加快转变政府职能,不断提高行政效能》,《人民日报》2016 年 5 月 10 日,第 1 版。

表 6-2　2013 年—2022 年国务院取消、调整和下放行政审批等事项一览①

序号	时间	政策文件	相关规定
1	2013 年 5 月 15 日	《关于取消和下放一批行政审批项目等事项的决定》(国发〔2013〕19 号)	取消和下放一批行政审批项目等事项,共计 117 项。其中,取消行政审批项目 71 项,下放管理层级行政审批项目 20 项,取消评比达标表彰项目 10 项,取消行政事业性收费项目 3 项;取消或下放管理层级的机关内部事项和涉密事项 13 项(按规定另行通知)
2	2013 年 7 月 13 日	《关于取消和下放 50 项行政审批项目等事项的决定》(国发〔2013〕27 号)	取消和下放 29 项、部分取消和下放 13 项、取消和下放评比达标项目 3 项;取消涉密事项 1 项(按规定另行通知)
3	2013 年 9 月 5 日	《关于取消 76 项评比达标表彰评估项目的决定》(国发〔2013〕34 号)	取消 76 项评比达标表彰评估项目
4	2013 年 11 月 8 日	《关于取消和下放一批行政审批项目的决定》(国发〔2013〕44 号)	取消和下放 82 项管理层级行政审批项目
5	2014 年 1 月 28 日	《关于取消和下放一批行政审批项目的决定》(国发〔2014〕5 号)	取消和下放 64 项行政审批项目和 18 个子项
6	2014 年 7 月 22 日	《关于取消和调整一批行政审批项目等事项的决定》(国发〔2014〕27 号)	取消和下放 53 项管理层级行政审批项目,取消 11 项职业资格许可和认定事项,将 31 项工商登记前置审批事项改为后置审批
7	2014 年 10 月 23 日	《关于取消和调整一批行政审批项目等事项的决定》(国发〔2014〕50 号)	取消和下放 58 项行政审批项目,取消 67 项职业资格许可和认定事项,取消 19 项评比达标表彰项目,将 82 项工商登记前置审批事项调整或明确为后置审批
8	2015 年 2 月 24 日	《关于取消和调整一批行政审批项目等事项的决定》(国发〔2015〕11 号)	取消和下放 94 项管理层级行政审批项目,取消 67 项职业资格许可和认定事项,取消 10 项评比达标表彰项目,将 21 项工商登记前置审批事项改为后置审批,保留 34 项工商登记前置审批事项

① 本图表资料来源为中国政府网(http://www.gov.cn),系笔者梳理该网站公开的相关文件后形成。

续表

序号	时间	政策文件	相关规定
9	2015 年 5 月 10 日	《关于取消非行政许可审批事项的决定》（国发〔2015〕27 号）	取消 49 项非行政许可审批事项，将 84 项非行政许可审批事项调整为政府内部审批事项。不再保留“非行政许可审批”这一审批类别
10	2015 年 7 月 20 日	《关于取消一批职业资格许可和认定事项的决定》（国发〔2015〕41 号）	取消 62 项职业资格许可和认定事项
11	2015 年 10 月 11 日	《关于第一批取消 62 项中央指定地方实施行政审批事项的决定》（国发〔2015〕57 号）	取消 62 项中央指定地方实施的行政审批事项
12	2015 年 10 月 11 日	《关于第一批清理规范 89 项国务院部门行政审批中介服务事项的决定》（国发〔2015〕58 号）	清理规范 89 项国务院部门行政审批中介服务事项，不再作为行政审批的受理条件
13	2016 年 1 月 20 日	《关于取消一批职业资格许可和认定事项的决定》（国发〔2016〕5 号）	取消 61 项职业资格许可和认定事项
14	2016 年 2 月 3 日	《关于第二批取消 152 项中央指定地方实施行政审批事项的决定》（国发〔2016〕9 号）	取消 152 项中央指定地方实施的行政审批事项
15	2016 年 2 月 3 日	《关于取消 13 项国务院部门行政许可事项的决定》（国发〔2016〕10 号）	取消 13 项行政许可事项
16	2016 年 2 月 3 日	《关于第二批清理规范 192 项国务院部门行政审批中介服务事项的决定》（国发〔2016〕11 号）	清理规范 192 项国务院部门行政审批中介服务事项，不再作为行政审批的受理条件
17	2016 年 6 月 8 日	《关于取消一批职业资格许可和认定事项的决定》（国发〔2016〕35 号）	取消 47 项职业资格许可和认定事项

续表

序号	时间	政策文件	相关规定
18	2016 年 12 月 1 日	《关于取消一批职业资格许可和认定事项的决定》(国发〔2016〕68 号)	取消 114 项职业资格许可和认定事项
19	2017 年 1 月 12 日	《关于第三批取消中央指定地方实施行政许可事项的决定》(国发〔2017〕7 号)	取消 39 项中央指定地方实施的行政许可事项
20	2017 年 9 月 22 日	《关于取消一批行政许可事项的决定》(国发〔2017〕46 号)	取消 40 项国务院部门实施的行政许可事项和 12 项中央指定地方实施的行政许可事项
21	2018 年 7 月 28 日	《关于取消一批行政许可等事项的决定》(国发〔2018〕28 号)	取消 11 项行政许可等事项
22	2019 年 2 月 27 日	《关于取消和下放一批行政许可事项的决定》(国发〔2019〕6 号)	取消 25 项行政许可事项,下放 6 项行政许可事项的管理层级
23	2020 年 9 月 13 日	《关于取消和下放一批行政许可事项的决定》(国发〔2020〕13 号)	取消 29 项行政许可事项,下放 4 项行政许可事项的审批层级

2013 年 11 月 12 日,中共十八届三中全会审议通过的《中共中央关于全面深化改革若干重大问题的决定》指出,要"进一步简政放权,深化行政审批制度改革,最大限度减少中央政府对微观事务的管理,市场机制能有效调节的经济活动,一律取消审批","直接面向基层、量大面广、由地方管理更方便有效的经济社会事项,一律下放地方和基层管理"。①

此后,国家层面多措并举,持续加大简政放权改革的推进力度。比如,2014 年的国务院常务会议有 21 次会议谈及简政放权改革②,国务院先后三

① 《中共中央关于全面深化改革若干重大问题的决定》,人民出版社 2013 年版,第 17、18 页。

② 参见张李斌:《简政放权工作实效评估研究——以吉林省为例》,吉林大学博士学位论文,2018 年。

次发文[①]取消、下放和调整行政审批等事项;2015 年的国务院第一次常务会议主要研究了规范和改进行政审批的措施,同年 7 月 22 日召开的国务院常务会议决定推广随机抽查机制、实行“双随机”[②]监管,7 月 29 日国务院办公厅印发了《关于推广随机抽查规范事中事后监管的通知》(国办发〔2015〕58 号),10 月 1 日开始启动“三证合一、一照一码”[③]改革;2016 年 9 月 25 日,国务院印发《关于加快推进“互联网+政务服务”工作的指导意见》(国发〔2016〕55 号),从优化再造政务服务、融合升级政务服务平台渠道、夯实政务服务支撑基础等三个方面明确了推进“互联网+政务服务”的具体要求;2017 年 1 月 12 日,国务院发布《“十三五”市场监管规划》(国发〔2017〕6 号),目的是形成宽松便捷的市场准入环境、公平有序的市场竞争环境、安全放心的市场消费环境和权威高效的市场监管体制机制,同年 4 月 26 日召开的国务院常务会议决定在“五证合一”的基础上全面推行“多证合一”改革[④];2018 年 3 月 28 日,中央全面深化改革委员会召开第一次会议,审议通过了《关于深入推进审批服务便民化的指导意见》,围绕直接面向企业群众、依申请办理的行政审批和公共服务事项,推动审批服务理念、制度、作风全方位、深层次变革,不断优化办事创业和营商环境,切实解决企业群众办事难、办事慢、多头跑、来回跑等问题;

---

① 国务院发布的三个文件分别是:2014 年 1 月 28 日《关于取消和下放一批行政审批项目的决定》(国发〔2014〕5 号)、2014 年 7 月 22 日《关于取消和调整一批行政审批项目等事项的决定》(国发〔2014〕27 号)、2014 年 10 月 23 日《关于取消和调整一批行政审批项目等事项的决定》(国发〔2014〕50 号)。

② “双随机”,是指随机抽取被检查对象、随机选派检查人员。

③ “三证合一”,是指将企业依次申请的工商营业执照、组织机构代码证和税务登记证三证合为一证;“一照一码”则是在此基础上更进一步,通过“一口受理、并联审批、信息共享、结果互认”,实现由一个部门核发加载统一社会信用代码的营业执照。

④ “多证合一”改革,是指在已全面实施工商营业执照、组织机构代码证和税务、社会保险、统计登记证“五证合一”改革的基础上,全面推行“多证合一”,将涉及市场主体登记、备案等有关事项和各类证照进一步整合到营业执照上;强化中央和地方联动,加快修法修规、完善配套政策,推动“一照一码”营业执照在各地区、各行业加快互认和应用。

2019 年 10 月 22 日,国务院颁布《优化营商环境条例》(国令第 722 号),为加快打造市场化法治化国际化营商环境提供了法规支撑;2020 年 3 月 27 日,国务院发布《关于修改和废止部分行政法规的决定》(国令第 726 号),对取消和下放行政许可项目涉及的行政法规,以及实践中不再适用的行政法规进行了清理,以便依法推进简政放权改革;2021 年 12 月 14 日,国务院印发《"十四五"市场监管现代化规划》(国发〔2021〕30 号),对"十四五"时期创新和完善市场监管,推进市场监管现代化,作出了全面、系统部署;2022 年 1 月 10 日,国务院办公厅印发《关于全面实行行政许可事项清单管理的通知》(国办发〔2022〕2 号),部署构建全国统筹、分级负责、事项统一、权责清晰的行政许可事项清单体系,将依法设定的行政许可事项全部纳入清单管理,并且要求对清单内的事项逐项编制行政许可实施规范,目的是进一步提升行政许可标准化、规范化、便利化水平,为企业和群众打造更加公平高效的审批环境。

总体上看,2013 年以来党和国家对简政放权改革的要求越来越高、标准越来越严、力度越来越大,简政放权改革由问题倒逼而产生,又在不断解决问题中日益深化,改革成效日趋显著。

2. 地方层面的改革实践

简政放权改革需要国家层面的顶层设计、政策推动,更需要地方层面的有效贯彻落实,以确保政策能够真正落地,取得实实在在的改革成效。

从地方改革实践层面来看,近年来全国各地认真贯彻落实国家有关简政放权改革的部署安排,积极作为、大胆探索,在实践中不断改革创新,持续推进了改革向纵深发展。此处以山东省的改革实践为例,分析 2013 年以来地方推动简政放权改革的进展情况。

2013 年以来,山东省认真贯彻落实党中央、国务院部署,把简政放权改革作为适应和引领经济发展新常态、深化供给侧结构性改革、促进"双创"的重要措施,累计推出了数百项改革举措。总体来看,改革主要经历了三个阶段:

(1)简政放权改革重点突破阶段(2013年—2014年)

这一阶段,主要任务是大幅度减少行政审批事项,搭建改革框架,为全面推进改革奠定基础。2013年7月,山东省政府印发《关于推进政府职能转变简政放权减少行政许可的意见》,明确了简政放权的目标要求和30条措施,拉开了改革大幕;同年12月,山东省委《关于深入学习贯彻党的十八届三中全会精神的意见》提出,本届政府任期内省级行政审批事项再削减二分之一左右,办结时限比法定时限缩短50%的目标。各级各部门不断提高对转变政府职能的认识,积极转变工作理念和工作方式,放权成为促进经济社会发展活力和创造力、提高人民群众获得感的重要手段。这一阶段主要特点是着力做"减法",以大幅度减少审批事项为主要任务,到2014年年底省级行政审批事项削减400项,完成削减任务的68%,简政放权取得了显著成效。

(2)简政放权改革协同推进阶段(2015年—2016年)

这一阶段,主要任务是简政放权、放管结合、优化服务改革统筹推进,行政审批、投资审批、商事制度、收费清理、职业资格、教科文卫体等各领域改革全面铺开。两年期间,简政放权改革在做好"减法"的同时,注重做好监管的"加法"和服务的"乘法",增强了改革的统筹性、联动性、协同性。2015年年初,山东省委、省政府印发《关于深入推进政府权力清单制度的实施意见》,推进"四张清单、一个平台"建设,陆续编制公布行政审批事项清单、权力清单、责任清单和公共服务事项清单。2015年5月,山东省政府印发《关于加强行政审批事中事后监管的指导意见》,对事中事后监管提出了明确的要求。2016年9月,山东省委、省政府印发《关于简化优化公共服务流程方便基层群众办事创业实施方案》,提出全面推进优化服务改革。

(3)简政放权改革升级深化阶段(2017年至今)

这一阶段,主要任务是简政放权改革全面转型升级、持续深化推进、巩固提质增效。2017年6月,山东省第十一次党代会明确提出,要以供给侧结构性改革为主线,着力打造四个生态,其中首要的就是精简高效的政务生态;同年8月,山东省委、省政府印发《关于深化放管服改革进一步优化政务环境的意见》,提出打造"审批事项少、办事效率高、服务质量优"的政务环境,统筹推进削权减证、流程再造、精准监管、体制创新、规范用权"五大行动",明确了30项改革任务和2017年的50项具体措施。2018年6月,山东省委办公厅、省政府办公厅印发《关于深化"一次办好"改革深入推进审批服务便民化实施方案》①,要求深化"一次办好"改革、深入推进审批服务便民化,切实增强企业和群众获得感。2019年10月,山东省政府办公厅印发《关于深化"放管服"改革优化营商环境重点任务的分工方案》,强调进一步深化全省"一窗受理・一次办好"改革,在更大范围、更深层次,以更有力举措推进政府职能转变,优化营商环境;同时提出,持续推动简政放权向纵深发展,按照"下放是原则,不下放是例外"的要求,坚持"减无可减、放无可放",继续依法压减省级行政许可事项,3年内压减50%以上。2020年2月,山东省委、省政府印发《关于深化制度创新加快流程再造的指导意见》;同年3月,山东省委办公厅省政府办公厅印发《打造精简高效政务生态实施方案》等12个方案②,着力深化制度创新,全面加快流程再造,推动简政放权改革向纵深发展。2021年10月,山东

① 根据《关于深化"一次办好"改革深入推进审批服务便民化实施方案》要求,要以政府为企业和群众办事"一次办好"为改革理念和目标,以权责清单为基础,以流程再造为关键,以"互联网+"为支撑,以企业和群众办事便利度、快捷度、满意度为衡量标准,持续推进削权减证、流程再造、精准监管、体制创新、规范用权"五大行动",推动政务服务理念、制度、作风全方位深层次变革,全力打造"审批事项少、办事效率高、服务质量优"的发展环境,建设人民满意的服务型政府。

② 12个方案具体为:《打造精简高效政务生态实施方案》《再造企业开办流程实现"全程网办"实施方案》《全面优化工程建设项目审批流程实施方案》《不动产登记"一网通办"便民服务实施方案》《医疗保障经办服务"六统一"流程再造实施方案》《高层次人才全周期服务流程再造实施方案》《跨境投资贸易流程再造实施方案》《加快数据融合应用深化流程再造实施方案》《差异化监管流程再造实施方案》《推进重点高频民生事项"掌上办"实施方案》《推动省直部门(单位)高效有序运行流程再造实施方案》《机构职能优化流程再造实施方案》。

省政府办公厅印发《关于进一步提升基层政务服务能力的实施方案》，以进一步整合基层政务服务资源，丰富基层政务服务供给，完善基层政务服务体系，推进基层政务服务从“能办”到“快办”“易办”“好办”转变，持续提升基层政务服务能力和水平。2022年，山东省将营商环境创新作为“十大创新”之一，作出专门部署，研究出台了《营商环境创新2022年行动计划》，在19个领域推出166项改革举措，推动全链条优化审批、全过程公正监管、全周期提升服务，加快打造一流营商环境。

回顾和梳理简政放权改革提出的历史背景和发展历程，可以清晰看到，始终坚持“以人民为中心”的发展理念，通过持续深化改革，助力实现经济社会又好又快发展，确保改革成果更多惠及人民群众，切实增强广大人民的获得感、幸福感，这应是简政放权改革的初心和使命。

第三节 简政放权改革的路径选择

简政放权改革是一项系统工程，不是简单的权力简化和下放，而是转变政府管理方式，实现“放”“管”“服”的紧密结合。简政放权改革越向纵深发展，遇到的阻力就越多，推进的难度也就越大，需要切实抓好顶层设计，各级政府各级部门紧密协同、持续发力。

面对简政放权改革的新形势新任务新要求，需要聚焦“精准放权”，着力推进“简政放权协同化”；聚焦“监管转型”，着力推进“新型监管科学化”；聚焦“服务便民”，着力推进“政务服务标准化”。通过持续深化简政放权改革，实现更精准放权、更科学监管、更高效服务，加快形成“审批事项少、办事效率高、服务质量优、群众获得感强”的营商环境，为推动政府职能转变，增强经济社会发展活力，实现高质量发展注入强大动力。

一、突出问题导向,推进简政放权协同化

党的十八大报告指出:“深化行政审批制度改革,继续简政放权,推动政府职能向创造良好发展环境、提供优质公共服务、维护社会公平正义转变。”① 中共十八届三中全会审议通过的《中共中央关于全面深化改革若干重大问题的决定》强调,要“全面正确履行政府职能”,“进一步简政放权,深化行政审批制度改革”。② 2013 年《国务院机构改革和职能转变方案》将进一步简政放权、加快政府职能转变作为政府的一件大事。简政放权近年来已成为地方政府全面深化改革,转变政府职能的重要内容。

当前,地方政府职能正由传统的“全能型”向现代“服务型”转变。简政放权,意味着政府权力的下放和稀释,契合了服务型政府发展的要旨。政府与市场关系改革的实质即政府将权力下放给市场,发挥市场在资源配置中的决定性作用,将市场与社会可以自我调控的元素还给市场和社会,意味着政府对其干预、越位现象的减少。因此,在某种程度上讲,简政放权改革的力度已成为衡量地方各级政府实现政府职能转变程度的重要标尺。

近年来,地方党委、政府认真贯彻落实党中央、国务院大力关于简政放权改革的决策部署,结合各地实际推出务实举措,取得显著成效,但工作中也面临不少困难,还存在一些问题,主要表现在:

第一,“官本位”思想根深蒂固。深入推进“简政放权”改革,要求以服务意识替代审批思维。但在实际操作中,有的部门和地方依然停留在审批式管理阶段,重权力、轻服务观念比较严重,含金量高的权力不愿下放,不必要的环节不愿精简;一些地方和部门有各种各样的顾忌,“怕担责任”“怕不好管”“怕

① 胡锦涛:《坚定不移沿着中国特色社会主义道路前进,为全面建成小康社会而奋斗——在中国共产党第十八次全国代表大会上的报告》,人民出版社 2012 年版,第 28 页。

② 《中共中央关于全面深化改革若干重大问题的决定》,人民出版社 2013 年版,第 17 页。

出差错”,并不愿放弃手中的权力,服务意识没能落实到实际工作中,老百姓办事还是会屡屡“碰钉子”,影响了改革成效。

第二,政策法治供给保障不足。法律法规调整的滞后性是制约地方政府转变职能的源头性因素,部分法律法规、规章已不适应经济社会发展实际,但调整的时间较长、程序较多,制约了简政放权改革向纵深推进。有的地方政府保留的行政审批事项大部分都有法律法规依据,继续取消下放行政审批事项的难度增大。有的地方政府改革配套政策出台不及时,工作协调联动不顺畅,权力下放中整体联动、业务协同不够,部分关联事项下放不协调不同步,导致企业和群众办事省里、市县来回跑。①

第三,审批环节多、耗时长问题依然存在。有的部门服务职责不明确,审批流程不清晰,一次性告知、信息公开、限时办结等制度落实不到位。涉及多部门办理的事项还存在审批环节相互交叉、互为前置、重复审批现象,部门之间相互踢皮球,陷入“鸡生蛋、蛋生鸡”的怪圈,挫伤了投资者的积极性。② 不同层级、不同地域之间的行政审批事项和依申请办理公共服务事项名称、编码、内容不一致,制约了“一网通办”顺利推进。

第四,基层承接能力需要加强。伴随简政放权的逐步深化,有些权力下放到了市县级,但在下放过程中,存在“简政放权”单兵突进的情况。部分下放的行政审批事项业务性、专业性较强,上级部门仅仅下放了权力和责任,相应的资金、技术、人员、设备等配套资源没有同步下放,比如一些环保、质监等技术要求高的事项,基层由于受机构设置、人员配备、硬件装备和技术落后等因素制约,对下放的权力在承接和落实上的能力不足,“接不好”甚至“接不住”,

---

① 比如,有些地方在投资项目审批上,发改、环保部门分别按投资额、类别确定实施层级,有的环节下放了,有的还在省里,不能在一个层级办理立项、环评、用地、规划等手续,导致还要省里、市县来回跑。

② 比如,申请民办职业教育机构,某些地方民政部门和人力资源社会保障部门互相“踢皮球”,有的说要省级批,有的说要市级批,以致企业不知所措,无法及时办理手续。

在群众办事“最后一公里”上存在“梗阻”。

第五,“奇葩证明”事项清理还不彻底。近年来群众办事需要提交的各类证明虽然经过梳理清理,进行了压减,但是还不够彻底。“奇葩证明”“无谓证明”不断,“我妈是我妈”这类证明仍然没有杜绝。比如,有的群众到银行、保险等金融机构办事时,被要求到社区开具母子(女)、父子(女)关系证明、亲属关系证明、患重病不能自理证明、存折注销证明、钱币污损证明等,有时因社区对有些情况并不掌握,无法开具证明,群众也就办不成事。① 此外,在压减旧证明的同时,又有一些新的证明产生,这表明在减轻企业和群众办事出具证明的负担方面还需进一步改进。

习近平总书记强调:“注重系统性、整体性、协同性是全面深化改革的内在要求,也是推进改革的重要方法。改革越深入,越要注意协同,既抓改革方案协同,也抓改革落实协同,更抓改革效果协同,促进各项改革举措在政策取向上相互配合、在实施过程中相互促进、在改革成效上相得益彰,朝着全面深化改革总目标聚焦发力。”②

简政放权的深入推进需要精准施策、紧密协同,上下左右形成合力,碎片化、局部性的改革难以实现最终目标,必须加强顶层设计、整体推进。要更加注重突出问题导向、需求导向,找准改革的着力点和突破口,破除制约改革的体制机制障碍,着力推进“简政放权协同化”,进一步优化发展环境。

简政放权的协同化,不仅包括权力下放的协同,也要求权力下放之后不能放任不管,应当坚持放管结合,落实好监管工作,同时还要持续优化政务服务,方便企业和群众办事,真正让广大人民群众切实感受到改革带来的红利和便利。

---

① 据某县清理规范村(居)“万能章”盖章证明类材料时了解,某村总人口500余人,2016年开具证明盖章材料超过200份;某村3000余人,每年盖章1200余份,盖章次数接近人口一半,且盖章内容覆盖了村民生产生活的方方面面。

② 《习近平谈治国理政》第二卷,外文出版社2017年版,第109页。

在推进"简政放权协同化"方面,可以采取以下措施:

(一)抓好制度设计,提升法治保障供给力

科学、合理的制度体系,是推进简政放权改革的重要保障。简政放权不是一蹴而就的,理应在法治框架内稳步推进。①

一方面,要建立健全简政放权改革制度体系。实践中,法律法规往往滞后于改革发展,因此要加快简政放权领域相关法律法规立改废释,推动形成与改革相配套的制度体系,有效提升法律法规供给能力,确保改革于法有据。通过完善相关政策和法律法规,大幅降低制度性交易成本,破解制约改革的瓶颈问题。国家层面,要尽快制定、修改涉及简政放权改革的法律法规,加强部门规章、规范性文件备案审查,为简政放权改革提供法律保障。省级层面,要根据改革实际,加快清理地方性法规、政府规章和规范性文件,及时对有关政策法规进行立、改、废。2015 年修订的《立法法》赋予了设区的市地方立法权,随着简政放权的推进,更多的权力事项下放到设区的市一级,设区的市应在上位法缺失、滞后的情况下,及时将基层创新经验上升为制度设计,推动有益的区域经验上升至法律层面,为国家简政放权立法提供蓝本和实践经验借鉴。

另一方面,要以法治思维和法治方式推进简政放权。通过法治的方式推进简政放权,关系政府治理的合法性以及法治政府建设的成效。行政权力天生具有自我膨胀的特性,"一放就乱、一管就死"是我国历次机构改革、简政放权始终无法摆脱的怪圈,究其原因主要是以往过多依赖人治思维和行政方式推进改革,放权缺乏明晰、可预期的规则标准,监管缺乏适应新要求的方式方法。② 因此,在深化改革进程中要遵循法治精神,健全立法与改革的衔接机制,善于以法治思维和法治方式推进改革。从行为到程序、从内容到形式、从

① 参见胡宗仁:《政府职能转变视角下的简政放权探析》,《江苏行政学院学报》2015 年第 3 期。

② 参见袁曙宏:《简政放权助力中国迈入"创时代"》,《行政管理改革》2015 年第 7 期。

决策到执行，都应符合法律规定，将行政权力纳入法律与制度的框架内运行。① 与此同时，应鼓励大胆创新，支持地方探索依法委托下放行政权力事项。

（二）加强统筹协调，力促改革向纵深发展

党的十八大强调："完善体制改革协调机制，统筹规划和协调重大改革。"②简政放权改革的难度随着改革的纵深推进会不断增加，这就要求更加注重抓好改革中的统筹协调。

首先，要根据简政放权改革实际进展情况，认真研究阶段性目标任务和工作安排，调整、确定重点改革领域，制定改革路线图和时间表。根据实际需要，明确牵头部门，明确责任分工，明确协调内容和办理时限，统一步调、统一政令、统一标准，形成推进改革合力。

其次，应当强化沟通配合，建立健全部门之间、层级之间、地区之间的协同联动机制。简政放权不是简单的层层下放，地方政府应注重统筹协调跨部门、跨领域下放事项，协同推进行政审批、投资审批、职业资格、收费管理、商事制度、教科文卫新体等领域改革，结合改革进展和地域实际情况精准施策。科学合理划分省市县事权，在明晰部门职责权限的前提下，协调好各部门需要下放的权力事项，减少事权衔接的"空档区"，统筹协调拟下放的权力事项，确保关联事项能够做到同步下放，在同一层级办理，避免各级各部门互相掣肘、下放审批事项不同步不配套，实现改革"一盘棋"。比如，对于投资建设、养老、教育、医疗等社会民生问题，实行按领域"全链条"取消下放，以解决事权下放整体性、系统性不足的问题。

---

① 参见张定安：《全面推进地方政府简政放权和行政审批制度改革的对策建议》，《中国行政管理》2014 年第 8 期。

② 胡锦涛：《坚定不移沿着中国特色社会主义道路前进，为全面建成小康社会而奋斗——中国共产党第十八次全国代表大会上的报告》，人民出版社 2012 年版，第 28 页。

最后,要及时总结推广地方改革成功经验,积极开展联合审批、集中审批,对于涉及多部门共同审批的事项,稳步推进跨部门审批工作,进行流程再造,推行一网通办、一窗受理、一站式审批。

(三) 持续简政放权,激发释放改革红利

简政放权是全面深化改革的重要内容,持续加大简政放权的推进力度,有利于深层次激发释放改革红利。

第一,精准放权减证,提高简政放权的针对性。坚持开门搞改革,凡是涉及企业、组织、群众切身利益的改革措施,要广开言路,以公开征求意见形式,扩大专家、企业、社会组织和基层单位参与度,将他们的意见作为制定简政放权政策措施的重要参考。坚持科学设计,权力下放必须实事求是,不能只看重放权的"数量",应力求权力下放与资源配套并行,避免盲目追求削减率而"为放而放""机械下放",特别是当前简政放权已经进入深水区,要秉持依法下放、宜放则放的思路,更加看重放权的"质量",更加注重放权的针对性和取得的实际效果。坚持问题导向,聚力发展需求,把与经济高质量发展密切相关的事项作为简政放权的重点;聚力社会需求,进一步完善基层和群众"点菜"机制,及时回应社会公众政策诉求,促使改革有的放矢,把企业和群众意见集中、反映强烈事项作为简政放权的重点,推动由"粗放式削权减证"向"精准式协同减放"转变。探索实施强区放权、强县放权,把管用好用的权限放彻底、放到位。继续推进"减证便民"工作,坚决杜绝"奇葩证明"和"无谓证明",下大气力清除企业和群众办事时要求提交的不合法、不合理和不必要的各种证明材料,为企业和群众办事减轻负担、增加便利。

第二,完善权力清单制度,及时对权力清单、责任清单进行动态调整。所谓权力清单制度,是指各级政府及其组成部门通过梳理法律法规所规定的权力,以列举的方式将这些权力公之于众,主动接受社会监督并依法行使清单所列权力的一种制度。从某种意义上,权力清单制度是实现权力在阳光下运行

的基本前提，它对应的不仅是权力的内容，更是权力运行的过程和结果。

第三，进一步厘清权责界限。在放权的同时厘清部门权责界限，做到权责统一。目前，针对同一服务对象的行政审批权有的分散在不同行政部门，应进一步明确各部门的责任和权力，避免职责的交叉重叠。对于某些可以合并到一个行政部门的审批事项，由一个部门承担，以减少行政成本与漏洞。在政策法规允许范围内，保持行政审批权限归属地一致性，或统一归属省级部门办理、或统一归属地市级部门办理。按照谁审批谁负责的原则，力争将指定的初审事项取消，不再搞层层审核。

第四，梳理改进行政审批流程。对保留、承接的行政审批事项，要秉承没有最优只有更优的理念，坚持审批流程优化再造不停步。逐步实现行政审批事项全程网上办理，并将审核全过程置于监督之下。

第五，提升基层承接能力，确保基层"接得住管得好"。简政放权中要注意上下的工作衔接，权力下放和基层承接联动推进，严格取消、下放事项相关要求，做实承接方案，有效避免权力下放后因基层承接能力不足而影响简政放权的质量。促进基层承接能力与下放权力相匹配，需要在承接事项应具备的资源要素和技术支撑等方面，给予基层必要的倾斜政策，做到权力下放过程中的"三个同步"，即权力下放与监管责任的落实同步，与配套经费的保障同步，与技术装备的支持同步；在机构、编制、人员、技术、装备、经费等方面，进一步加大对基层的支持力度。相关部门要针对下放权力事项，积极主动服务，加强对基层的点对点跟踪指导，采取业务培训、现场演示、远程协助、案例剖析等方法，从法律法规、业务流程、操作技能等方面加强业务培训，帮助地方做好承接工作，切实提升基层的承接能力，彻底消除"梗阻"，打通"最后一公里"，确保下放权力"接得住""管得好"。针对基层业务人员不足问题，鼓励地方用好各项政策配齐配强基层人员，如通过公益岗位开发形式招聘符合条件的就业困难人员充实服务岗位，鼓励以政府购买服务的方式吸纳工作人员提供专业性公共服务;针对权力下放后业务培训效果不显著问题,加强业务程序化、标准化的研究和指导工作,出台标准化业务流程,有计划、有重点、分层次、分阶段、多形式组织培训,使基层人员尽快掌握具体工作方法。

（四）规范权力运行,健全考核评价机制

规范权力运行是对政府机关简政放权的基本要求,加强考核评价是保证简政放权效果的重要抓手。

第一,推进权力依法运行。进一步规范事项办理程序,规范政府公共服务行为,规范行政处罚自由裁量权,严格审批受理,严格审核标准,严格办理时限,确保“法无授权不可为”。

第二,加大监督问责力度。探索运用网上监督系统,推进政务服务系统与电子监察系统对接,完善行政审批事项办理情况的现场监控、在线监督、预警纠错、绩效评估和投诉处理,做到服务过程可考核、有追踪、受监督。采取专家论证、听证、公示等方式,加强社会对行政权力行使的监督。严格问责,从根本上遏制服务中的“不作为、乱作为、不善为”现象。

第三,促进考核评估常态化。把简政放权改革纳入各级各部门科学发展综合考核体系,作为衡量领导班子和领导干部工作实绩的硬性指标,列入重点督查内容,定期开展专项督查,促使任务落实到位。重视发挥第三方评估机构的作用,针对简政放权改革的落实措施、工作进展和取得效果等进行第三方综合评估,提高考核评价的客观性、准确性。注重考核评价结果的运用,避免“考而不究”“考用两张皮”问题,根据考核评价的情况,及时研究加强和改进简政放权工作。

二、依托科技力量,推进市场监管科学化

市场监管是政府的一项基本职能。加强和完善市场监管,是推进政府职能转变的关键环节,也是推动国家治理体系和治理能力现代化的重要任务。

维护公平公正的市场竞争环境、营造宽松便捷的市场准入环境、充分激发市场的鲜活力和创造力,始终离不开政府市场监管职能的有效发挥。

当今社会,科技进步日新月异,科技变革日益加快,简政放权改革逐步深化,市场主体数量迅猛增长,共享经济等新产业新业态快速发展,对传统市场监管方式提出了新要求、新挑战。总体上看,地方政府和有关部门在加强市场监管方面,经过近年来的持续改革,事中事后监管的力度不断加强,也取得了比较明显的成效,但监管转型相对滞后,还存在一些问题和难题,与新形势新任务相比还有一定差距,主要表现在:

第一,监管认识上还需要提升。在监管认识上,还存在"重审批轻监管""重实体轻程序""重制度建设、轻工作落实"问题。有的部门仍习惯于应急式监管和运动式监管,将审批资质要求等同于监管,把监管简单理解为取消下放事项的承接落实。实践中,"谁审批、谁监管"往往演变成"不审批就不用监管""要监管就要审批"。监管对象相对集中在已取得资质或已办理有关证书的相对人,对未取得相关资质或非法运营者缺乏有效监管;相对集中在保留和下放事项上,对取消事项则监管不够。

第二,监管机制有待持续优化。监管协调联动机制不完善,横向、纵向互联互通的监管体系不健全。地方政府向社会转移职能还不到位,在监管中往往是监管部门唱"独角戏",社会组织、社会公众等社会力量参与监管的空间有限、参与能力不足,地方商会、行业协会的自律作用发挥不够,多元化监管体系未真正形成,亟需从制度层面、实践层面加以解决。

第三,监管缺位现象仍然存在。在改革进程中,存在着"管"落实不到位的现象,造成"放""管""服"的脱节。比如,在投资建设项目、企业生产经营等领域,由于一些行政审批中介资格准入门槛高,客观上形成了行业垄断,有的地方主管部门在监管上往往只停留在注册登记或备案管理、年度审验上,对日常运行和执业情况的监督跟不上,造成监管难、监管不到位,出现了中介服务效率不高、收费弹性大、高价低质服务等问题。

第四，事中事后监管短板比较突出。在监管责任方面，有的地方尽管编制、公布了权力清单和责任清单等相关清单，并且梳理了职责边界，但是监管职责的相关表述还比较宏观，监管内容粗放、精细化程度不够，监管主体责任落实不到位，监管职责边界需要进一步理顺、细化；在监管力量方面，"大市场、小队伍"现象还存在，比如，安监、环保、食药监等领域监管任务点多、线长、面广，基层缺少专业人才，监管力量明显不足，监管流程、监管方法也亟需改进，在执法检查中难以发现深层次的问题和隐患，难以实施高效监管和权威监管；在监管质量方面，有的部门和地方"双随机、一公开"监管平台不健全，随机抽查事项、被检查对象名录库、执法人员名录库电子化程度较低，难以做到全面公开、全程留痕，规范性、系统性、公平性还有待提高。

第五，监管方式方法创新不够。随着简政放权向纵深推进和市场活力的有效激发，"四新"经济①呈现迅猛发展态势，市场主体、各类企业和社会组织数量急剧增加。据有关统计，"十三五"时期国内市场主体数量由 0.77 亿户增长到 1.38 亿户，五年共新设市场主体 1.06 亿户，日均新设企业由 1.22 万户提高到 2.20 万户，年均净增市场主体 1218.77 万户。② 市场主体数量的"井喷式"增长，对市场监管提出了新的挑战，直接带来监管任务越来越重。监管方式方法创新不足，现代科技手段运用不够，难以适应新形势下加强事中事后监管的现实需求，也间接造成基层监管的压力越来越大。对于"四新"经济监管的不适应问题，主要表现为三种形式：一种是静态式监管，不适应动态监管的需求；一种是被动式监管，没有依法主动履行监管职责；一种是运动式

① "四新"经济，是新技术、新产业、新业态、新模式经济简称，主要指在新一代信息技术、新工业革命以及制造业与服务业融合发展的背景下，以现代信息技术广泛嵌入和深化应用为基础，以技术创新、应用创新、模式创新为内核并相互融合的新型经济形态。

② 参见《国务院关于印发"十四五"市场监管现代化规划的通知》（国发〔2021〕30 号），中国政府网，http://www.gov.cn/zhengce/zhengceku/2022-01/27/content_5670717.htm。

监管,监管程序和手段都不规范,搞“一阵风”,一定程度上影响了新业态、新产业的发展。

第六,信用体系建设还不完善。随着综合行政执法改革、“双随机、一公开”监管改革的逐步推进,地方的市县级层面更需要信用体系建设支撑。特别是在失信联合惩戒方面,国家层面、部分省份虽然已经出台社会信用体系建设方面的政策措施,但是推动的力度还不够,在制度建设上还需要继续完善,信息平台建设的步伐也亟待进一步加快,对于失信市场主体的惩戒力度不够,社会失信成本过低的问题需要尽快解决;虽然建立了异常企业名录,但是在政府购买服务、银行贷款等方面的联合制约机制还不完善,难以实现“一处违法、处处受限”的效果,信用承诺的成效还不突出。以上这些问题,影响着地方改革发展的进程。

简政放权改革不是简单“放权”了事,要“放”得有效、“管”得到位,两个轮子都转起来。① 简政放权固然加大了下级政府、市场与社会的权力,但同时也加大了权力腐败与滥用的风险。② 放权与监管是行政审批制度改革的关键,放权才能精简政府,监管才能廉洁高效。③ 要妥善处理放权与监管的关系,简政放权与市场监管相辅相成,两者不可偏废,只有管得好才能放得开、放得活。没有强有力的监管,简政放权很难持久。④ 监管是事中事后的行政行为,是持续的过程管理;行政审批是事前审查管控,是一次性源头管理。⑤ 推进简政放权,精简行政审批事项,政府可以集中更多精力加强事中事后监管,

---

① 参见国务院推进职能转变协调小组办公室:《简政放权放管结合优化服务——来自各地区各部门的改革实践》,人民出版社 2017 年版,第 257 页。

② 参见焦娇:《基层政府行政监督问题的探究》,《传播与版权》2015 年第 3 期。

③ 参见刘琼莲:《中国行政审批制度改革的关键:放权与监管》,《领导科学》2014 年第 3 期。

④ 参见薛澜:《行政审批改革的最大难点》,《人民论坛》2013 年第 25 期。

⑤ 参见魏礼群:《创新和加强监管,提升政府治理水平》,载马建堂主编:《大道至简:简政放权的理论与实践》,人民出版社 2016 年版,第 27 页。

不断提升市场监管能力和监管的整体效能。适应“四新”经济迅猛发展的新形势,成功化解市场主体、各类企业和社会组织数量急剧增加给监管带来的新压力,迫切需要加快推进监管转型,创新监管的方式方法,强化事中事后监管,构建起科学化新型监管机制,更好地维护市场环境。

政府监管的核心是要处理好政府与市场、政府与企业、行政单位与事业单位的关系,明确哪些政府该管,哪些政府不该管,以及管的限度和尺度,不能出现监管的缺位、错位,发现监管问题要及时补位,也不能出现一管就死,一放就乱,要放管统筹。① 新形势下的市场监管要促进市场环境规范有序、推动市场包容创新,维护市场的公平正义。如果市场监管执法不到位,就会出现产品质量、安全生产、侵犯知识产权等方面的问题,严重影响公平有序的市场竞争环境,甚至造成极大的安全隐患,危及人民群众的健康和安全。比如,西安地铁“问题电缆”案件②,由于有关部门监管不力,不符合质量标准的电缆通过了竞标,如果没有及时发现,将导致难以估量的严重事故。从国务院公布的调查处理结果看,这是一起严重的企业制售伪劣产品违法案件,是有关单位和人员内外勾结、采购和使用伪劣产品的违法案件,也是相关地方政府职能部门疏于监管、履职不力的典型案件。③

面对经济社会发展的新形势新任务新要求,政府部门必须强化监管职责,

---

① 参见张李斌:《简政放权工作实效评估研究——以吉林省为例》,吉林大学博士学位论文,2018 年。

② 西安地铁“问题电缆”案件的基本案情是:2015 年 2 月至 7 月,被告单位陕西奥凯电缆有限公司先后与西安地铁三号线八个标段施工单位签订低压电力电缆供货合同。被告人王某某为降低企业生产成本,决定以不合格电缆冒充合格电缆向施工单位销售,获取非法利益。同时,陕西奥凯电缆有限公司因产能不足,流动资金紧张等原因,还通过其他企业代为生产不符合国家标准的电缆,贴上陕西奥凯电缆有限公司名称、品牌、合格证后销往西安地铁相关施工单位。期间,被告人韩某某等明知陕西奥凯公司生产、销售不符合国家标准的电缆,仍参与制定生产工艺、安排生产、出具合格证、对外销售、支付资金等各个环节。参见《西安地铁问题电缆案宣判:王志伟被判处无期徒刑》,央视网,http://news.cctv.com/2019/03/29/ARTI0bbsON5fxNdkkuAktqj3190329.shtml。

③ 参见《国务院办公厅关于西安地铁“问题电缆”事件调查处理情况及其教训的通报》,中国政府网,http://www.gov.cn/gongbao/content/2017/content_5208198.htm。

注重发挥科技手段的作用,加快推进监管转型,切实提高监管的标准化、智能化、科学化水平,加强贯穿生产、流通和消费全过程的监管执法力度,努力营造公平有序、开放竞争的市场环境,为经济社会发展提供坚强保障。

(一)努力构建新时代大监管格局

推进监管转型,要求切实履行好政府监管职责,重视依托科技支撑作用,更加注重发挥各方监管力量,打破政府在监管中唱"独角戏"的监管方式,积极构建以权责清单为基础、以"双随机、一公开"监管为原则、以信用监管为核心、以智慧监管为支撑、以衔接配套"制度链"为保障,行政监督、行业规范、社会监督相结合的全方位、多层次、立体化监管体系,实现事前事中事后全链条全领域监管。

(二)重视开展协同监管

在实际监管工作中,由于有些部门监管职责边界不清晰,部门之间容易产生相互推诿现象,甚至会出现监管冲突。实施协同监管,可以比较好地解决这一问题。一是明确部门监管职能,进一步厘清监管责任边界,监督有关部门依法切实履行监管职责,力促监管法规制度有效实施。二是建立健全协同监管制度,为部门之间开展协同监管提供政策依据。对于涉及多部门监管的事项,应完善部门协同配合和工作衔接机制,确保没有监管漏洞,杜绝监管盲区。三是强化跨部门监管的技术支撑,推动实现政府部门之间的联网监管,加快建设省、市、县、乡之间纵向互通、横向互联的信息化监管平台,最大限度地发挥出协同监管的优势。四是深化市场监管综合行政执法改革。长期以来,多头执法、重复执法、执法力量分散等问题比较突出,影响了简政放权成效和政府监管效能。实行综合行政执法是有效避免多头执法、重复执法和交叉执法的有效措施,可以大幅度地提高监管执法效率。要深化市场监管综合行政执法改革,积极整合执法职能和机构,推进跨部门、跨领域综合执法,推动执法力量下沉、执法重心下移,加强专业化、职业化监管队伍建设,优化基层治理网格,实行“多网合一、一员多能”网格化监管，切实提升基层监管执法能力。五是积极探索社会协同共治，通过政府购买社会服务等方式，依法将监管过程中的事务性、技术性工作委托给社会组织，降低行政成本，提高监管效能；加强行业协会自律建设，借助公众、媒体等多方力量强化监督，形成全社会监管合力。①

（三）深化“双随机、一公开”监管

公平公正是监管的基本原则，也是实施监管的底线。曾经备受质疑的选择性执法和任性执法，不仅破坏了社会的公平正义，也严重影响了政府形象。

“双随机、一公开”监管，是指随机确定检查对象，随机确定检查人员，检查结果及时进行公开。这种监管方式，对于市场主体来说，被检查的概率是一样的，对于执法者来说，减少了自由裁量权滥用和权力寻租机会，可以有效防止随意执法和选择性监管。实行“双随机、一公开”监管，有利于降低企业负担，增加市场监管效能，进一步优化营商环境。为此，要在市场监管领域全面推行部门联合“双随机、一公开”监管，增强市场主体信用意识和自我约束力，对违法者“利剑高悬”；切实减少对市场主体正常生产经营活动的干预，对守法者“无事不扰”。②

深化“双随机、一公开”监管，要注重抓好监管工作平台建设，实行抽查事项清单管理，健全检查对象和检查人员名录库，避免出现监管中的真空现象。在实际抽检工作中，应统筹协调、周密计划、科学安排，做到“进一次门、查多项事”，不断提高监管抽查的质量和效率。与此同时，要注意做好抽检结果的运用，依法惩处抽检中发现的违法违规行为，对于涉嫌犯罪的行为要及时向司法机关做好对接、移送工作，进一步提升“双随机、一公开”监管的威慑力。建

---

① 参见李坤轩、马玉丽：《简政放权改革：地方政府的实践创新与推进策略》，《天津行政学院学报》2017 第 1 期。

② 参见《国务院关于在市场监管领域全面推行部门联合“双随机、一公开”监管的意见》，中国政府网，http://www.gov.cn/zhengce/content/2019-02/15/content_5365945.htm。

议以工商、质监、环保等领域为重点,健全完善随机抽查信息化系统平台,实现市场主体检查事项全覆盖,推动行业系统加快建立标准化的随机抽查制度,细化行政裁量权基准,"制度+技术""信息化+标准化"多管齐下,最大限度压缩执法中的自由裁量权弹性空间,最大限度保证监管的公平性、规范性。

(四) 大力推行智慧监管

改革监管方式需要强化成本意识,考虑成本与效益的相称性。实行智慧监管,有利于减少监管成本,提升监管的效益。

一方面,注重科技手段的应用。创新监管执法理念和方式方法,以先进科学技术驱动监管转型。充分依托互联网+、云计算、大数据、物联网、人工智能和射频识别等先进的科技手段,打造24小时全天候实时监测管理系统,实现线上线下立体化、智能化、精准化、动态化监管,促进监管智慧水平提升。比如,运用电子化手段进行联合监管和信息比对,依托政务服务网上平台、行政审批在线监管平台、企业信用信息共享平台等,实现"制度+技术"的有效动态监管。综合监管执法主管部门、相关行业管理部门、综合执法队伍之间应加强工作会商,积极协调配合,推进信息共享,实现行政许可、日常监管和行政处罚信息的实时流转、实时抄告、实时监控、实时留痕,彻底打破"信息孤岛"。

另一方面,努力改善执法条件。加大执法科技装备配备投入,推行"互联网+综合执法",建设执法办案智能体系,提高执法的科技化、精细化水平,促进执法由"人力执法"向"智慧执法"转变。按照先急后缓、分步实施原则,改善基层执法装备、办公用房、检验检测设备设施和信息化等条件,推动先进的监管手段、技术逐步向基层延伸,不断提升基层监管效能。

(五) 积极探索审慎监管

适应经济发展需求,深入研究和把握"四新"经济的监管方式和监管规律。对于"四新"经济的监管,需要在实践中不断探索,针对"四新"经济的性质、特点,分类制定和实行相应的监管规则和标准,既要保证监管到位、行之有效,又要坚持鼓励创新、包容审慎的原则,留足“四新”经济的生存发展空间。对于潜在风险大、有可能造成严重不良社会后果的,发现问题要敢于整治,特别是对于打着创新之名行非法经营之实的,应依法予以取缔。通过实施审慎监管,真正做到使市场活而不乱。逐步建立健全电子商务、网络直播、网约车、共享单车、外卖食品等新经济监管措施,优化准入审批流程,压减前置准入条件,重点加强事中事后监管,借助网络平台的作用,进一步规范市场。

(六) 突出抓好信用监管

信用约束是促使市场主体守法诚信经营的重要抓手,要重视推进以信用监管为核心的新型市场监管。建立综合执法信息与社会信用信息基础数据库联动机制,健全“异常信用记录”“黑名单”等信用监管制度和失信联合惩戒机制,加强公共信用信息平台、征信服务平台建设,完善市场主体诚信档案、行业黑名单制度和市场退出机制,及时公示、共享信用信息,推动实施信用约束和部门联合惩戒,对存在严重违法失信行为、列入经营异常名录的市场主体,在政府采购、行政许可、银行信贷、授予荣誉称号等领域依法进行限制或禁止,形成“一处失信,处处受限”的效果。比如,将食品药品安全信用评价纳入政府社会信用体系,加强与就业、信贷、教育、医疗等涉及社会组织和个人切身利益的要素之间的联动,推进食品药品安全信用评价结果与行业准入等挂钩,把对失信违法者的“惩罚权”交给社会,倒逼企业严格自律。

实践中,为了有效提高市场监管的精准性,应针对不同信用度、风险度的市场主体运用差异化的抽查方式。对于信用不良、风险比较高的监管对象,适度提高抽查的比例和抽查概率;对于守法守信、风险比较低的监管对象,适当降低抽查的比例和抽查概率。比如,对环境执法中发现的环境违法企业,增加执法监查频次,暂停各类环保专项资金补助;对于环保守法企业,优先安排环保专项资金和总量控制指标;以动态的差别化环境监管执法,建立起激励环保诚信、惩戒环保失信的环保信用体系,督促企业自觉履行环保法定义务和社会责任。

推广建立和完善信用修复机制，鼓励失信企业纠正失信行为，积极履行法定责任和义务，允许企业在主动纠错、改正失信行为后，按程序申请移出严重违法失信企业名单。信用修复机制，是指对由于失信被列入失信“黑名单”的市场主体，只要其法定责任、义务履行完毕，相关行为的社会不良影响基本消除，就可以完成信用修复，恢复自身信用。信用修复机制是完善守信联合激励和失信联合惩戒机制的重要环节，也是失信主体解除惩戒措施的制度保障。建立和完善信用修复机制，有利于深化简政放权改革，推动信用建设的规范化、系统化，实现信用激励惩戒效应的最大化。

除此之外，还要进一步加强对中介机构的信用监管，依法及时公开中介机构的服务事项清单，把对其信用评价的结果作为清理规范中介服务机构的重要依据。

三、打造数字政府，推进政务服务标准化

政府服务水平的高低，是检验简政放权改革的试金石，直接反映着政府职能转变的成效，也是企业和群众普遍关心、关注的现实问题。

“优化服务”是“简政放权、放管结合、优化服务”三位一体改革中必不可少的重要一环，简政放权改革最终要落到优化服务上。“放”是为市场主体松绑减负，“管”是对市场社会秩序进行规范，而要创造良好的营商和发展环境，就必须抓好“服”这一环节，努力优化政府服务。优化服务是转变政府职能的题中之义，其关键在于将服务理念贯彻到行政管理过程中去，一方面逐步摆脱政府办社会的做法，使政府职能向提供公共物品的方向转变；另一方面要更好地履行政府职责，优化办事流程，提高办事效率，提供优质、高效、低成本的服务，让企业和群众办事更方便、更快捷，省时省力、顺心顺利。

党的十八大以来，党中央、国务院就优化政务服务作出了一系列重要部署，各级党委、政府针对企业和群众反映突出的政务服务问题，积极创新、勇于

改革,逐步探索出一些行之有效的措施办法,政务服务水平不断得以提升,营造了良好的发展环境。但从政务服务整体情况看,地方政务服务水平距离企业和群众的期盼还有一定差距,还存在一些问题。主要表现在:

第一,政务服务标准化程度较低。有的地方政务服务标准化建设不到位。比如,早期的权力清单以法律法规作为依据进行编制,事项内容比较笼统,有的事项在实际办理过程中存在多种情况,每个具体情况要求的办理材料、办理流程都不尽相同,从而导致清单的实用性不强。在具体运用中,部门依据清单提供的服务手册和办事指南不完备,行政审批条件、行政审批流程等没有统一的标准,存在一些"隐性条件""弹性事项"。由此造成企业和群众在具体办事中出现"多次跑""往返跑"情况,企业和群众的满意度不高,全程网办工作缺乏基础条件。此外,地方政务服务标准化程度参差不齐。比如,政务服务体系不完善,缺少全省统一的政务服务标准和规范;政务服务平台功能发挥欠佳,线上受理和线下运作两头跑的情况依然存在;政务服务大厅的自助设备多为部门单位自行设置,互不联通、功能单一;镇街便民服务中心、村级便民服务点发展不均衡;部分工作人员服务意识不强、业务能力滞后、工作效率低下,企业和群众办事依然会遇到"门难进""脸难看""事难办"情况。

第二,信息数据互联互通不畅。部门之间信息共享机制不健全,"信息孤岛""信息垄断"问题尚未破解,特别是核心数据的交换和共享共用不够,存在推送信息"互不相认"现象,依靠信息共享才能实现的"零跑腿""只跑一次"事项有些还仍旧停留在纸面上。业务系统林立、网上平台条块分割,难以实现横向互联互通,部分部门间使用的软件互不兼容,导致信息不能共享,有的业务系统对接不全,导致数据重复提交、多次办理,即便在同一系统内部,也存在政务网络运行上下脱节、不能实时贯通的情况,公民和企业的基本信息处于"碎片化"状态,导致办事效率低、成本高、时间长,在一定程度上也影响了应有的协同监管、社会共治作用。比如,某县涉及投资建设项目的 22 个部门单位实际使用 33 个审批系统,其中 18 个为国家系统,15 个为省级系统,各系统相互之间不兼容、不贯通,重复录入信息的现象比较严重;企业、组织的信用信息公开不到位,影响了部门联合惩戒机制作用的有效发挥,难以达到"一处违法,处处受限"的联合惩戒效果。

第三,政务服务的效率还不高。近年来,地方大力推进优化服务改革,取得了明显成效,但审批环节多、流程烦琐、耗时长、收费高等问题仍然比较突出。比如,在投资建设项目中,有的地方从项目引进到确定地块、土地整理,再到按照规定的程序报送省级审批直至土地出让,土地供应上所耗费的时间超过总审批时限的一半,项目的落地速度受到严重影响;投资建设项目涉及发改、经信、国土、规划、环保、水利、地震、住建、人防、市政等十几个部门,平均有 40 余个环节,有的地方企业办理一项投资项目,需要 50 多项手续,花费两年多时间才能完成审批。此外,"互联网+政务服务"优势未能有效发挥。在优化政务服务中,虽然各地普遍强调"数据多跑路,群众少跑腿",并且运用新技术手段进行了大量的探索,但是由于新技术手段的多元化,导致有些事项办理中出现多样化的"互联网+政务服务"路径,存在"互联网+政务服务"的不同表现形式,因为技术手段的不同,"互联网+政务服务"兼容不易,从而让群众选择困难、产生困惑,降低了服务的质量和效率。

第四,中介机构的服务不规范。地方的中介机构,有些是事业单位转企改制后形成的,而且在早期有部分行业限制了中介机构的数量,甚至指定某些中介机构提供服务,这就在事实上造成了中介机构服务上的垄断。① 此

---

① 以某市为例,住建、房产、规划、交通、安监等技术标准高、涉及特种行业的领域,中介机构资格准入门槛高,市场培育时间短,具备资质的中介机构在全市以及省内各中等城市数量普遍较少,甚至一些行业还存在限制性政策。如,涉及规划测绘、房产测绘、国土测绘的中介机构,全市分别只有 1 家,施工图审查机构,全市分别只有 2 家,客观上形成了垄断性较强的中介市场。由于市场竞争不充分等原因,造成咨询、招标等技术服务性中介机构收费幅度弹性大,容易出现超范围收费、高价低质服务等问题。

外,由于受到产业结构、地域条件、经济水平以及辐射广度等多种因素的影响,中介服务市场在发展上并不均衡,有些行业的中介市场较难形成开放、公平、有序的竞争机制,特别是在地方的县(区)级层面,这一问题就更加突出。简政放权改革全面推开后,有的事项政府部门已不再审批,但是中介机构还在“卡脖子”,环节多、服务差、收费高、时限长等问题比较突出,蚕食着改革红利,影响了政府公信力,迫切需要规范有序的中介服务。比如,有的企业反映,项目立项之前,安评、环评、水评以及地震、土地、消防、气象等方面的可行性评估五花八门;水资源评审在同一个园区内的一家企业做了,另外一家企业还要做;地震局对同一地块甚至同一企业厂区内的不同项目,要分别进行地震安全性评估;一些评估评审没有明确的时限要求,一项并不复杂的审图工作,所需时间却能抵得上三四道行政审批程序;还有的存在行政垄断,政企、事企不分,搞审批和中介服务的实际上是“两块牌子、一套人马”,等等。

第五,电子证照发展相对迟滞。电子证照发展滞后,还缺少统一的电子证照库建设标准,电子证照库的建设标准各地不相统一,建设进展不同,地域间明显不平衡,整体上进展比较缓慢,对于电子证照的认可度和利用度也比较低。电子证照库建设存在相互认证难的问题,电子证照法律效力、电子数据存放地址及数据安全性等具体问题也需要解决,推进难度较大。

全心全意为人民服务是中国共产党的根本宗旨。习近平总书记指出:“人民对美好生活的向往,就是我们的奋斗目标。”①简政放权改革是落实以人民为中心发展思想的重要体现,在改革进程中必须始终坚持服务为民、服务便民的发展理念,以企业和群众满意为出发点,聚焦企业和群众反映突出的办事难、办事慢、多头跑、来回跑等问题,从体制、政策、服务、环境等多领域、多角

① 中共中央文献研究室编:《十八大以来重要文献选编》(上),中央文献出版社2014年版,第70页。

度优化政府供给,规范服务行为,创新服务模式,疏通企业和群众办事的“难点”“痛点”“堵点”,加快打造数字政府,推进政务服务标准化,全面优化政务服务,不断提升政务服务的质量和效能,切实增强广大人民群众的获得感和幸福感。

(一) 持续深化行政审批体制改革

随着简政放权的推进,许多行政审批权或者取消,或者下放,传统管理体制一定程度上制约了政府治理效能的发挥,需要认真审视旧有审批体制,设立综合性审批服务机构,集中行使行政许可权,促进改革红利的深度释放。

根据《行政许可法》第二十五条规定:“经国务院批准,省、自治区、直辖市人民政府根据精简、统一、效能的原则,可以决定一个行政机关行使有关行政机关的行政许可权。”这为地方推动集中行使行政许可权改革提供了法律依据。

在行政审批体制改革方面,近年来部分地方通过探索设立行政审批局模式,集中行使行政许可权,实行“一枚印章管审批”,取得了较好效果。比如,天津市滨海新区围绕“审批服务便利化、权力运行规范化”,不断推动行政审批体制机制创新,对各部门的行政审批职能进行整合,全部划转到新组建的行政审批局,实行“一枚印章管审批”,提高了审批服务效能;江苏南通市在市县及所属开发区全部组建行政审批局,集中行使原来15个市级部门行使的53项行政审批事项,优化再造行政审批流程,实现了“进一个门、找一个人、盖一个章、办全部事”;河北、山东、银川等地也全面推行了这项改革。从提升行政效能、优化政务服务角度考量,建议借鉴以上地区的成功经验,在全国范围内推广设立综合性行政审批机构,集中行使行政许可权,持续深化行政审批制度改革。

（二）加强政务服务标准化建设

标准化是提升政务服务水平的必然要求,也是优化政务服务的基础性工作。① 推行政务服务标准化,要建立健全政务服务标准和配套制度体系,以制度建设推动政务服务标准化。鼓励地方先行先试,制定出台政务服务地方标准,比如,制定《政务大厅建设与服务规范》《政务服务“一窗受理、集成服务”规范》《行政许可事项编码规则》等地方标准。积极开展政务服务标准化示范基地建设,在政务服务标准化方面形成更多地方经验。全面梳理规范权责清单和公共服务事项清单,做到“同一事项、同一标准、同一编码”,及时调整、动态管理。科学细化量化审批服务标准,推动实现同一事项在不同地区同要素管理、同标准办理的标准化审批服务。

（三）精心打造“极简办事流程”

行政审批环节过多,流程不顺畅,是导致行政效率低下的关键症结。提升政务服务效率,必须下大气力解决审批流程繁杂冗长问题。要牢固树立“以人民为中心”的发展思想,以解决企业和群众办事过程中“办证多、办事难”等问题为核心,以与企业和群众密切相关的重点领域和高频办理事项为重点,围绕服务链条化、便利化、网络化,整合各服务领域关联事项②,减少环节、优化流程、压减时限、提升效能,实现各部门之间的公共服务无缝衔接,变“群众来回跑”为“部门协同办”。做实做细各级政务服务事项颗粒化拆分改造,按照

---

① 比如,安徽省亳州市对权力清单进行了颗粒化改造,将每项行政职权细化具体到条、款、项、目,做到清晰、系统、全面、不重复、不叠加,确保每一项权力都对应一个单独、完整的业务流程并能够按照流程单独运行,为实现全程网办提供基础支撑。

② 企业和群众的获得感是检验简政放权改革成效的核心指标,也是落实“以人民为中心”发展理念的具体体现,在简政放权改革中必须坚持从企业和群众视角出发推动改革。比如,浙江省衢州市按照群众办事需求,将政务服务中心划分为投资项目审批、企业注册及后置审批、房屋交易与不动产登记、公安服务、公积金服务、社保服务和其他综合事务 7 大板块;湖北省武汉市从企业和群众办事角度、服务需求出发,将需要企业和群众“跑腿”的行政权力和政务服务事项,分类编制市、区、街道(乡镇)三级 9653 项“三办”事项清单,明确“马上办”事项 4820 项、“网上办”4306 项、“一次办”7745 项。

颗粒化清单内容设计、优化在线办事流程。比如,针对基层量大面广、与群众生产生活密切相关的户籍办理、车辆证照和事务公证等民生领域事项进行流程优化,建立和完善办事指南和工作规程。稳步实现政务服务由“粗放式供给”向“精准化供给”转变,通过对用户数据与业务数据的搜集、分析、整合,了解政务服务需求,探寻、找准为公众和企业优化服务的突破口和方向,优化资源配置,丰富服务内容,变传统的被动服务为大数据时代的主动服务,满足群众个性化、定制化以及多样化的公共服务需求。

（四）大力推行“互联网+政务服务”

在互联网时代,网上平台是优化政务服务的重要载体。要强化互联网思维,为企业和群众办事提供便捷的网上政务服务。“互联网+政务服务”是互联网时代“政务服务”与“互联网”载体有机结合的产物,其核心和目的就是利用互联网工具通过网上办理、网上咨询、网上服务和网上监督等,不断优化政务服务空间,提供智能化、人性化的创新服务,让企业和群众办事、创业更方便、更顺畅、更快捷。

2015 年 3 月 5 日,李克强在《政府工作报告》中正式提出“制定‘互联网+’行动计划,推动移动互联网、云计算、大数据、物联网等与现代制造业结合”①,标志着“互联网+”自此上升为国家战略。2015 年 7 月 1 日,国务院发布《关于积极推进“互联网+”行动的指导意见》(国发〔2015〕40 号),明确了“互联网+”行动的总体思路、基本原则、发展目标等要求,强调“加快互联网与政府公共服务体系的深度融合,推动公共数据资源开放,促进公共服务创新供给和服务资源整合,构建面向公众的一体化在线公共服务体系”②,这标志着

① 《政府工作报告》,中国政府网,http://www.gov.cn/guowuyuan/2015-03/16/content_2835101.htm?winzoom=1。

② 《国务院关于积极推进“互联网+”行动的指导意见》(国发〔2015〕40 号),中国政府网,http://www.gov.cn/zhengce/content/2015-07/04/content_10002.htm。

我国经济、社会、公共管理等各领域开始全面步入“互联网+”时代,互联网带来的全方位变革势不可挡。

2016 年 3 月 5 日,李克强在政府工作报告中明确提出了“互联网+政务服务”概念,要求“大力推进‘互联网+政务服务’,实现部门间数据共享,让居民和企业少跑腿、好办事、不添堵”①。同年 4 月 14 日,国务院办公厅印发《关于转发国家发展改革委等部门推进“互联网+政务服务”开展信息惠民试点实施方案的通知》(国办发〔2016〕23 号),对“互联网+政务服务”作出明确部署,对推进总体思路、基本原则、主要任务、实施步骤和时间节点等做了具体明确的阐述,“互联网+政务服务”由此正式进入实际操作阶段,逐步上升为国家战略。“互联网+政务服务”是推动政府服务模式创新的引擎,推进“互联网+政务服务”向纵深发展,可以采取以下措施:

1. 牢固树立“互联网+政府服务”思维理念

思想是行动的先导。在“互联网+政府服务”中,互联网只是一种操作方式,是创新、优化政务服务的方法和模式。“互联网+政府服务”运行是否顺畅,互联网能否优化政务服务效率,切实提升服务水平,往往取决于人的主动性,关键在提供政务服务的部门及其工作人员为企业和群众提供服务的观念和意识。在当前我国公务员队伍,部分人尤其是年龄偏大的人,“对‘互联网+’的应用并不熟悉,他们仍旧习惯于传统的工作方式,更习惯于对纸质文案的处理,并认为相对于网络虚拟的东西,纸质文件的真实性更可靠”②。如果这种作风和观念不转变,政府公务员没有运用“互联网+”渠道优化服务的主动意识,就算互联网再先进、再有效率,也提升不了服务水平。为此,建议在

① 《李克强作政府工作报告》,中国政府网,http://www.gov.cn/guowuyuan/2016-03/05/content_5049372.htm。

② 张炯、代可可:《“互联网+”嵌入政府组织变革的结构功能分析》,《山东行政学院学报》2016 年第 5 期。

全体公务员中开展大数据思维、“互联网+”思维、“互联网+政府服务”教育活动。通过学习教育，使公务员尤其是领导干部认识到，“互联网+政务服务”是时代变迁的大势所趋，是深化简政放权改革的关键之举，不仅关系到政务服务模式的转变，更关系到国家治理体系和治理能力现代化的实现。在当今老百姓已越来越习惯于用手机上网的大数据时代，在互联网语境下已尝到网络服务便利“甜头”的民众对“互联网+政务服务”之期待、诉求越来越强烈的情况下，如果政府部门及其工作人员不适应新变化，不畅通网络服务渠道，仍固守传统的服务模式和观念，很可能造成与群众脱节。“互联网+政务服务”的本质是方便的服务和更好的服务，它是一整套强调“公众至上”和“服务极致化、精准化、人性化”的理念体系，“互联网+”的后缀，意味着施政思路、行政导向以及服务主体的革命性改变，如不及时调整思路、转变观念，以互联网思维形塑当下的政务服务，而依然停留在“网上办公”的认识层面，甚至将上网视为日常行政运行的点缀，是对“互联网+政务服务”的严重曲解。只有转变观念，树立起权力意识向服务意识让步的理念，树立互联网思维，培养运用“互联网+”优化政务服务的理念，才能真正发挥“互联网+”优势，不断提升服务水平。

2. 切实抓好“互联网+政务服务”工作

在大数据时代，为加强政府政务服务的供给侧结构性改革，方便群众通过网络办理业务、享受优质政务服务，近几年国务院和各省(市、区)政府加大了顶层设计力度，出台了一系列带有法规性质的规范性文件，对推进“互联网+政务服务”的原则、方针、政策、方法、步骤、时间节点等，提出了明确要求，作出了具体规定，规划了比较详尽的推进路线图，关键是把这些政策措施落到实处。要紧密结合地方实际，创新性地抓好“互联网+政务服务”工作，推动省级政务服务大厅、市县政务大厅，以及乡镇(街道)便民服务中心和村(居)便民服务点的规范化建设，实现省、市、县、乡、村一体化服务，在“就近能办”的基础上,积极推进政务服务事项“异地可办”“网上可办”;推动信息技术与政务服务有机融合,深入开展信息惠民工作,构建方便快捷、优质高效的政务服务体系,以省级政府政务服务平台为基础,整合各类政务信息平台,加快构建权威、便捷的一体化互联网政务服务平台,满足承载跨层级政务服务应用的需要,促进政务服务网络化、移动化、智慧化;推动建设基层“一站式”综合便民服务平台和“24 小时自助服务厅”,提供全天候“不打烊服务”,充分发挥村级服务代办员作用,彻底打通服务企业和群众“最后一公里”。为推动工作落实,要尽快建立完善监督检查和责任追究制度,加大对各部门、各层级贯彻落实情况的监督、督查力度,通过专项督导、定期检查、不定期抽查、第三方评估等各种途径,及时了解、掌握“互联网+政务服务”推进的动态信息,总结并推广先进经验,查摆清除阻碍因素和解决典型问题。对投诉比较集中的问题或舆情重大、群众普遍关注的问题,约谈相关单位负责人,提出整改意见,抓好投诉承办人员培训,力争首办满意,减少重复投诉;对落实不利、进度跟不上执行时间表、不按时间节点完成推进任务的,进行通报批评;对工作不重视、进度严重滞后、影响整体工作推进的,加大处罚、追责力度,以此倒逼政府及其相关部门重视和提速“互联网+政府服务”。

3. 努力提升政府驾驭“互联网+”能力

“互联网+政务服务”是一项系统性工程,涉及数据资源管理、平台管理、网络安全等诸多专业性信息技术。这就要求政府必须在数据通路、数据管理和数据安全等方面做好顶层设计的同时,还应多措并举提升驾驭“互联网+”能力:一是加强对“互联网+政务服务”工作的组织领导。建立专业管理体系,按国务院及各级政府要求,安排专人负责政府网站信息内容建设和运维工作,不断优化程序、减少环节、提高效率,提升“互联网+政务服务”系统的服务能力和水平。二是加强工作指导和业务培训。通过轮训班、研讨班、现场教学等各种形式的培训,以及实施全员学习提升计划、传帮带等,稳步提升广大政府公务员“互联网+政务服务”能力,尤其是加快提升一线工作人员的业务操作能力。三是健全灵活的选人用人机制。有目的、有针对性地招聘、引进有信息化专业背景,熟悉“互联网+政务服务”业务,具有真才实学的高、中级技术骨干,以带动政府部门提升运用互联网技术优化政务服务能力。四是采用政府主导和企业参与的方式提升互联网运作水平。政府在保证信息安全的前提下,积极引导市场主体行为,引入社会力量,推广政府购买服务、政企合作等新模式,引导企业等参与到“互联网+政务服务”建设进程中,实现双赢。①

4. 积极营造“互联网+政务服务”良好氛围

加大对网上服务平台的宣传推介力度,充分利用大众传媒、政府门户网站等多种传播渠道,宣传、解释政府的“互联网+”政策与优化服务举措,宣传“互联网+政务服务”的意义、规定、业务流程,普及网上服务平台使用方法,使社会公众和市场主体切实了解“互联网+政务服务”,自觉选择“互联网+”来满足服务需求。要通过宣传,营造有利于“互联网+政务服务”的舆论氛围,提高社会对“一号一窗一网”的认知度、认可度,提高全社会对电子证照、电子公文、电子签章、电子档案等的接受程度,引导公众、企业提高“网办”意识,养成“网办”习惯,鼓励其通过政务平台咨询和办理业务,通过网络政务平台进行投诉举报并获得反馈信息。此外,对现行管理制度和规范性文件中与“互联网+政务服务”不相一致的各种规定,以及与“一号一窗一网”服务模式不相适应的规定,进行修改,尽快出台各省以至全国的政务服务领域电子证照、电子批复、电子批文应用管理办法,通过建立健全电子证照、电子公文、电子签章等标准规范,统一身份认证体系,进一步提高“网办”效率,真正实现“数据多跑路,群众少跑腿”。

① 参见杜宝贵、门理想:《推进“互联网+政务服务”中应处理好八种关系》,《中国行政管理》2016年第7期。

5. 高度重视系统和信息的安全防护

近年来,网络信息诈骗犯罪呈增长趋势,因网络信息泄密而导致客户受损甚至引发客户轻生的事件时有发生。因此,公众对使用电子政务办理业务有担忧情绪,怎样保护网络信息安全是公众广泛关注的热点和痛点。为此,提升政府对网络系统和信息安全防护能力,加大对涉及商业秘密、个人隐私等重要数据保护力度,防止数据泄露和个人隐私滥用,是推进“互联网+政务服务”过程中必须努力解决好的重大问题。要通过加强制度建设来构建强有力的数据安全机制,加强数据安全管理,完善信息共享、业务协同的身份认证和授权管理机制,规范数据的访问权限,加强公务人员的数据安全意识,培养数据安全习惯。① 采取必要的管理和技术手段,如物理隔离、数据灾备等防护措施,切实保护国家信息安全及公民个人隐私。完善数据隐私保护的相关立法,强化对隐私侵权的追责力度,加大对泄露个人隐私、侵犯个人隐私权行为的惩处力度,为个人隐私保护提供行政、司法等救济途径。

(五) 加快推进政府信息共享

政府是社会信息资源的最大拥有者,也是信息资源最主要的采集者、处理者和使用者。政府对信息的处理能力事关政府的行政效率与决策能力。2015 年 8 月,国务院发布《促进大数据发展行动纲要》(国发〔2015〕50 号),明确要求加快政府数据开放共享。2016 年 7 月,中共中央办公厅、国务院办公厅印发《国家信息化发展战略纲要》(中办发〔2016〕48 号),强调积极稳妥推进公共信息资源开放共享,完善部门信息共享机制。

打通各部门间孤立的业务系统、对接“信息孤岛”、推倒“信息烟囱”,是打造“审批事项少、办事效率高、服务质量优”发展环境的关键基础和便捷

---

① 参见孟川瑾:《“互联网+政务服务”:以数据为核心的政务改革》,《中国行政管理》2016 年第 7 期。

通道。[1] 离开了信息共享，简政放权改革就难以向纵深推进。深化简政放权改革，必须加快建设数字政府，打破部门间的信息壁垒，积极推进政府信息的互联互通，建议从以下几个方面入手：

1. 抓好政府信息共享的制度设计

破除政府部门利益垄断，建立合理规范的信息资源管理制度。健全关键领域和关键环节有关信息共享的立法，出台相关实施细则，对政府信息共享的方法和程序加以详细界定、规范，逐步形成国家、省部、地方三级保障体系，为推动政府信息共享提供法律法规支撑。

2. 完善政府信息共享的工作机制

推进政府信息共享，需要建立健全以下工作机制：一是建立政府信息共享互联机制。充分发挥大数据机构的功能作用，力推政府数据开放共享利用。根据跨部门信息共享需求，科学编制信息共享目录体系。推进信息标准化工作，明确信息资源采集、维护、更新的责任单位。加强工商、质检、税务、国土、安监、食药等有关部门和行业组织的数据整合，促进政府部门、行业协会、社会组织信用信息共享共用，尽快形成“全省一张网”。二是建立政府信息共享安全保障机制。切实做好信息的保密管理和安全管理工作，增强信息共享系统的安全性，防止信息泄露。三是建立政府信息共享监督考核机制。研究制定科学的政府信息共享考核评价指标体系，组织开展专项督察及考核评估，及时了解工作进展和存在的问题，督导各级各部门认真落实政府信息共享工作。四是建立政府信息共享激励机制。通过政策支持、经费支持等方式，提高部门推进信息资源共享的积极性。

---

① 比如，安徽省亳州市将能够实现网上办理的5492项权力事项和3159项公共服务事项全部入驻网上办事平台，以政府购买服务的方式，建成了人口、企业和电子证照三大基础数据库。业务经办流程中需要相关信息的，均可通过数据库直接抓取，不再要求企业和群众提供。

3. 加强政府信息共享的基础保障

破解“信息孤岛”和“数据壁垒”,提高行政审批的效率,要充分发挥互联网、大数据等信息技术在政府信息共享中的作用,推动地方建立完善数据开放平台和标准体系,建设基础信息资源库①,助力政府部门及地区间数据信息互联互通和共享共用。一是构建全省统一的政务服务信息系统。依托政务信息资源共享交换平台和基础信息资源库,综合运用互联网+技术应用、大数据支撑等现代信息技术手段,整合优化部门网上办事系统,全力打造升级版的全省统一政务服务平台,对政务服务事项数据进行“全打通、全归集、全共享、全对接”,尽快实现政务信息资源跨地区、跨层级、跨部门按需共享、交换、互认,促进各级政府、各部门业务系统全面对接,相关审批数据、结果同步推送和业务协同办理。二是扩大“互联网+政务服务”范围。推动实体政务大厅向网上办事大厅延伸,全方位为社会提供上网事项信息公开、网上预约、材料预审、受理提交等系列服务,从源头上避免各类“奇葩证明”和“循环证明”。创新信息惠民、服务民生新机制,依据国家电子证照标准要求,加快省域范围内的电子证照库建设,推广运用电子化手段进行信息推送,通过多种传播渠道宣传、解释政策与服务,扩展部门网上服务平台的业务办理范围。三是建立网上政务服务用户身份认证机制。优化群众办事流程,统一网上政务服务用户身份认证。探索以公民身份号码作为唯一标识,形成居民个人电子证照库,实现“一号”为居民“记录一生、管理一生、服务一生”。四是推进政务服务系统与电子监察系统对接。完善行政审批事项办理情况的现场监控、在线监督、预警纠错、绩效评估和投诉处理,保证审批流程、结果信息即时可查可用,做到办事过程公开,便于社会监督。五是抓好省级公共信用信息系统建设。加快建成省级

---

① 基础信息资源库是储存基础政务信息资源的数据库。基础政务信息资源指地方经济社会发展中最为基础的、多个政务部门履行职责过程中共同需要的政务信息,包括人口、法人单位、空间地理、宏观经济、公共信用、电子证照等基础信息。

公共信用信息交换和共享平台，实现全省信用信息数据跨部门、跨行业、跨地区交换共享，并与国家信用信息共享交换平台互联互通，真正实现政府信息资源的跨界联动。

（六）更加注重发挥社会组织的作用

政府在提供公共服务方面，对于一些专业性比较强、技术要求比较高的服务领域，由于受制于专业技术条件不够、人员力量不足等原因，难免会出现公共服务中供给困难甚至服务不力情形。

从优化政务服务、提升公共服务质量和服务效率的角度分析，政府向社会组织购买公共服务有利于解决社会多样化、差异化的公共服务需求，促使公共服务承接机构发挥自身所长，为社会提供多样化、个性化的公共服务，完善各级政府的公共服务职能。①

自20世纪90年代中期开始，政府购买公共服务在我国萌芽并逐渐发展，在养老服务、农村医疗服务、弱势群体服务、社区服务等领域取得一定程度进展。近年来，我国社会组织不断发展壮大，已进入了快速发展时期，社会组织的数量逐年增加、种类不断丰富，活动的领域和范围也日益拓展，并且承担了部分政府转移的公共服务职能，在社会治理和公共服务中发挥着越来越重要的作用，各级政府对社会组织的重视程度也逐步提升。②

地方政府结合本地实际需求，积极探索向社会组织购买公共服务。比如，上海市早在1995年就对政府购买社会组织公共服务进行了实践探索，由上海市浦东新区社会发展局委托上海基督教青年会管理浦东新区罗山市民会；2007年，浦东新区出台《关于政府购买公共服务的实施意见（试行）》，规范了政府购买公共服务的主体、范围和流程等内容；2012年8月，上海市又印发了《上海市市级政府购买公共服务项目预算管理暂行办法》，政府购买公共服务

① 参见马玉丽：《社会组织与社会治理研究》，山东大学出版社2019年版，第142页。
② 参见马玉丽：《社会组织与社会治理研究》，山东大学出版社2019年版，第54、140页。

的制度体系逐步完善。北京市在政府购买社会组织服务方面力度比较大,2010 年市级、区级两级政府就曾投入 7.88 亿元向社会组织购买服务,并且出台了《购买社会组织服务项目管理办法》《北京市政府购买社会组织公益服务项目目录》等规范性文件,加强对购买社会组织服务的管理。

国家层面也日渐重视社会组织作用的发挥,在顶层设计上作出了重要部署。比如,2013 年 9 月国务院办公厅印发《关于政府向社会力量购买服务的指导意见》(国办发〔2013〕96 号),要求积极稳妥地推进政府向社会力量购买服务工作,不断创新和完善公共服务供给模式,加快建设服务型政府;2018 年 2 月,中共十九届三中全会审议通过的《中共中央关于深化党和国家机构改革的决定》明确提出:"适合由社会组织提供的公共服务和解决的事项,由社会组织依法提供和管理。"①

充分发挥社会组织的服务作用,应坚持内外结合,双管齐下,促进其规范、有序、高效运转。

一方面,要加强社会组织自身建设。目前,社会组织在发展中还存在自治性、内部治理能力、专业化水平和公信力等方面的不足,这在一定程度上限制了其自身功能的发挥,为此必须重视抓好社会组织自身建设。要建立健全社会组织自律机制,以严格高效、科学规范的内部管理制度保证社会组织的各项工作健康运行。进一步完善社会组织的章程和组织机构,具备建立党组织条件的,要建立党的基层组织,保证社会组织活动正确政治方向;进一步完善社会组织内部制度,比如科学的民主决策制度、从业人员行为准则、财务管理制度以及内部奖惩考核机制等。② 与此同时,还要抓好社会组织的人才队伍建设,提高社会组织的专业化水平;增强社会组织的服务意识、廉洁意识,不断提升社会组织的社会公信力。

---

① 《中共中央关于深化党和国家机构改革的决定》,人民出版社 2018 年版,第 31 页。

② 参见马玉丽:《社会组织与社会治理研究》,山东大学出版社 2019 年版,第 108、109 页。

另一方面,要加大政府对社会组织的支持和引导力度。长期以来,政府管理中充斥着“全能政府”的惯性,社会组织的主体地位没有完全实现。虽然政府赋予了社会组织越来越大的发展空间,但是绝大多数的公共服务依然由政府控制,对社会组织在提供公共服务方面的作用发挥不够。政府向社会组织购买公共服务是释放公共服务职能的一项重要制度创新,其实质是公共服务的契约化提供①。政府向社会组织购买公共服务,就是政府将公共服务事项通过直接拨款或者公开招标等方式,交给具有资质的社会服务机构来完成,最后根据择定者所提供的公共服务数量和质量来交付服务费用的过程。② 政府根据自身情况和改革需要剥离部分公共服务功能,既可以深化简政放权改革,加快推进政府职能转移,也能够适应公共服务的多元化需求。优化政务服务要求政府合理有效利用各方资源,有效调动社会团体、行业组织、中介机构、志愿者团体等各种社会组织的积极性,引导、支持和鼓励社会组织依法有序参与公共事务的管理和服务。通过孵化基地、购买公共服务等方式,支持社会组织发挥公共服务供给、权益维护、信用评价、咨询服务等方面的功能作用。政府在向社会购买公共服务过程中,逐步让渡一些可以交由社会组织实现的社会职能,是政府放权的重要体现,应进一步加大简政放权力度,充分激发社会组织的活力,促进社会组织的健康发展。③

(七)切实加强中介机构的管理

针对中介机构服务不规范问题,要依法加强对中介服务机构的监管,及时公布中介服务机构名录、中介服务事项、中介服务机构失信行为等信息,推动中介服务机构规范自律。加快推进中介服务机构与行政机关脱钩,清除两者

---

① 参见贾西津:《以契约精神发展公共服务购买》,《中国社会组织》2013 年第 10 期。

② 参见王浦劬、莱斯特・M.萨拉蒙等:《政府向社会组织购买公共服务研究:中国与全球经验分析》,北京大学出版社 2010 年版,第 4 页。

③ 参见马玉丽:《社会组织与社会治理研究》,山东大学出版社 2019 年版,第 68、69 页。

之间的利益捆绑链。建立健全中介服务机构退出机制,全面开展中介服务信用评价,中介服务机构出现失信行为的,应暂停其承接中介服务,出现严重失信行为的,清出中介服务机构名录。搭建"中介超市"等中介服务网上交易平台,实行中介服务机构"零门槛、零限制"入驻。完善网上"中介超市"功能,实现网上展示、网上竞价、网上中标、网上评价,打破中介服务垄断。推广中介机构集成服务等地方经验,推动解决中介服务效率低、收费高等问题,不断提升中介机构整体服务水平。比如,浙江省衢州市实行中介机构集成服务,在投资建设项目图审环节中,由一家中介机构对施工图进行审查,出具人防、消防等多个审查意见,分别推送给各相关部门单位,同时不再指定图审机构,而是通过招投标的方式,以本地 2 家+外地 4 家的数量配比,确定 6 家有资质的机构从事本市的审图工作,这一创新既降低了服务成本,又提高了服务效率,经验做法值得推广。

第四节 简政放权改革的绩效评价

开展简政放权改革绩效评价,既是全面深化改革的关键一招,也是检视改革成效的必然要求。合理运用科学、客观的绩效评价结果,有助于聚焦存在的现实问题,找准改革的突破口,及时调整改革方向,修正改革中的既有不足,有的放矢、更加精准地研究制定配套政策措施,通过以评促改、以评促建,持续推动简政放权改革向纵深发展。

目前,简政放权改革已步入深水区,如何就改革绩效作出科学、理性、客观的评价和判断,推动党和国家的方针政策、决策部署得以有效贯彻落实,真正见到改革成效,已成为改革进程中必须面对的理论和现实问题。

一、简政放权改革与督查考核

督查考核是改进党的作风、激励干部担当作为的重要举措,也是简政放权改革绩效评价的常规手段。近年来,随着简政放权改革政策的陆续出台和逐步深化,针对政策落实情况、改革推进情况进行的督查考核也日益广泛运用。

(一) 简政放权改革的督查考核实践检视

党的十八大以来,党和国家高度重视对简政放权改革的督查考核,既注重在政策层面加强顶层设计,也注重在实践层面进行统筹安排,推动全国范围内各级各部门有序开展相关督查考核工作,取得了明显成效。

1. 加强政策层面的顶层设计

在政策设计上,体现了对简政放权改革相关督查考核的重视。比如,为全面及时准确了解企业和群众对政务服务的感受和诉求,有针对性地改进政务服务,2019 年 12 月 3 日国务院办公厅专门印发《关于建立政务服务“好差评”制度提高政务服务水平的意见》(国办发〔2019〕51 号),提出在 2020 年年底前全面建成政务服务“好差评”制度体系,建成全国一体化在线政务服务平台“好差评”管理体系,推动各级政府增强服务意识,转变工作作风,夯实服务责任,为企业和群众提供全面规范、公开公平、便捷高效的政务服务。这一政策的推出,实际上是通过建立政务服务绩效由企业和群众评判的“好差评”制度,更好地发挥多元主体在简政放权改革绩效评价中的作用,以社会监督考核倒逼简政放权改革持续深化和政务服务水平的不断提升。

2. 抓好实践层面的统筹安排

党和国家领导人高度重视针对简政放权改革相关政策的落实效果等进行督查考核。比如,李克强就曾经要求:“国务院大督查要把放管服改革各项举措落实情况作为重点,不仅要督查地方,也要督查国务院部门。坚持奖惩并举,对成效明显的要加大表扬和政策激励力度,对不作为乱作为的要抓住典型严肃问责”①。

---

① 李克强:《在全国深化“放管服”改革转变政府职能电视电话会议上的讲话》,中国政府网,http://www.gov.cn/gongbao/content/2018/content_5312196.htm。

从国家层面看,党的十八大以来,为进一步推动各项重大政策措施的贯彻落实,国家层面组织开展了多次大督查或专项督查活动①,这些督查活动多数包含着简政放权改革政策落实情况的督查内容。比如,2014 年 6 月,国务院组织开展了针对稳增长、促改革、调结构、惠民生政策措施落实情况的全面督查,取消和下放行政审批事项、推进简政放权的政策措施落实情况就是其中的一项重点督查内容。② 2016 年 8 月,为进一步推动各项重大政策措施的贯彻落实,国务院决定对各地区、各部门工作开展第三次大督查,明确提出要督查深化"放管服"改革政策落实情况。③ 2017 年 5 月,国务院部署在全国范围内开展第四次大督查,全国"放管服"改革专项督查发现的问题整改落实情况是其中一项督查事项。④ 2018 年 7 月,国务院部署在全国范围内开展大督查,其中深化"放管服"改革的决策部署落实情况是六个方面重点督查事

① 比如,2014 年国务院组织开展的针对稳增长、促改革、调结构、惠民生政策措施落实情况的全面督查;2016 年,为进一步推动各项重大政策措施贯彻落实,国务院决定对各地区和各部门工作开展第三次大督查;2017 年,为进一步推动党中央、国务院重大决策部署和政策措施贯彻落实,国务院决定对各地区和各部门工作开展第四次大督查;2017 年,国务院办公厅组织开展了"放管服"专项督查;2018 年,为进一步推动党中央、国务院重大决策部署和政策措施贯彻落实,国务院决定对各地区、各部门工作开展大督查;2019 年,国务院部署开展了第六次大督查。

② 参见《国务院关于对稳增长促改革调结构惠民生政策措施落实情况开展全面督查的通知》(国发明电〔2014〕1 号),中国政府网,http://www.gov.cn/zhengce/content/2014-06/07/content_8868.htm。

③ 这次主要督查内容包括:督查深化行政审批制度改革,取消、下放行政审批事项和地方承接,严控新设许可,规范行政审批行为,以及各地控编减编等情况;进一步取消工商登记前置审批事项,落实"三证合一、一照一码",清理和取消"红顶中介"等情况;加强事中事后监管,全面推行"双随机、一公开",建立"一单、两库、一细则"等情况;全面公布地方政府工作部门权力和责任清单,在部分地区试行市场准入负面清单制度,对行政事业性收费、政府定价或指导价经营服务性收费、政府性基金、国家职业资格实行目录清单管理等情况;推行"互联网+政务服务",实现部门间数据共享,推动部门间业务协同,取消不必要的证明和手续等情况。参见《国务院关于开展第三次大督查的通知》(国发明电〔2016〕4 号),中国政府网,http://www.gov.cn/zhengce/content/2016-08/30/content_5103609.htm。

④ 参见《国务院关于开展第四次大督查的通知》(国发明电〔2017〕1 号),中国政府网,http://www.gov.cn/zhengce/content/2017-05/31/content_5198500.htm。

项之一。①

2017年,国务院办公厅组织开展了“放管服”专项督查。同年5月8日,国务院办公厅在前期全国31个省(区、市)、新疆生产建设兵团和国务院各有关部门自查的基础上,选取北京、辽宁、黑龙江、福建、江西、山东、河南、湖北、云南、陕西等10个省(市),围绕落实简政放权措施、推进商事制度改革、完善权责清单制度、加强事中事后监管、改进优化政府服务等5个方面重点内容,共派出10个督查组就地方落实党中央、国务院“放管服”改革政策措施情况开展实地督查,详细了解当地“放管服”改革政策措施的落实情况。②

从地方层面看,各地结合本地区情况,分别组织开展了简政放权改革督查考核工作。比如,2016年6月,福建省政府印发《2016年福建省推进简政放权放管结合优化服务工作要点》,要求加强对各级各部门简政放权改革工作的

① 针对深化“放管服”改革政策落实情况的督查内容主要包括:全国深化“放管服”改革转变政府职能电视电话会议部署的贯彻落实情况。落实“五个为”和“六个一”要求(即为促进就业创业降门槛,为各类市场主体减负担,为激发有效投资拓空间,为公平营商创条件,为群众办事生活增便利;企业开办时间再减一半,项目审批时间再砍一半,政务服务一网通办,企业和群众办事力争只进一扇门,最多跑一次,凡是没有法律法规依据的证明一律取消)情况。五年来国务院取消、下放或调整的简政放权事项落实情况。全面实施全国统一的市场准入负面清单制度情况。加快政府信息系统互联互通,打通信息孤岛情况。全面推进政务公开情况。全面推开“多证合一”“证照分离”改革情况。全面推行“双随机、一公开”监管,整合各类市场监管平台情况。大幅压减工业生产许可证情况。强化政府部门诚信建设、依法依规处理“新官不理旧账”问题情况。十省百家办事大厅暗访督查发现典型问题整改情况。国务院部署的2018年再减税8000多亿元、为市场主体减轻非税负担3000多亿元政策措施落实情况。清理规范行政事业性收费情况。清理整顿中介服务收费情况。降低电网环节收费和输配电价格,一般工商业电价平均降低10%情况。推进网络提速降费,明显降低家庭宽带、企业宽带和专线使用费情况。降低港口、高速公路、天然气输配等收费,推进货车年审、年检和尾气排放检验“三检合一”等降低物流成本情况。完善银行普惠金融服务保障体系,实现小微企业融资成本有较明显降低情况。参见《国务院关于开展2018年国务院大督查的通知》(国发明电〔2018〕3号),中国政府网,http://www.gov.cn/zhengce/content/2018-07/06/content_5304034.htm。

② 参见《国务院办公厅启动“放管服”改革政策措施落实情况实地督查》,中国政府网,http://www.gov.cn/hudong/2017-05/08/content_5191867.htm。

监督检查,加强对已出台措施和改革任务落实情况的督查,完善绩效考评机制;[①]2017 年 6 月,浙江省针对本省简政放权改革组织开展了“最多跑一次”改革专项督查;2017 年,云南省在全省范围内部署开展了“放管服”政策落实“最后一公里”问题督查,等等。

3. 督查考核的主要方法

从简政放权改革督查考核的方法看,一般是采取被督查对象自查、实地检查、社会评价、舆论宣传等常规手段,同时也注意督查的方式方法创新。比如,2014 年的督查就强调要借鉴以往专项督查的经验做法,创新督查方式,做到自查与实地检查相结合、督查与第三方评估相结合、督查与社会评价相结合、督查与舆论引导相结合“四个结合”[②],在这次督查中引入的第三方评估方法属于创新方法,是督查工作的一大亮点;2016 年第三次大督查采取的方法主要是全面自查、实地督查、征询社会意见、加强舆论引导、强化激励问责,在这次督查中同时提出要坚持问题导向,完善激励和问责机制、健全合理的容错纠错机制;2017 年“放管服”专项督查中,督查组采取了专题座谈、实地检查、随

---

① 参见《福建省人民政府关于印发 2016 年福建省推进简政放权放管结合优化服务工作要点的通知》,福建省政府网,http://www.fujian.gov.cn/zwgk/zxwj/szfwj/201606/t20160623_1414756.htm。

② “四个结合”具体是指:(一)自查与实地检查相结合。各地区各部门要按照督查的内容和重点,先认真深入开展自查,直面存在的问题和差距,查找分析症结,提出抓落实的有效办法。在自查基础上,国务院将派出督查组赴有关部门和部分省(区、市)进行实地督查。(二)督查与第三方评估相结合。在开展督查的同时,邀请全国工商联和部分研究咨询机构等单位,发挥其独立性、专业性优势,对部分重点政策措施落实情况开展第三方评估,并向国务院提交评估报告。把自查、督查情况与第三方评估情况进行对表分析,找准症结,对症下药,增强督查实效。(三)督查与社会评价相结合。对这次督查的部分重点政策措施,通过中国政府网和相关门户网站,采取问卷调查等方式,收集利益攸关社会群体的评价意见及建议,主动接受社会和公众监督。(四)督查与舆论引导相结合。国务院办公厅与中央宣传部、新闻办、网信办等单位以“督查在行动”为主题,组织人民日报、新华社、中央电视台等媒体以及有关门户网站,及时报道这次督查情况,对落实情况好的进行正面宣传,对落实不力的予以曝光。参见《国务院关于对稳增长促改革调结构惠民生政策措施落实情况开展全面督查的通知》(国发明电〔2014〕1 号),中国政府网,http://www.gov.cn/zhengce/content/2014-06/07/content_8868.htm。

机走访、暗访等方式了解相关情况;2018 年的大督查中,提出了按照“1+5+地方特色+营商环境调查”①的设计对地方进行实地督查,以及国务院督查组可直接约谈负有领导责任、监管责任的负责同志等创新性做法。

4. 督查考核取得的成效

从取得的成效看,简政放权改革督查考核效果显著。通过开展简政放权改革督查考核,认真检视了相关政策部署落实情况和改革实际成效,总结了改革中的典型经验、查摆了改革中存在的问题,为进一步把握改革方向、持续深化改革提供了重要参考;同时,通过督查考核层层传导抓落实促发展的压力,有力督导和推动了各级各部门更好地推进相关政策的落地见效。

(二) 简政放权改革督查考核存在的问题

目前,各类督查考核工作中还存在不少问题。督查考核是推动改革发展的重要抓手,在现实工作中,有时却会变形走样、失真失准。问题主要表现在:一方面,督查考核或是过多过滥、多头重复,以致基层负担较重;或是不够深入细致,浮于文档材料检查,存在“重留痕轻实绩”“重形式轻内容”“脱实向虚”“蜻蜓点水”“走马观花”式的不良风气。另一方面,有的地方迎接督查检查

① “1+5+地方特色+营商环境调查”:“1”是“综合督查”,主要督查党中央、国务院重要文件贯彻落实情况,中央经济工作会议和《政府工作报告》部署以及涉及地方量化指标任务落实情况,打好三大攻坚战、实施乡村振兴战略工作部署和推动落实情况,2017 年国务院大督查发现问题、专项督查和日常督查转办问题整改情况,对人民群众、企业或有关方面反映的重要问题线索进行核查。“5”是“专题督查”,主要聚焦推进创新驱动发展、深化“放管服”改革、持续扩大内需、推进高水平开放、保障和改善民生等五个方面,坚持问题导向、目标导向,按照迭代式督查原则,进一步督深督透。“地方特色”,主要按照“一省一策”原则,督查了解各地区贯彻落实党中央、国务院关于促进区域、地方发展重要部署情况。“营商环境调查”,在 2017 年国务院大督查对 18 个省(自治区、直辖市)“企业开办”“投资项目报建审批”“不动产交易登记”3 项指标进行调查取得经验基础上,继续选取与企业和群众关系密切,可量化、可比较的“企业开办”“工程建设项目审批”“房产交易登记”“用电报装”“用水报装”“用气报装”“获得信贷”7 项指标对 31 个省(自治区、直辖市)营商环境进行调查评价。参见《国务院关于开展 2018 年国务院大督查的通知》(国发明电〔2018〕3 号),中国政府网,http://www.gov.cn/zhengce/content/2018-07/06/content_5304034.htm。

时,弄虚作假、谎报情况,搞“上有政策,下有对策”“缺什么补什么”“没什么造什么”,使得以查促改、以评促建的初衷变了形,走了样。

简政放权改革的督查考核与其他方面的督查考核存在共性问题,比如在督查考核中有时会变形走样、失真失准,特别是有的地方形式主义比较突出,工作作风亟待进一步改进,等等。这些问题需要引起高度重视,采取有效措施切实加以解决。

为统筹规范全国范围内的督查检查考核工作,2018 年 10 月中共中央办公厅专门印发了《关于统筹规范督查检查考核工作的通知》,要求强化各级党委统筹协调,不断增强督查检查考核工作的科学性、针对性、实效性。① 地方层面积极跟进落实,比如,2018 年 12 月,山东省委办公厅印发《关于统筹规范全省督查检查考核工作的具体措施》,就统筹规范全省范围内的督查检查考核工作提出了明确要求。

(三) 推进简政放权改革督查考核的建议

督查考核是推动政策落实的重要手段,有助于及时检验简政放权改革成效,倒逼改革不断向纵深推进,确保改革始终在正确轨道上运行。有效发挥简政放权改革督查考核的指挥棒作用,必须建立科学规范的督查考核机制,聚焦“改革问效”,着力推进“督查考核规范化”。

1. 规范督查考核工作

在简政放权改革的实际督查考核中,要坚持实事求是、问题导向,力戒形式主义、官僚主义,严格控制总量和频次,合并监督检查同类事项,防止重复扎堆、层层加码、过多过滥,精简督查环节,减轻基层负担,以企业和群众获得感为评价基准,统筹规范简政放权改革督查检查工作。重点做好精准协同削权减证、放权工作有效承接、事中事后监管创新、政务服务便民化进展等事项的

① 参见《关于统筹规范督查检查考核工作的通知》,中国政府网,http://www.gov.cn/zhengce/2018-10/09/content_5328884.htm。

督导检查,发现问题及时整改。

2. 精准实施督查考核

为提升简政放权改革督查考核的实际效果,建议构建省级统一的简政放权改革督查考核评价体系,在督查考核的精准度上狠下功夫。综合运用集中测评、问卷调查、跟踪回访、谈话了解等多种方式,充分发挥信息化科技手段,创新推广电子监察、在线评价、网络测评等考核评价方式,提高督查考核评价的规范性、准确性、公正性。同时要重视发挥第三方评估机构的作用,对简政放权改革情况适时组织开展第三方评估。

3. 重视开展社会监督

充分发挥多元主体的监督评价作用,建立健全企业和群众满意度评价机制,构建立体化监督网络,拓宽群众参与监督通道,经常性地开展“群众满意度调查”,让企业和群众来评判改革成效。加大媒体监督力度,通过“媒体问政”“投诉直通车”“媒体曝光台”等形式,曝光改革中的不担当、不作为、慢作为、乱作为、假作为等突出问题,凝聚全社会监督合力。及时总结宣传改革中的好经验好做法,扩大改革效果,形成强大舆论推力。通过多形式、多渠道、全方位广泛宣传,积极营造想改革、谋改革、善改革的浓厚氛围,不断提升公众对简政放权改革的知晓度、参与度和满意度。

4. 用好督查考核结果

注重督查考核结果的分析和运用,坚持以评促改、以评促建,根据督查考核评价情况,不断加强和改进简政放权改革工作。注重将督查考核结果与提拔任用、工资调整等干部实质性利益挂钩,推动形成“干多干少不一样、干好干坏不一样”的正向激励机制和勇于担当作为、敢于抵制歪风邪气的良好政治生态。

二、简政放权改革与第三方评估

近年来,委托第三方独立开展简政放权改革评价,已成为衡量简政放权改革绩效的重要方法。

（一）第三方评估的主要背景

1. 第三方评估的基本内涵

第三方评估发端于20世纪20年代的西方发达国家的改革浪潮中。所谓第三方评估，是指独立于政府部门之外的第三方机构[①]依据一定的方式方法实施的评估活动。第三方评估属于一种外部评价，作出评估结论的第三方既非政策制定者，也非政策执行者，能够有效避免政府部门既当"裁判员"又当"运动员"所造成的评估结果不公正风险。第三方评估实质是一种更为客观的社会监督，更有助于促进政府职能的转变与优化。[②]

2. 简政放权改革与第三方评估的逻辑关系

从创新治理视角审视第三方评估，不难发现简政放权改革与第三方评估之间的有机联系。众所周知，政府是国家治理的主体，但不应是唯一的主体。历经改革开放四十多年的发展，社会利益主体出现了多元化，利益诉求也不尽相同，实行多元治理已成为大家的共识，推动形成多元治理的格局，必须吸收社会力量参与到国家治理中来。简政放权改革是加快政府职能转变、推进国家治理现代化的重要举措，简政放权改革从实质上看，是通过持续不断深化改革，助力经济社会又好又快发展，推动国家治理现代化，同时要确保改革成果更多地惠及人民群众，切实增强广大人民的获得感、幸福感，而简政放权改革的政策落实如何、进展情况如何、取得效果如何，这些评价结论都不能仅仅是基于政府部门的自我评判，更需要倾听来自基层和社会的声音，更需要从第三方视角对改革的绩效作出专业、客观、公正的评价。由此可见，简政放权改革与第三方评估之间具有内在逻辑关联性。

---

① 第三方机构一般包括专业智库、高等院校、科研院所、社会组织、中介组织，等等。

② 参见樊怡敏：《政府绩效中的第三方评估：内容、困境与对策》，《厦门特区党校学报》2015年第2期。

3. 开展第三方评估的现实意义

第三方评估作为政府绩效评估的重要方式,是对政府内部评估的有益补充,也是与治理理念紧密结合的体现。第三方评估是一种必要而有效的外部制衡机制,能够弥补传统的政府自我评估的缺陷,不仅完善了政府绩效评估体系,显著提高了政府绩效评估结果的客观性和公正性,还在改善政府形象,增强政府能力,促进服务型政府建设方面发挥着不可替代的作用。①

第三方评估体现了政府治理理念的创新,开展第三方评估是向行政决策科学化民主化法治化迈进的重要一步,也是打造现代化政府,推进简政放权和治理方式变革,实现国家治理体系和治理能力现代化的一项重大举措。② 通过开展第三方评估,对简政放权改革进行客观评价,可以更有针对性地解决改革进程中存在的问题,不断推进简政放权改革向纵深发展。

(二) 简政放权改革第三方评估的实践检视

国内第三方评估最早出现在商业领域,后来逐步应用于政府绩效考核等领域。2004 年 11 月 12 日,兰州大学中国政府绩效评价中心成立,并且作为第三方机构接受甘肃省政府委托对甘肃省内各市州、省直部门开展了绩效评价,这是国内最早进行的政府绩效评价。③ 此后,一些地方政府、部门或第三方机构陆续组织开展了政府绩效第三方评估。④

1. 国家层面开展第三方评估的实践

党的十八大以来,党和国家在深化行政体制改革与建设法治国家进程中,

---

① 参见徐双敏:《政府绩效管理中的"第三方评估"模式及其完善》,《中国行政管理》2011 年第 1 期。

② 参见马玉丽:《地方政府向社会组织购买公共服务研究》,人民出版社 2022 年版,第 147 页。

③ 参见《兰大地方政府绩效评价中心成立并运行》,兰州大学新闻网,http://news.lzu.edu.cn/c/200412/lmc454.html。

④ 比如,2006 年,武汉市政府委托麦肯锡公司对武汉市政府进行了绩效评估;2007 年,华南理工大学公共政策研究中心自主发起了对广东省市、县两级政府的绩效评价活动。

开始尝试引入第三方评估。

2013 年 9 月,国务院委托中华全国工商业联合会对鼓励民间投资“新 36 条”的落实情况进行第三方评估。

2014 年 6 月,为推动已出台政策措施落实,国务院启动全面大督查,在自查与实地督查基础上引入第三方评估,成为推进政府治理方式改革、打造现代政府的创新性步骤。这次第三方评估共委托了四家机构,分别是中华全国工商业联合会、国务院发展研究中心、国家行政学院、中国科学院,这也是国务院首次委托第三方开展的评估活动,主要围绕简政放权、棚户区改造、精准扶贫、重大水利工程等部分重点政策措施落实情况开展第三方评估。①

根据评估任务分工,在这次评估中国家行政学院具体负责“取消和下放行政审批事项、激发企业和市场活力”政策落实情况评估。从评估主要做法看②,国家行政学院为体现评估的专业性,组建了专业复合型专家评估组③,以及由相关专业知名学者组成的顾问组;评估组确定的评估对象是政府取消下放的 416 项行政审批等事项,评估范围为 20 个国务院部门、11 个省、24 个地级市(区)和 10 个县(市)(具体分成三个小组开展),评估模型借鉴了国际通行的“目标—效果”模型,主要从政策目标、执行过程、执行效果三个维度评估政策落实情况,具体评估方法为“六评一看”,即:评目标、评数量、评含金量、评监管、评规范、评效果、看下一步审改。根据评估模型,国家行政学院评

---

① 根据评估任务分工,中华全国工商业联合会负责“落实企业投资自主权,向非国有资本推出一批投资项目的政策措施”落实情况的第三方评估;国务院发展研究中心负责“加快棚户区改造,加大安居工程建设力度”和“实行精准扶贫”两项政策落实情况的第三方评估;国家行政学院负责“取消和下放行政审批事项、激发企业和市场活力”政策落实情况的第三方评估;中国科学院负责“国务院重大水利工程及农村饮水安全政策措施”落实情况的第三方评估。参见韩洁、刘奕湛、安蓓:《政府管理方式的重大创新——国务院督查引入第三方评估的启示》,中国政府网,http://www.gov.cn/xinwen/2014-08/31/content_2742881.htm。

② 以国家行政学院第三方评估为例,介绍此次第三方评估中采用的主要方法。

③ 专家评估组涉及公共管理、公共政策、经济学、行政法、政治学、社会管理、文化科技、电子政务等领域近 30 位专家,

估组以“六评一看”为主要内容，设计了评估问卷，包括针对国务院部门、省级政府、市县级政府、大学生创业以及小微企业共5类，共回收问卷2406份。评估组先后召开座谈会103次，访谈2000余人次①。按照评估方案，根据评估模型、方法，评估组对国务院“取消和下放行政审批事项、激发企业和市场活力”进行了独立评估。②

2014年8月27日，李克强在国务院常务会议上听取了政策措施落实情况第三方评估汇报，并且要求把第三方评估作为政府工作的常规机制，将更多社会化专业力量引入第三方评估，进一步加强对政策落实的监督、推动，不断提高政府的公信力。③

2014年10月23日，中共十八届四中全会通过的《中共中央关于全面推进依法治国若干重大问题的决定》明确提出，“对部门间争议较大的重要立法事项，由决策机关引入第三方评估”④。这表明第三方评估已得到党中央、国务院的高度重视，成为评价政府绩效、促进改革发展的重要举措。

2. 地方层面开展第三方评估的实践

党的十八大以来，地方层面大胆创新，积极引入第三方评估机制评估简政放权改革绩效，推动相关政策落实，取得较好效果。

从地方简政放权改革第三方评估看，以山东为例，2016年5月至8月上旬，为全面了解2013年至2015年年底国务院和山东省出台的“简政放权、放管结合、优化服务、转变政府职能”重大政策措施落实情况，山东省政府委托

---

① 访谈的2000余人次中，政府工作人员约占一半，不同规模、行业、所有制企业以及学校、医院、科研院所和行业协会等有关人员约占一半，专家学者约占2%。

② 参见张占斌：《第三方评估：以制度创新避免“自拉自唱”》，《光明日报》2015年10月11日，第7版。

③ 参见张占斌：《推进政府治理体系和治理能力现代化的积极探索》，载马建堂主编：《大道至简：简政放权的理论与实践》，人民出版社2016年版，第105页。

④ 《中共中央关于全面推进依法治国若干重大问题的决定》，人民出版社2014年版，第10页。

第三方评估单位①对省发改委、省公安厅、省民政厅等 18 个部门开展了第三方评估工作。此次评估的主要特点如下:

(1)评估思路。评估围绕 2013 年 1 月至 2015 年 12 月国务院和山东省出台的“放管服”重大政策措施落实情况开展,采用“检验政府职能转变‘是否到位’、评估对象履职‘是否有效’、社会公众‘是否满意’”的总体框架,按照“明确任务目标→操作化与确定指标体系→实地调研与问卷调查→实证分析→提出对策与建议”的具体评估思路与技术路径,从各部门(单位)推进“放管服”工作的过程、结果、问题三个角度独立、客观地开展了第三方评估。

(2)评估重点。主要围绕“四看”、重点聚焦“四评”,评价部门有关工作。“四看”,即:一看组织领导、二看简政放权、三看强化监管、四看优化服务。同时,根据被评估部门“放管服”政策措施落实情况进行差异化评估。“四评”:一评进展,即改革事项和政策措施是否如期推动和进行;二评落实,即改革事项和政策措施是否完全落实到位;三评问题,即推进改革事项和落实政策措施过程中存在的难点与问题;四评效果,即改革事项和政策措施是否见到实效,企业和群众是否满意。

(3)评估方法。在评估过程中采用了定性研究与定量研究相结合的实证研究方法。在制定评估方案与评估指标体系的基础上,设计了访谈提纲、调查问卷等调查工具,进行了实地调研;同时,设计了部门《简政放权放管结合优化服务转变政府职能评估表》,组织各部门自评,收集了大量相关材料。山东行政学院评估组先后召开各类座谈访谈 40 场,发放调研问卷 5581 份;山东师范大学共计召开 36 场座谈会,发放调查问卷 3533 份,访谈服务对象 220 人

① 山东行政学院对山东省发改委、省经信委、省教育厅、省科技厅、省财政厅、省国土厅、省住建厅、省商务厅、省文化厅等 9 个部门开展了第三方评估;山东师范大学对山东省公安厅、省民政厅、省人力资源和社会保障厅、省卫生计生委、省环保厅、省工商局、省新闻出版广电局、省质监局、省食品药品监管局等 9 个部门进行了第三方评估。

次。调查资料与数据均为一手资料,保证了评估结果的科学性、独立性、客观性和公正性。

除山东省之外,近年来其他一些省市也针对简政放权改革情况进行了评估。比如,2015 年,青海省政府委托青海省行政学院就“放管服”政策措施落实情况开展了第三方评估;2016 年,陕西省政府委托陕西省行政学院对陕西省 2013 年以来“放管服”改革情况进行了第三方评估;2019 年,甘肃省政府委托甘肃省委党校(甘肃行政学院)对甘肃省“放管服”改革成效进行了第三方评估,等等。

从第三方评估取得成效来看,第三方评估对于克服政府政策落实评估中的“自拉自唱”,建立决策、执行、监督既相对分开又相互制约的现代行政运行机制,打通政策落实“最后一公里”具有重要作用。① 简政放权改革第三方评估促进了简政放权改革政策措施的落实,推动了政府治理能力的提升,加快了治理主体多元化和民主化的进程。

(三) 简政放权改革第三方评估存在的问题

虽然近年来各级政府各级部门普遍尝试在简政放权改革绩效评价中引入第三方评估,但总体来说,第三方评估在实践中运用的频率并不高,尚未形成一种制度化、系统化、持续化的评估模式,广泛推广第三方评估仍存在诸多障碍。主要问题表现在以下几个方面:

1. 政府部门对第三方评估的认识不到位

从调研中发现,目前政府部门对第三方评估的认知还不深刻,对第三方评估的意义、运行、制度设计等了解不深,这也是第三方评估主体地位不够清晰的原因之一,而相关政府部门及工作人员对第三方评估不够重视又源于其传统的行政管理观念。在目前的政府工作中,“官本位”思想依然存在,部分政

① 参见赵金波:《地市级政府应积极探索第三方评估稳步推进政府管理方式的重大创新》,《改革与开放》2016 年第 18 期。

府工作人员思想观念仍停留在传统的管理型行政主导模式上,对新事物关注不够,在实践中有时并不愿意主动暴露自身的不足。在有关政府绩效以及简政放权改革等领域的评估中,传统的评估模式运用较多,缺乏对第三方评估的全面了解和运用,推动力度有待进一步加强。

2. 第三方评估的法律制度保障不完善

目前第三方评估在我国的发展并不充分,尚处于探索阶段。关于第三方主体的资格地位还没有明确的法律予以确定,导致第三方评估的法律基础欠缺,制度基础也不稳固。从全国各地实践来看,对第三方评估中的制度设定仍处于自发状态,对第三方评估工作及机构进行规定和保护的大多是各地指导性法规、文件等,位阶较低,难以对第三方评估形成法律与制度保障。以第三方主体参与立法评估为例,中共十八届四中全会决定鼓励探索第三方参与立法并对重大立法事项引入第三方评估,目的并不仅仅是将既有经验予以规范化、明确化,而是要将第三方参与立法评估予以制度化和法律化,从而提高立法的科学化民主化法治化,因此需要进一步完善该制度,同时建构一系列配套措施。①

3. 第三方评估中政府信息获得不顺畅

第三方评估的顺利进行离不开客观、全面的政府信息获取,只有掌握充分的政府绩效信息,才能保证第三方机构科学、公正、客观的开展评估。2008 年我国已经颁布实施了《政府信息公开条例》,并且就政府信息公开的管理、信息发布等具体问题作出了明确规定,但是从近年来的政府信息公开情况看,政府信息还未能做到全面、依法、及时公开,这在一定程度上造成了第三方评估工作中对相关政府信息获取的困难,限制了第三方评估作用的有效发挥。

① 参见喻文光:《通过第三方参与立法保障立法的科学性与民主性》,《行政管理改革》2015 年第 2 期。

4. 第三方评估主体的整体力量需要提升

第三方评估面对的难题,部分是来自政府部门的压力,部分是来自社会各界的质疑,还有部分是第三方评估主体自身能力的不足。简政放权改革绩效评估工作是一项系统工程,涉及科学设计评估指标、收集整理评估资料、统计分析信息数据,深入进行评估论证等方方面面,这对第三方评估主体的能力是个很大的考验。从调研实际来看,目前不少第三方评估主体尚未形成专业化的人才队伍和专业结构,评估工作的开展离不开政府部门的资金支持。同时,第三方评估主体之间没有形成常态化的合作机制,整体评估力量还比较弱。在这种情况下,第三方评估的独立性容易受到外界因素的制约,第三方评估主体有可能在评估中与政府部门达成妥协意见,从而影响评估的科学性、客观性和公正性。①

(四) 推进简政放权改革第三方评估的建议

国家治理的多元化要求多方主体参与治理,要求多个治理主体共同对自己及他人的行为作出评价。每一个评估主体都有自己独特的视角,从不同的角度对政府工作作出评估,以此促进政府工作的改进和提升。评估主体的多元化是契合治理主体多元化的必然要求。基于治理视角,加强和改进简政放权改革第三方评估,具体有以下对策:

1. 进一步深化对第三方评估的认识

政府部门要更新行政理念,摒弃"官本位""权力本位"思想,主动树立公共服务、公共责任理念,提高对第三方评估的认识,客观评价第三方在政府治理中的重要作用。在全球迈向治理时代的背景下,多元主体共同参与公共治理已成为大势所趋,第三方评估是民主科学管理的助推器。第三方评估机构既可以是"官方",也可以是"准官方",甚至是"民间"团体,从第三方的视角

① 参见马玉丽:《地方政府向社会组织购买公共服务研究》,人民出版社 2022 年版,第 110—112 页。

来评价政府工作,更能体现“百花齐放,百家争鸣”的科学民主精神。因此,各级政府应允许并鼓励第三方评估机构发声,允许其对政府工作“评头论足”。同时,要及时制定评估标准和规则,保证评估的科学性和参考价值,可以借鉴国外先进的第三方评估理论与经验,强化评估独立性,完善评估对政策效果的监督作用,积极引导第三方评估的发展,加大资金投入力度,真正打破有些政府部门“自拉自唱”“自说自话”的格局。

2. 建立健全第三方评估的制度保障体系

首先,建立相应的法律法规体系,确立第三方评估的合法性地位。在设计相关法律条文时,明确界定第三方评估主体的权利与义务,对第三方评估主体的资质条件、第三方评估的程序机制、参与形式、第三方评估的保障等予以明确规范。对非营利性专业评估机构,要给予一定的鼓励支持,比如在登记门槛或准入条件上给予一定优惠,在财政上给予一定扶持。从法律上赋予第三方评估主体一定的监督权利,在第三方评估过程中,对于阻碍第三方收集相关信息、妨碍评估开展、妨碍评估结果发布的行为,第三方主体可以通过法律途径予以解决。

其次,完善第三方评估结果的公开制度和运用制度。一方面,对政府工作进行第三方评估的最终目的,是发现问题、解决问题,更好地改进政府工作。因此,在评估完成后要及时、全面地向有关的政府部门反馈形成的评估结果,以便被评估的政府部门能够认识到工作中存在的问题。根据实际情况,将评估结果面向社会进行公开,方便社会公众了解政府工作情况、开展社会监督。另一方面,要注重评估结果的实际运用。对于评估结果,政府部门应认真分析,有针对性地研究改进办法,制定相关措施,提高工作效能。可以尝试将评估结果作为对相关政府部门以及政府工作人员考核的标准之一,从而真正促使第三方评估结果发挥监督与约束作用。

最后,健全第三方评估主体的激励机制。对于第三方评估主体在评估中的实际表现、业务水平、评估结果的客观公正程度、评估流程的科学控制、信用程度等进行记录，为其他政府部门在选用第三方评估机构时提供参考，为适用相应的激励机制提供基本依据。

3. 依法全面推进政府信息公开

一方面，加强政府信息公开工作。政府部门要认真履行《政府信息公开条例》和政府信息公开政策要求，积极推进政府绩效相关信息的公开公示，依法、及时公开政府信息和涉及公共利益的公共信息，以便第三方评估机构全面查找掌握信息，提高评估的准确度。

另一方面，拓宽获取政府信息渠道。在第三方评估过程中，要“以组合方式获得绩效数据，弥补单一方法获取信息的片面性、信息不完善与信息失真的状况”①。要充分利用现代信息技术的优势，通过座谈、网络、调查问卷、电话、走访等多种渠道收集政府相关信息。不仅要搜集政府内部的信息，也要积极搜集来自社会公众的信息。社会公众作为政府工作的直接服务对象，对政府工作的感知是第一手材料，能直接反映政府工作的实际效果。在掌握充足信息资料基础上，才能对政府绩效作出科学合理、公平公正的评估。

4. 提升第三方评估主体的整体实力

建立健全相关制度与合作机制，推动第三方评估能力尽快提升。第三方主体之间应加强联系、相互学习，协调配合、优势互补，共同提高第三方评估能力。积极搭建对话平台、畅通沟通渠道，通过交流互动，增进第三方主体的彼此了解和相互信任。探索建立第三方评估联盟，有机整合评估力量，开展第三方评估合作，形成第三方评估的合力，以此增强第三方评估主体的整体实力，提高政府绩效评估的科学性、专业性，扩大第三方评估的社会影响力。②

① 钱弘道：《法治评估及其中国应用》，《中国社会科学》2012 年第 4 期。

② 参见马玉丽：《地方政府向社会组织购买公共服务研究》，人民出版社 2022 年版，第 114—116 页。

三、简政放权改革与营商环境评价

营商环境是一个国家或地区有效开展国际交流与合作、参与国际竞争的重要依托，体现了一个国家或地区的经济软实力和国际竞争力。

（一）营商环境评价的主要背景

1. 营商环境的基本内涵

营商环境是指企业等市场主体从开办、运营到注销退出等整个过程中涉及的政务环境、经济环境、法治环境、社会环境等有关外部因素和条件的总体境况。

营商环境包括影响企业活动的政治要素、经济要素、法治要素和社会要素等诸多方面，是涉及经济社会改革和对外开放众多领域的系统工程。营商环境反映了一个国家或地区的投资环境，直接影响着招商引资的开展，也影响着区域内企业的经营管理，并且最终对经济发展、财税收入和社会就业等产生重要影响。

2. 简政放权改革与营商环境的逻辑关系

简政放权改革与营商环境的优化密切相关。在简政放权改革中，行政审批权力的下放或取消、审批流程的再造与优化，以及政务服务的改进及提升，都是紧紧围绕着如何更有利于方便企业和群众办事、如何更有利于激发市场活力来部署实施。营商环境的考察评价指标体系，直接关系着一家企业开办的便利程度，这与简政放权改革的目标指向是高度一致、不谋而合的。从两者关联程度上看，深化简政放权改革是优化营商环境的关键举措，而营商环境的优劣则检验着简政放权改革的实际成效。

3. 营商环境评价的缘起

世界银行于 2001 年成立营商环境小组，开始构建营商环境评价指标体系，自 2003 年起每年均通过收集相关数据，对全球各经济体在不同时期的营商监管环境进行综合比较，以衡量商业监管法规是否有利于推动商业活动①，并且定期发布年度《全球营商环境报告》②。世界银行开发的营商环境评价指标体系拥有广泛国际影响，《全球营商环境报告》是衡量营商环境方面具有重要影响力的报告，其实践意义重在通过研究各经济体在商业监管中具有可竞争性、可对比性、可改革性，而且可以进行量化评价的部分来衡量监管过程，考察各经济体的企业特别是中小企业的营商便利度，以期帮助政府发现行政管理中存在的问题并加以改正，从而提高监管效率，广泛吸引投资，增加就业率。目前，世界银行发布的《全球营商环境报告》已成为各国了解和改善营商监管环境的重要参考依据，也是学术界、新闻媒体和私营部门研究者关注的一个热点领域。

从《全球营商环境报告》的评价项目和评价对象看，最初只设计了 5 个评价项目，评价对象为 133 个经济体，此后发展为涵盖影响企业生命周期的 10 个领域的评价项目，涉及全球 190 个经济体。10 个评价项目具体为：开办企业、办理施工许可证、获得电力、登记财产、获得信贷、保护中小投资者、纳税、跨境贸易、执行合同、办理破产。③ 此外，近年来还增加了劳动力市场监管、政府采购等评价项目，这些项目的评价数据并未列入营商便利度的排名中，其数据不作为最终排名的评分项。

从《全球营商环境报告》的评估周期看，每年 1 月底至 2 月初，世界银行

---

① 在《全球营商环境报告》中排名越高，表明被评价的经济体营商环境越有利于开启和运营一家本地企业。

② 2021 年 9 月 16 日，世界银行发布声明，决定停发《全球营商环境报告》，并宣布将构建新的评估体系来评价各经济体的商业和投资环境。

③ 10 个评价项目属于一级指标。二级指标主要包括：企业登记所需办理程序总数、所需时间天数、成本占比、实缴资本下限；办理施工许可程序总数、所需时间天数、成本占比；获得电力程序个数、时间、成本；获得信贷程序个数、时间、成本；企业合法权利指数、信用信息指数、公共注册覆盖范围；披露指数、董事责任指数、股东诉讼指数、纠纷调解指数、治理制度强度指数；年度纳税次数、时间、劳动税及缴费；进出口提交文件数、时间天数、成本；破产启动程序、重整程序指数等。

评价部门会向私营部门发放调查问卷,启动调查数据收集工作;3月底之前,被评价的经济体向世界银行提供重大改革政策信息以及落地成效数据;4月至5月,世界银行评价部门从190个经济体中选择30个开展实地评估;6月,世界银行评价部门在华盛顿总部视情与各经济体进一步进行政策磋商和交流;7月初,世界银行评价部门征求各经济体政府部门的书面意见,此后评估部门进入"闭门"评估阶段;8月底,世界银行评价部门测算得出初步得分和排名,并在内部征求意见,此时并不对外发布;10月底,世界银行正式发布年度《全球营商环境报告》。

从《全球营商环境报告》的数据采集看,在样本城市的选择上,世界银行评价部门根据联合国人口统计数据,选择各国常住人口最多的城市作为样本城市,自2014年起,对于美国、中国、俄罗斯、日本、印度等11个超过1亿人口的国家,选择常住人口最多的两个城市作为样本城市。近年来对中国营商环境的评价,选择上海市、北京市作为样本城市,上海市占评价权重的55%,北京市占评价权重的45%。

从《全球营商环境报告》的特点看,主要表现为:一是聚焦营商环境重点领域,设计数量合理的评估指标。在评价指标体系上,通过流程、时间、费用以及质量指数等设计、对比,能够清晰了解一个经济体与全球最佳经济体存在的差距。二是评价指标体系可以量化评估,并且进行综合排名。设计了具体的指标测算公式①,以便量化计分。三是明确政策服务对象,每项指标要对案例企业进行假设。鉴于大型与小型项目、大型企业与中小企业可能面临不同的流程、耗时费用,《全球营商环境报告》在每项指标下均对企业规模、项目规模、财产价值等作出了假设,并据此考察适用于假设案例的营商环境相关政策。四是基于企业视角评价,以企业的获得感作为评估依据。《全球营商环

① 指标测算公式=(最差国家指标数据-本国指标数据)/(最差国家指标数据-最佳国家指标数据)

境报告》以企业政策获得感为评估依据，政府提供的数据仅供参考，只有得到80%以上参与世界银行调查的私营部门的肯定回答，改革成果才能在报告中予以体现。此外，从评价指标的内涵分析，我国目前大力推行的简政放权改革与《全球营商环境报告》涵盖的评价指标体系关联度比较高，比如《全球营商环境报告》10个指标中有8个指标涉及压缩流程、耗时以及费用等便利化事项，10个指标中有6个指标涉及质量控制指数，用于衡量监管政策的严格和完备程度，这些都与简政放权、放管结合、优化服务改革措施相关。

从《全球营商环境报告》中各经济体的排名看，2019年10月24日世界银行发布了《2020年全球营商环境报告》，在评估的全球190个经济体中，新西兰名列榜首，中国排名提升至第31位。据《2020年全球营商环境报告》称，由于大力推进改革议程，中国连续第二年跻身全球营商环境改善最大的经济体排名前十。《2020年全球营商环境报告》同时显示，中国在截至2019年5月1日的12个月中实施了创纪录的8项营商环境改革，①这也是推动营商环境排名提升的重要因素。结合中国在《全球营商环境报告》的排名情况，从党的十八大以来党和国家启动简政放权改革分析，我国营商环境的全球排名，在全球190个经济体中从2013年第96位上升至2019年第31位②（参见图6-1、表

① 根据报告显示，中国在截至2019年5月1日的12个月中实施了创纪录的8项营商环境改革。改革亮点包括：将公司印章发放完全纳入企业注册登记一站式服务；简化对低风险工程建设项目的施工许可证要求，缩短供排水接入时间；精简办理接电流程，提高电费透明度；通过要求控股股东对不公平关联方交易承担连带责任，明晰所有权和控制结构，加强了对少数投资者的保护；对小企业实行企业所得税优惠政策，降低某些行业的增值税税率，加强电子化纳税申报和缴纳系统；通过实行进出口货物提前申报、升级港口基础设施、优化海关行政管理和公布收费标准等措施，简化进出口程序；通过规定可给予的合同延期次数上限和将延期限于不可预见和例外情况，提升执行合同的便利度；通过规定破产程序启动后的债权优先规则和提升债权人在破产程序中的参与程度，提高办理破产的便利度。参见刘骁骞、吕兴林、李庆庆：《世行发布营商环境报告：中国进入前40上升15位》，人民网，http://finance.people.com.cn/n1/2019/1024/c1004-31418623.html。

② 第31位的排名也是我国在《全球营商环境报告》中的最新排名。2021年9月16日，世界银行发布声明，决定停发《全球营商环境报告》。

6-3),跃升了65个位次,这表明党的十八大以来简政放权改革的逐步深化促使营商环境得到了根本性的改善,营商环境国际影响力显著提升。

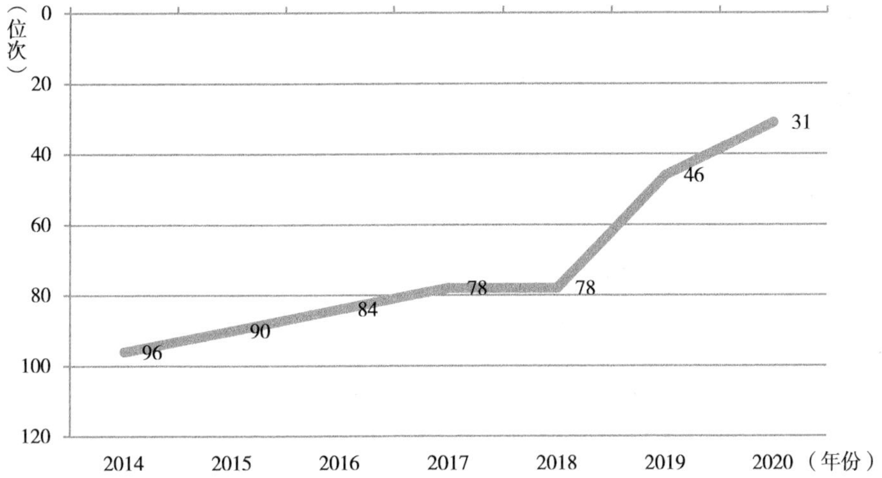

图 6-1 中国在世界银行营商环境报告中的排名

(数据来源为世界银行《全球营商环境报告》)

表 6-3 2019 年全球营商环境排名前 10 位的经济体及中国排名

经济体	开办企业	办理施工许可证	获得电力	登记财产	获得信贷	保护少数投资者	纳税	跨境贸易	执行合同	办理破产	综合排名
新西兰	1	7	48	2	1	3	9	63	23	36	1
新加坡	4	5	19	21	37	3	7	47	1	27	2
中国香港	5	1	3	51	37	7	2	29	31	45	3
丹麦	45	4	21	11	48	28	8	1	14	6	4
韩国	33	12	2	40	67	25	21	36	2	11	5
美国	55	24	64	39	4	36	25	39	17	2	6
格鲁吉亚	2	21	42	5	15	7	14	45	12	64	7
英国	18	23	8	41	37	7	27	33	34	14	8
挪威	25	22	44	15	94	21	34	22	3	5	9

续表

经济体	开办企业	办理施工许可证	获得电力	登记财产	获得信贷	保护少数投资者	纳税	跨境贸易	执行合同	办理破产	综合排名
瑞典	39	31	10	9	80	28	31	18	39	17	10
……											
中国大陆	27	33	12	28	80	28	105	56	5	51	31

（数据来源为世界银行《2020 年全球营商环境报告》）

（二）营商环境评价的实践检视

近年来，从国家到地方越来越重视营商环境优化和营商环境评价工作的开展，在制度设计上、实践操作上均有所体现，取得明显进展。

1. 积极推动营商环境优化工作

2013 年 11 月，中共十八届三中全会审议通过《中共中央关于全面深化改革若干重大问题的决定》，首次提出“建设法治化营商环境”①。2015 年 10 月，中共十八届五中全会审议通过的《中共中央关于制定国民经济和社会发展第十三个五年规划的建议》要求“完善法治化、国际化、便利化的营商环境”②。2017 年 7 月 17 日，习近平总书记在中央财经领导小组第十六次会议上强调，要改善投资和市场环境，降低市场运行成本，营造稳定、公平、透明、可预期的营商环境，北京、上海、广州、深圳等特大城市要率先加大营商环境改革力度。

国家层面，党中央、国务院近年来围绕优化营商环境，密集推出了一系列政策措施。比如，2018 年 5 月 15 日，中共中央办公厅、国务院办公厅印发《关于深入推进审批服务便民化的指导意见》（厅字〔2018〕22 号），要求各地不断优化办事创业和营商环境，切实解决企业群众办事难、办事慢、多头跑、来回跑

① 《中共中央关于全面深化改革若干重大问题的决定》，人民出版社 2013 年版，第 12 页。

② 《中共中央关于制定国民经济和社会发展第十三个五年规划的建议》，人民出版社 2015 年版，第 29 页。

等问题;针对营商环境存在的短板和突出问题,2018 年 10 月 29 日,国务院办公厅印发《关于聚焦企业关切进一步推动优化营商环境政策落实的通知》(国办发〔2018〕104 号),要求各地区各部门以市场主体期待和需求为导向,围绕破解企业投资生产经营中的“堵点”“痛点”,进一步推动优化营商环境政策落实;2019 年 8 月 1 日,国务院办公厅印发《全国深化“放管服”改革优化营商环境电视电话会议重点任务分工方案》(国办发〔2019〕37 号),就通过“放管服”改革加快打造市场化法治化国际化营商环境作出专门部署。为鼓励有条件的地方进一步瞄准最高标准、最高水平开展先行先试,加快构建与国际通行规则相衔接的营商环境制度体系,持续优化市场化法治化国际化营商环境,2021 年 10 月 31 日国务院印发《关于开展营商环境创新试点工作的意见》(国发〔2021〕24 号),确定北京、上海、重庆、杭州、广州、深圳 6 个市场主体数量较多的城市作为全国首批试点城市,聚焦市场主体和群众关切,对标国际先进水平,进一步深化简政放权改革,开展营商环境创新试点。为推广地方优化营商环境的经验做法、扩大改革效果,形成竞相优化营商环境的良好局面,进一步推动全国营商环境整体改善,2019 年 9 月 3 日国务院办公厅印发《关于做好优化营商环境改革举措复制推广借鉴工作的通知》(国办函〔2019〕89 号),要求在全国复制推广借鉴北京、上海两地优化营商环境改革举措;2022 年 9 月 28 日,国务院办公厅印发《关于复制推广营商环境创新试点改革举措的通知》(国办发〔2022〕35 号),决定在全国范围内复制推广北京、上海、重庆、杭州、广州、深圳 6 个城市共计 50 项营商环境创新试点改革举措。2019 年 10 月 22 日,国务院颁布实施《优化营商环境条例》,填补了我国在优化营商环境方面的立法空白,从制度层面为推进营商环境的优化提供了坚实的法律支撑,对于增强各级政府优化营商环境的意识,在全社会营造优化营商环境的良好氛围,具有十分重要的意义。

地方层面,各地区纷纷出台优化营商环境的举措,积极推动营商环境的持续改善。比如,2016 年辽宁颁布实施《辽宁省优化营商环境条例》,这是全国首部优化营商环境的地方性法规。截至 2022 年 3 月,全国已有 28 个省(区、市)制定了优化营商环境地方性法规或政府规章。[①] 2017 年 12 月 22 日,上海市对照世界银行提出的营商环境评价指标,制定了《着力优化营商环境加快构建开放型经济新体制行动方案》,把企业办理业务全流程便利度作为衡量标准,从投资贸易便利化、市场运行秩序等 5 个方面提出了 30 项改革任务。此后,上海为推动营商环境优化升级,瞄准最高标准、最好水平连续多年出台优化营商环境工作安排。2021 年 12 月 27 日,上海市发布《营商环境创新试点实施方案》,从市场环境、政务环境、投资环境、涉外营商环境、创新环境、监管环境、企业全生命周期服务、创新引领高地、区域合作、法治环境等 10 个方面提出了 172 项改革举措,优化营商环境改革已经从 1.0 版发展到 5.0 版。2018 年 3 月 18 日,北京市聚焦施工许可、开办企业、纳税、获得电力、跨境贸易、获得信贷、登记财产等重点环节,推出了“9+N”政策改革体系[②],针对营商环境的痛点、难点、堵点问题,紧紧围绕“三精简一透明”原则[③],精准施策、重点突破,创新服务方式,优化服务流程,降低企业成本,着力优化营商环境。此后,北京市在优化营商环境方面不断发力,2018 年 7 月 18 日发布《北京市进一步优化营商环境行动计划(2018 年—2020 年)》,在三年行动计划中部署安

---

① 参见《重磅!国家发展改革委负责同志回应经济社会热点问题》,国家发展改革委网,https://www.ndrc.gov.cn/xwdt/xwfb/202203/t20220307_1318760.html?code=&state=123。

② “9+N”政策改革体系,即 9 项主要政策和 N 项配套措施,主要包括的政策文件为:《关于北京市进一步优化电、水、气、热接入营商环境的意见(试行)》《关于进一步优化金融信贷营商环境的意见》《关于进一步优化营商环境提高企业开办效率的通知》《北京市规划和国土资源管理委员会关于进一步优化营商环境缩短不动产登记办理时限的通知》《关于进一步优化营商环境深化建设项目行政审批流程改革的意见》《进一步提升纳税等便利度优化营商环境的工作措施》《北京市城市管理委员会关于完善北京市电力可靠性赔偿工作的通知》《北京市城市管理委员会关于优化营商环境全面提高服务质量的通知》《关于推进“互联网+不动产登记”改革实施方案》。参见《北京出台优化营商环境措施　形成“9+N”政策体系》,北京发展改革委网,http://fgw.beijing.gov.cn/fzggzl/yshjzcjc/mtbd/201912/t20191220_1342981.htm。

③ “三精简一透明”原则,即精简环节、精简时间、精简费用、增加透明度。

排了22项主要任务,梳理细化成298项任务清单,并且后续又陆续推出了“9+N”政策2.0版①、“9+N”政策3.0版②,2020年提出重点以“1+4”③作为优化营商环境的工作重点,2021年推出了包括保护市场主体、维护公平竞争、知识产权保护、行政审批、投资建设、政务服务、监管执法、外资外贸等12个方面共计362项举措的“创新+活力”5.0版优化营商环境改革。陕西省将2018年确定为“营商环境提升年”,对标世界银行《全球营商环境报告》核心评价指标,从开办企业、办理施工许可、接入水电气暖、办理不动产登记、信贷、纳税、跨境贸易和投资便利化、降成本、营商环境监测评价,以及强化督查考核等10个方面入手,提出了优化营商环境“十大行动”④。此外,广东、江苏、山东、浙江、广州、深圳等地,均结合地方实际推出了优化营商环境的相关政策措施,形成各地竞相优化营商环境良好局面,全国范围内营商环境得以持续提升。

2. 营商环境评价的实践探索

(1)国家层面组织开展的营商环境评价

2018年1月3日,国务院常务会议要求借鉴国际经验,抓紧建立营商环境评价机制,逐步在全国推行。根据中共中央、国务院的统一部署,国家发展改革委会同有关部门和地区,借鉴国际经验,牵头建立了中国营商环境评价体

① 相比2018年3月出台的“9+N”系列政策,2019年1月推出的2.0版政策在各项改革措施上进行了深化,从“简流程、优服务、降成本、强监管”四个方面,进一步解决营商环境痛点难点问题。

② 2019年11月,北京市优化营商环境3.0版改革方案正式印发实施,聚焦企业创新创业、投资贸易、产权保护、市场竞争、法治保障等12个重点领域,提出了204项改革任务措施。

③ “1+4”,即:“1”代表,以营商环境法治化为主线;“4”代表四项制度,其中包括:以告知承诺为基础的审批制度、以信用为基础的监管制度、以标准化为基础的政务服务制度和以区块链为基础的信息共享制度。

④ “十大行动”,即:简化企业开办和注销程序;简化施工许可证办理;方便企业获得水电气暖;方便企业办理不动产登记;降低企业获得信贷难度和成本;优化企业纳税服务;提升企业跨境贸易和投资便利化;降低企业运行成本;开展县域营商环境监测评价;实施优化提升营商环境专项督查。参见《陕西省出台优化营商环境“十大行动”》,中国政府网,http://www.gov.cn/xinwen/2018-01/30/content_5262000.htm。

系，截至 2022 年 6 月，已经陆续组织开展了 6 批次评价，全国累计有 98 个城市参与评价，覆盖了 31 个省、自治区、直辖市。在开展营商环境评价过程中，逐步形成了制度、指标、报告 3 个“1+N”的优化营商环境工作机制，有力推动了全国范围营商环境优化提升。①

中国营商环境评价指标体系从企业全生命周期链条视角和城市高质量发展视角，基于衡量企业全生命周期、投资吸引力和监管与服务 3 个维度，构建了 18 个一级指标和 87 个二级指标评价营商环境状况。中国营商环境评价指标体系在设计中整体借鉴了世界银行《全球营商环境报告》的评价指标，评价指标的表述沿用世界银行《全球营商环境报告》评价指标的术语，力争把评价指标落实到可量化比较的程序、时间和费用上，并且做到对接世界银行，实现国际可比；在指标设计上以世界银行《全球营商环境报告》指标为基础，去除与国情明显不符的内容，增加包容性创新、政务服务等方面符合中国国情的评价指标，更加完整反映了企业从开办、运营到注销退出的生命周期全链条，客观衡量城市高质量发展水平，力求评价指标设计体现出中国特色；在具体开展评价过程中，注重发挥信息技术作用，构建起营商环境大数据评价可视化系统，通过大数据分析系统同步校验各类数据，比对政府部门问卷、抽选企业问卷等数据，以确保调查数据信息全面完整，动态展示城市营商环境情况，进行指标排名、城市对比和在线分析。

2018 年 8 月 5 日，国务院办公厅印发的《全国深化“放管服”改革转变政府职能电视电话会议重点任务分工方案》（国办发〔2018〕79 号），明确提出要

---

① 3 个“1+N”具体指：一是制度“1+N”，“1”是国家《优化营商环境条例》，“N”是各地出台的配套法规政策；二是指标“1+N”，“1”是中国营商环境评价指标体系，包括 18 个大项和 87 个小项，“N”是地方结合实际增加的 N 项指标；三是报告“1+N”，“1”是国家发改委每年发布的《中国营商环境报告》，“N”是地方发布的各自的自评报告。参见《重磅！国家发展改革委负责同志回应经济社会热点问题》，国家发展改革委网，https://www.ndrc.gov.cn/xwdt/xwfb/202203/t20220307_1318760.html? code=&state=123。

加快构建具有中国特色的营商环境评价体系,在2018年年底前构建营商环境评价机制,在22个城市开展试评价;2019年在各省(自治区、直辖市)以及计划单列市、副省级城市、省会城市、若干地级市开展营商环境评价,编制发布《中国营商环境报告》;2020年建立健全营商环境评价长效机制,在全国地级及以上城市开展营商环境评价,定期发布《中国营商环境报告》。[①] 这是国家层面首次在正式文件中部署开展营商环境评价,并且明确列出了构建营商环境评价机制的时间表。

近年来,中国营商环境评价工作有序推进。2018年8月27日,全国营商环境评价现场会暨优化营商环境工作推进会在北京举行,国家发展改革委在会上发布了全国营商环境试评价结果,北京市由于精准制定"9+N"系列政策措施,聚力营商环境示范工程建设,开办企业、办理建筑许可等方面的改革取得突破性进展,在参加试评价的东、中、西部和东北地区22个城市中位居首位。2019年,国家发展改革委牵头组织在直辖市、计划单列市、省会城市和部分地县级市等41个城市开展了营商环境评价,并在东北地区21个城市开展了营商环境试评价。2020年,国家发展改革委在全国范围内80个城市和18个国家级新区组织开展了营商环境评价。

经过几年的实践,营商环境评价评价指标不断完善,评价机制日趋成熟,营商环境评价已发展为一项常态化工作。在评价中,按照年度定期发布《中国营商环境报告》,及时梳理总结各地区、各领域优化营商环境的典型经验、成功做法和鲜活案例,提炼形成在全国复制推广的改革举措,以评促改、以评促优成效逐步显现,带动更多地方对标先进推进重点领域改革,有效发挥了营商环境评价对优化营商环境的引领和督促作用。

---

① 参见《关于印发全国深化"放管服"改革转变政府职能电视电话会议重点任务分工方案的通知》(国办发〔2018〕79号),中国政府网,http://www.gov.cn/zhengce/content/2018-08/14/content_5313752.htm。

（2）地方层面营商环境评价的具体实践

地方层面在营商环境评价方面的实践探索，略早于国家开展的营商环境试评价。从早期探索看，地方主要是参照世界银行评价体系，结合本地实际情况，组织开展了营商环境评价活动。比如：

①广东省开展营商环境评价的实践探索

2012年，广东省第十一次党代会、省委十一届一次全会提出“力争通过五年努力，基本形成法治化、国际化营商环境的制度框架”的目标任务。2014年，广东开始探索建立法治化、国际化营商环境指标体系。

2014年12月，广东省佛山市在世界银行《全球营商环境报告》评价指标体系基础上探索制定了《佛山市营商环境指标体系》，这是国内探索营商环境评价的最早实践者。营商环境指标体系共设置了14项一级指标、54项二级指标。一级指标中，开办企业、办理施工许可、获取电力、登记财产、缴纳税收、执行合同和关闭企业等7项指标与世界银行指标保持一致，以便于国际比较；同时根据广东省和佛山市实际情况增加了金融服务、对生产者合法权益的保护、跨境贸易、雇佣工人、政务环境、科研创新、人居环境等7项指标。

2016年，广东省工商局委托广东省社会科学院，借鉴世界银行营商环境评价体系的理念和标准，构建了覆盖开办企业全流程的便利度评估体系，对广东省21个地级以上市的开办企业便利度情况进行评估，并于2016年12月向社会发布《2016年度广东各市开办企业便利度评估报告》。

②江苏省开展营商环境评价的实践探索

2016年，为进一步深化简政放权改革，江苏省借鉴世界银行《全球营商环境报告》所列的各项评价指数，结合江苏实际，以企业申请开办时间压缩了多少、投资项目审批提速了多少、群众办事方便了多少等重点事项确定量化指标，探索建立了《2016年江苏省创业创新政务环境评价指数》，在全省开展创业创新政务环境评价，以评促改，推动简政放权改革措施落地生效。

江苏省此次评价的具体做法是:2016 年先行在 8 个设区市和 20 个县(市、区)开展试评价,在试评价基础上对指标体系进行修改完善,按照先易后难的思路,确定了“开办企业”“施工许可”“不动产交易登记”3 项评价内容的环节、材料、时间共 9 个计分项目。2017 年 1 月,全省 13 个设区市、96 个县(市、区)开展交叉互评。2017 年 2 月,在市县交叉互评基础上,由省市编办从事审改工作的骨干力量组成五个组分赴 13 个设区市,全面核查市县评价数据,提高数据的真实性、准确性。对于江苏省的此项改革探索,李克强明确要求各地各部门都要这样做,要不断通过深化“放管服”改革,处理好政府和市场的关系,为企业解开“枷锁”,释放市场活力和社会创造力,解放和发展生产力。①

2017 年年底,江苏省组织又开展了 2017 年市县简政放权创业创新评价工作。评价范围是江苏全省 13 个设区市、96 个县(市、区)和 127 个省级以上开发区。在评价中,案例选取方式为自主报送案例与随机抽取案例相结合。②选取了开办企业、不动产交易登记、建设项目施工许可三个指标,确定了该省营商环境评估体系。通过业务环节数、办理时间、申请要件数三个维度③,对

① 参见储思琮:《江苏做了一件什么事,总理要求各地“都要这样做”?》,中国政府网,http://www.gov.cn/xinwen/2017-05/28/content_5197815.htm。

② 评价案例采取报 2 抽 2 的方式,即各地自行报送 2 个案例,同时由省审改办牵头从省国土资源厅、省住房和城乡建设厅、省工商行政管理局、省国家税务局的业务系统中分别从各地案例抽取 2 个案例。各地评价案例总计 2017 个,其中报送案例 1366 个,抽取案例 651 个。核查方法由省审改办、省国土资源厅、省住房和城乡建设厅、省工商行政管理局和 13 个设区市审改办工作人员组成 4 个核查组,采取翻阅档案卷宗、查看系统留痕、问询案例企业等方式对自报和抽查案例进行现场核查。

③ 三个评估指标的评估内容为:(1)开办企业。自公司名称预先核准到能够正常运营,完成所有注册登记手续需要经过多少办理环节、多长办理时间、提交多少申请材料,各环节经办部门是哪些、不见面审批有哪些、优化审批措施有哪些。(2)不动产交易登记。自买卖双方签订买卖合同(限购地区的购房资格审核和房源核验不列入环节和时限计算)至买方领取不动产权证,需要经过多少办理环节、多长办理时间、提交多少申请材料,各环节经办部门是哪些、不见面审批有哪些、优化审批措施有哪些。(3)建设项目施工许可。自项目备案、核准至领取施工许可证、具备开工建设条件,需要经过多少办理环节、多长办理时间、提交多少申请材料,各环节经办部门是哪些、不见面审批有哪些、优化审批措施有哪些。

各地简政放权创业创新环境进行了量化评估，并将评估结果通报全省，此后又建立了对评估结果进行动态调整的长效机制，充分调动了各市县（市、区）推进简政放权改革、优化营商环境的主观能动性。

自2018年国家发展改革委牵头在全国范围开展营商环境评价以来，各地结合本地实际，对标中国营商环境评价指标体系，借鉴国际、国内经验，逐步推开了具有地方特色的营商环境评价工作。

（3）第三方机构独立开展的营商环境评价

近年来，部分第三方机构从加强营商环境研究等科研视角出发，独立开展了营商环境评价活动。比如：

粤港澳大湾区研究院作为第三方独立机构，为了解全国主要城市的营商环境状况，研究提升营商环境水平的途径，开展了中国城市营商环境评价，主要测算软环境、市场环境、商务成本环境、基础设施环境、生态环境、社会服务环境6个方面指标，具体每个指标之下再细分选项。2017年11月8日，粤港澳大湾区研究院发布《2017年中国城市营商环境报告》，在35个城市中（直辖市、副省级城市、省会城市）中，广州、北京、深圳、上海、重庆、南京、杭州、宁波、青岛、武汉位列前10位。2018年12月3日，粤港澳大湾区研究院发布《2018年中国城市营商环境报告》，深圳、上海、广州、北京、重庆、成都、南京、杭州、长沙、武汉位列前10位。

2018年12月12日，中央广播电视总台发布《中国城市营商环境报告2018》，评价基于基础设施、人力资源、金融服务、政务服务、法制环境、创新环境、社会环境7个维度进行评测，对4个直辖市、27个省会城市、5个计划单列市进行了排名，其中北京、上海、深圳、广州、重庆、成都、天津、杭州、南京、西安位居综合排名前10位。这是首次由国家级媒体发布的中国营商环境评价报告，具有独立第三方编制和权威性的特点。①

---

① 参见《〈中国城市营商环境报告2018〉发布》，人民网，http://finance.people.com.cn/n1/2018/1213/c1004-30463671.html。

2019 年 3 月,中山大学深化商事制度改革研究课题组发布《2019 全国营商环境报告》。该课题组针对全国 16 个省(自治区、直辖市)、84 个市(地级市、副省级城市)、182 个区的政务办事大厅,从工商营业执照、各类许可证、市场监管以及互联网+政务服务等四个维度进行了调研,最后形成营商环境报告,根据评价报告显示,市场主体认为全国营商环境较好的前三个省市分别是上海、广东和北京。

2019 年 7 月 18 日,浙江大学公共服务与绩效评估研究中心、浙江省企业形象研究会、杭州慧泰数据科技有限公司联合发布《浙江省营商环境评价研究成果》。该项评价由上述三家单位联合开展,评价对象为浙江省 11 个设区市、杭州市 13 个县市区,是全国首个由第三方机构发布的关于省域所有城市的营商环境评价报告。①

2022 年 11 月 4 日,全国工商联发布《2022 年万家民营企业评营商环境报告》,这是 2019 年以来全国工商联连续第 4 年发布的营商环境评价结果。4 年来,8.9 万余家大中小微民营企业参与调查,根据连续 4 年的调查结果显示,民营企业对营商环境改善的满意度持续提升。②

总体上看,国家层面、全国各地以及第三方机构独立组织开展的营商环境评价工作均取得了良好成效。通过开展营商环境评价,对简政放权改革绩效进行客观评估,准确查找了企业办事创业的痛点、难点和堵点,为推动出台更具针对性的改革措施,不断优化营商环境提供了重要参考依据。同时也要看

---

① 该评价从企业营商环境和产业营商环境两方面入手,对浙江省营商环境进行全面评价。企业营商环境评价以世界银行营商环境评价方法为基础,并进行了适当调整,根据企业生命周期,涵盖一级指标包括开办企业、办理施工许可证、获得电力等 12 项,二级指标包括办理成本、办理时间、办理手续等 48 项。产业营商环境评价为研究团队首创,根据全产业链发展,共涵盖一级指标包括第一产业、第二产业、第三产业 3 项,二级指标包括产业发展水平、产业竞争力等 6 项,三级指标包括农村机械总动力、战略性新兴产业产值同比增长率等 52 项。

② 参见张雷:《全国工商联发布 2022 年度万家民营企业评营商环境主要调查结论》,全国工商联网,http://www.acfic.org.cn/qlyw/202211/t20221107_184413.html。

到，国内的营商环境评价工作目前还处在起步阶段，营商环境评价指标体系的构建、营商环境评价的方式方法、营商环境评价的覆盖范围等方面还有待进一步加强和改进。

（三）推进营商环境评价的具体建议

推动营商环境评价工作的有效开展，需要综合施策、从多方着力，建议采取以下措施加以完善：

1. 进一步提升对开展营商环境评价工作意义的认识

开展营商环境评价，是倒逼简政放权改革持续深化的一项重要措施，也是衡量简政放权改革成效的必要评价方式。李克强曾指出，“放管服”改革的成效如何，要看各地营商环境是否有所优化、群众办事是否更加便利、发展环境是否改善，最终要由企业和群众说了算，企业和群众是否满意才是标准。[①] 国务院颁布的《优化营商环境条例》第八条明确指出：“国家建立和完善以市场主体和社会公众满意度为导向的营商环境评价体系，发挥营商环境评价对优化营商环境的引领和督促作用。”通过科学采集营商环境数据信息，组织开展营商环境评价，可以查找不足、聚焦问题，为深化改革提供可衡量的基准指标，继而有针对性地加强相关法律法规立改废释，研究制定推进简政放权改革的系列配套政策措施，力推审批环节简化、申报材料压减、办事时间压缩、经营成本下降，不断增加企业和群众办事的便利度，引导各地持续深化简政放权改革，为市场主体提供良好的外部发展条件，加快打造一流的营商环境。

2. 切实增强开展营商环境评价的法治保障能力

推进营商环境评价工作，离不开法治的支撑保障。目前，我国《营商环境条例》已经颁布实施，但是有的条款内容规定的比较原则，推动落实需要进一步细化，此外还存在有的法律法规与《营商环境条例》规定不一致情况。为

---

① 参见李克强：《在全国深化“放管服”改革转变政府职能电视电话会议上的讲话》，中国政府网，http://www.gov.cn/gongbao/content/2018/content_5312196.htm。

此,要健全完善优化营商环境法律法规体系,加快相关法律法规的立改废释工作,研究制定相配套的法规规章,增强《营商环境条例》的可操作性,消弭法律法规与《营商环境条例》之间的冲突,以此推进《营商环境条例》相关规定更好落地见效;与此同时,地方层面应结合本地实际,加快营商环境地方性法规建设进程,对国家颁布实施的《营商环境条例》进行具体细化落实,切实增强开展营商环境评价的法治供给,为顺利开展营商环境评价提供有力的法治保障和支撑。

3. 努力构建科学合理的营商环境评价指标体系

营商环境评价指标体系是开展评价的核心要素。当前,全国各地开展的营商环境评价,基本是各自出台应用于本地的一套评价实施方案、评价指标体系,由于各地的评价指标体系不一,难以对不同地域的营商环境作出一个横向比较,这在一定程度上限制了评价结果的应用范围和可参考的价值。建议国家层面加强统筹安排,立足改革发展实际,动态调整、持续优化中国营商环境评价指标体系,作为各地开展营商环境评价的重要依据。

营商环境评价指标体系是否科学直接关系评价的实效。地方组织开展营商环境评价,要以国家发布的中国营商环境评价指标体系为蓝本,在营商环境评价指标体系设计中,允许在规定评价指标基础上结合地方特点增加突出地方特色的评价指标作为自选动作,以此促进评价结果效益最大化。具体而言,建议地方设计营商环境评价指标体系过程中注重抓好两个关键:一方面,要正确把握评价的基本导向。设计评价指标体系时,应当坚持“以人民为中心”的发展理念,把企业营商便利度、群众办事满意度作为评价的基准。另一方面,要突出评价的系统性。从主观与客观、定性与定量、结构与功能等相结合的视角,设计评价指标体系。比如,可以结合地方实际,从政府机关放权的精准性、监管的科学性、服务的高效性这三个维度设计评价指标,探索构建“10+1”营商环境评价指标体系。“10+1”就是指 10 个客观评价指标+1 个主观评价指标，作为开展营商环境评价的一级指标，其中10个客观评价指标可设计为组织领导、精简权力、规范用权、科学监管、公开透明、廉洁公正、政务诚信、流程再造、优化服务、高效便民等内容，1个主观评价指标可设计为企业和群众的满意度，每个一级评价指标满分为100分，在一级评价指标基础上细化生成二级指标，依次在二级评价指标基础上细化生成三级指标。

4. 充分发挥第三方机构在营商环境评价中的作用

第三方评价机制是考察营商环境状况、提升评价专业性和公正性的重要抓手。营商环境评价工作涉及千头万绪，工作比较繁杂，专业性比较强，如果仅由政府进行自我评价，一方面会因此耗费大量的人力，甚至影响其他工作的正常开展，另一方面难以避免在评价中"自说自话"的弊端，评价的客观性、公正性也可能引发企业和公众的质疑。第三方机构具有独立、客观、专业性强的优势，引入第三方机构开展营商环境评价，既是发挥社会力量对营商环境进行监督评价的举措，也能引起社会各界对营商环境优化情况的关注。为此，在评价主体的选择上，应坚持评价主体多元化，积极引入第三方评价机制，建议委托专业智库、高等院校、科研院所等第三方机构开展营商环境评价，或者通过政府购买服务方式选择第三方机构开展营商环境评价，以此提升评价的专业性、客观性。比如，广东省在2018年根据《广东省深化营商环境综合改革行动方案》要求，从政府采购目录中选取符合要求的单位投标开展第三方评价工作，经综合评价后选定了广东省省情调研中心作为承担广东省营商环境评价调研工作的第三方评价公司；2018年7月18日北京市印发的《北京市进一步优化营商环境行动计划（2018年—2020年）》，提出建立开放式评估评价机制，综合运用第三方评估等多种方式对营商环境行动计划落实情况开展考评；上海市在2019年3月13日颁布实施的《上海市进一步优化营商环境实施计划》中，明确规定委托社会第三方机构，对全市各区和重点园区组织开展营商环境评估。

5. 创新营商环境评价的方式方法

营商环境评价的方式方法直接影响着评价的质效。在营商环境评价过程中,建议争取做到“五个结合”,即:内部评价与外部评价相结合、主观评价与客观评价结合、定性评价与定量评价结合、线上评价与线下评价结合、评价当前情况与评价整改情况相结合。与此同时,要充分利用大数据技术和信息化手段等采集评价数据,进行数据信息校验和分析比对,从而提高营商环境评价的科学性、实效性。在开展评估过程中,应注意适度扩大企业和社会公众的参与面,既可以提升评估的公正性,也可以提升评估的透明度。

6. 更加注重营商环境评价结果的实际运用

开展营商环境评价的目的是引导各地形成深化改革、促进发展的良性竞争,不断推进简政放权改革向纵深发展,加速打造审批少、流程优、服务佳、效率高的一流营商环境,为企业和群众办事解难题、降成本、减负担、增便利。因此,要及时向被评价单位反馈评价意见,认真分析研究营商环境评价结果,最大限度发挥营商环境评价结果的效用。要聚焦查摆出的问题,研究制定行之有效的改革措施和市场监管政策法规,加快进行整改完善,补足营商环境短板,真正达到以评促改、以评促建的效果。把营商环境评价结果纳入政府绩效考核体系,建立健全激励约束机制,评价结果与干部提拔任用、工资绩效等相关联,根据营商环境评价排名情况实行相对应的奖励或者惩罚措施。加大宣传力度,充分利用报纸、广播、电视、网络、微博、微信等媒体平台,公开营商环境评价结果,宣传先进、曝光后进,倒逼简政放权改革持续深化,形成优化营商环境人人有责、人人参与、人人尽力的良好社会氛围。

第七章

牢固树立法治信仰：筑牢法治政府建设的法治理念根基

法治的力量来源于公民对法律的信仰。只有铭刻在心中的法治，才是牢不可破的法治。[①] 正如法国学者卢梭在他的著作《社会契约论》中所言："一切法律之中最重要的法律，既不是刻在大理石上，也不是刻在铜表上，而是铭刻在公民的内心里。"[②]

在法治政府建设进程中，包括行政立法、行政执法、行政决策以及化解社会矛盾纠纷等方方面面，都要求国家公务员具有良好的法治素养，切实做到依法行政。依法行政是法治政府建设的核心内容，依法行政的目标就是打造法治政府。国家公务员特别是领导干部，作为公权力的具体实施者，必须在内心深处牢固树立法治理念，养成良好的法治思维，在全社会发挥崇尚法治的引领示范作用，不断提升依法行政能力，真正做到在法治框架下分析问题、解决问题、推动工作和化解矛盾纠纷。

---

① 参见《习近平关于全面依法治国论述摘编》，中央文献出版社 2015 年版，第 121 页。

② [法]卢梭：《社会契约论》，何兆武译，商务印书馆 1997 年版，第 73 页。

第一节 提升国家公务员的法治素养

国家公务员法治素养的高低,在法治政府建设进程中起着基础性、关键性作用,直接影响着法治政府建设的成效。中共十八届四中全会审议通过的《中共中央关于全面推进依法治国若干重大问题的决定》明确指出:"坚持把领导干部带头学法、模范守法作为树立法治意识的关键","把法治建设成效作为衡量各级领导班子和领导干部工作实绩重要内容","把能不能遵守法律、依法办事作为考察干部重要内容,在相同条件下,优先提拔使用法治素养好、依法办事能力强的干部"。① 国家公务员特别是领导干部要充分发挥好表率作用,以身作则、率先垂范,带头尊法学法守法用法,任何组织和个人都不得有超越宪法和法律的特权,不能以言代法、以权压法、逐利违法、徇私枉法。

一、坚持以人民为中心的法治理念

古语曰:"民为邦本,本固邦宁。"我国《宪法》第二条明确规定:"中华人民共和国的一切权力属于人民",这就从具有最高法律效力的国家根本法上确立了人民的主体地位,界定了人民是国家的主人。

坚持以人民为中心的法治理念,是中国特色社会主义法治区别于资本主义法治的根本所在,是指在法治建设中要坚持做到以人民群众的意志为中心、以人民群众的根本利益为出发点和落脚点,依法维护和保障人民群众的合法权益。

当前,中国特色社会主义已进入新时代,我国社会主要矛盾已经转化为人民日益增长的美好生活需要和不平衡不充分的发展之间的矛盾。随着我国经

---

① 《中共中央关于全面推进依法治国若干重大问题的决定》,人民出版社 2014 年版,第 26、36 页。

济社会持续发展和人民生活水平日益提高，人民群众对美好生活的期待更多朝向民主、法治、公平、正义、安全、环境等方面延展，对法治建设也有了新的更高的期盼，因此必须以更高水平的法治建设成效积极回应人民群众关切。

依法保障公民、法人和其他组织等行政相对人的合法权益，是建设法治政府的根本目的所在。满足人民群众对美好生活向往的新期待，必须坚持法治建设为了人民、法治建设依靠人民，要把体现人民利益、反映人民愿望、维护人民权益、增进人民福祉落实到法治政府建设的全过程。要系统研究谋划和解决法治领域人民群众反映强烈的突出问题，不断增强人民群众获得感、幸福感、安全感，用法治保障人民安居乐业。①

坚持以人民为中心的法治理念，要求在法治政府建设中做到以下几个方面：

第一，法律制度要体现法治的基本价值。

在法律制度所涉及的权利、义务和法律责任等内容的设计上，应贯穿"人民主权""保障人权""权力制约""公平正义"等法治的基本价值、原则和精神，体现权利平等、机会平等、规则平等，使之成为法治政府建设的根本遵循，真正反映人民的意志和主体地位，有效维护人民的根本利益。

第二，依法保障法律赋予公民的权利。

以公民权利为本位，尊重和保障人权，这是建设法治政府的必然要求。我国《宪法》第三十三条第三款规定"国家尊重和保障人权"，从而通过宪法确认了人权的法定权利地位。

有效规范和制约行政权力，是保障人权的关键。行政权力是与公民生活具有最紧密联系的国家权力，直接关系公民权利的实现和发展。法治政府建设的重点之一就是要规制行政权力，形成法律支配权力的良好运行秩序。社

① 参见习近平：《坚定不移走中国特色社会主义法治道路，为全面建设社会主义现代化国家提供有力法治保障》，《求是》2021 年第 5 期。

会主义法治强调法律是人民意志的体现,按照法律治理国家,就是按照人民的意志治理国家。因此,用法律规范和制约行政权力,根本上就是用人民的权利去限制公共权力。对于政府机关而言,法无明文规定不可为;对于公民而言,法无禁止皆可为。

在法治政府建设中,行政机关要坚持以人为本,落实"国家尊重和保障人权"的宪法原则,既尊重人权普遍性原则,又从基本国情出发,切实把保障人民的生存权、发展权放在保障人权的首要位置,依法保证全体社会成员平等参与、平等发展的权利。切实增强人权观念,谨慎使用手中权力,自觉尊重和依法保障公民的人身权、人格权、财产权、基本政治权利等各项权利不受侵犯,保证公民的经济、文化、社会和生活等各方面权利得以落实。同时要注重加强对妇女、儿童、老年人、残疾人等特殊群体权益的保护,推动形成尊重、关爱特殊群体的良好氛围。

第三,把公平正义作为法律实施的生命线。

公平正义是法治政府建设成效的重要衡量标准。在运用法律实施行政管理活动过程中,要牢牢把握公平正义这一社会主义法治的价值追求,坚持法律面前人人平等,合理合法行使自由裁量权,坚决防止权力滥用,努力创造更加公平正义的法治环境,让人民群众在每一个行政执法决定中都感受到公平正义。

第四,以促进民生改善为法治政府工作的着力点。

坚持问题导向、目标导向,认真倾听人民群众呼声,积极回应人民群众利益诉求,运用法治方式切实解决民生领域、法治领域人民群众反映强烈的突出问题,让人民群众共享法治政府建设发展成果。

二、培育国家公务员的法治意识

国家公务员作为公权力的行使者,必须强化法律底线意识,带头尊法学法守法用法，提高法治思维和依法办事能力，自觉以现代法治精神、原则和规则来分析、判断和处理事务。

（一）自觉养成良好学法习惯

学法知法是依法行政的基础。国家公务员要系统学习中国特色社会主义法治理论，深入学习领会习近平法治思想的精神实质，强化厉行法治的自觉性、坚定性，推动法治政府建设的各项部署要求全面落实。要抓好宪法学习，准确把握宪法确立的基本原则、国家的根本制度和根本任务、国体和政体、公民的基本权利和义务等内容，自觉尊重宪法权威，加强宪法的实施。认真学习法律基础知识，结合实践进行学习，增强学习效果，促进学用结合，提高运用法律推动工作、解决问题的水平。坚持干什么学什么、缺什么补什么，有针对性地加强与履职相关法律知识的学习，切实提高依法办事能力。认真学习行政诉讼、行政复议、仲裁、调解、信访等方面的法律法规，练好依法化解社会矛盾纠纷的内功。坚持把法治实践成效作为检验学法用法工作的重要标准，结合岗位需求进行学法用法，严格按照法律规定履行职责，不断提高依法行政的能力，增强学法用法的实际效果。

（二）推动学法用法常态化

确保学法用法取得实际效果，要在抓好国家公务员自学基础上，立足实际、多措并举、内外结合，完善法治教育长效机制，推动学法用法常态化。

1. 健全日常学法用法制度

行政机关要结合国家公务员岗位实际，梳理公务员应知应会法律清单并及时公布、动态调整。经常性地组织法治讲座、法治论坛、法治研讨、法治沙龙等研讨交流，积极开展以案释法、旁听庭审、警示教育等实践教学，注重微博、微信、微视、移动客户端等新技术在学法中的运用，建设网络学法学校、网络学法课堂，搭建和完善学法用法平台，不断丰富和拓展学法用法的渠道、方式，促使学习法律与运用法律解决问题紧密结合，增强学法的针对性和实效性，推动学法用法不断走向深入。

2. 加强法律法规知识培训

坚持把宪法法律和党内法规列为各级党校、行政学院、干部学院、社会主义学院和其他相关培训机构的培训必修课程。进一步加强法治课程体系建设,不断增强法治教育培训的针对性。把法治培训作为国家公务员入职、晋职培训的重要内容。根据实际工作需要,定期或不定期地组织开展法治专题培训,把法治内容作为各类在职业务培训的必备内容,并且要适度增加所占内容比重。

3. 严格做到依法履行职责

坚持依法行政、依法办事,遵循“法无授权不可为、法定职责必须为”的基本要求,按照法律规定和法定程序切实履行职责。在行政执法过程中,执法人员必须持证上岗,未取得执法资格的,不得从事执法活动。积极推行政府信息公开,依法公开职责权限、法律依据、实施主体、流程进度、办理结果等事项,自觉接受社会各方面监督。加强执法案卷评查、案件质量跟踪评判,努力提高执法质量和执法水平。严格落实执法责任制,对失职者进行严肃责任追究。

4. 提升依法应对突发事件能力

在面对突发事件时能否做到依法应急,是检验法治政府建设成效和国家公务员依法行政能力的“试金石”。为此,要教育引导国家公务员树立越是工作重要、越是事情紧急,越要坚持依法行政的法治理念,坚持运用法治思维和法治方式应对突发事件。加大突发事件应急处置专题培训力度,强化国家公务员的依法应急意识。有计划地组织开展应急演练,提升国家公务员依法预防突发事件、先期处置和快速反应能力。

5. 完善学法用法考察测试机制

按照“条块结合,以块为主”和“谁组织,谁负责”的原则,加强国家公务员录用、招聘过程中法律知识的考察测试，增加公务员录用考试中法律知识的比重。实行国家公务员法律知识考试制度，定期组织开展法律知识考试，测试成绩不合格者当年不能参加评先树优活动。完善国家公务员任职法律考试制度，以此推动提升学习效果。对于行政执法人员，要求必须通过专门考试，才能授予其行政执法资格，并且每年度开展执法所涉及的专业法律知识测试，以检查执法人员对专业法律知识的掌握程度。

第二节　抓住领导干部这个“关键少数”

在全面推进依法治国进程中，领导干部肩负着重要职责，“作为具体行使党的执政权和国家立法权、行政权、司法权的人，在很大程度上决定着全面依法治国的方向、道路、进度。党领导立法、保证执法、支持司法、带头守法，主要是通过各级领导干部的具体行动和工作来体现、来实现”①。推动国家公务员法治素养提升和全民法治信仰的养成，领导干部理应更好发挥带头和示范作用，为此必须抓住领导干部这个“关键少数”，着力提升领导干部的法治素养。

一、牢固树立法治思维

领导干部法治思维能力的提升，对于带动全社会树立法治意识，形成良好的法治氛围和发展环境，推进法治政府建设和国家治理现代化，具有十分重要意义。

（一）法治思维的概念

法治思维，是指人们在想问题、作决策、办事情以及分析问题和处理问题

① 《习近平关于全面依法治国论述摘编》，中央文献出版社 2015 年版，第 120 页。

时，能够自觉遵守现代法治精神、原则和规则，按照法律逻辑和法律价值理念来分析、判断和处理事务的一种思维方式。

（二）法治思维的内涵

法治思维具有导向、规范功能，要求领导干部行使权力时应以公平正义为价值引导，以合法用权为基本准则。

从法治思维的内涵上分析，领导干部至少应具备以下几个方面的思维：(1)规则思维，是指坚持宪法法律至上的观念，把依法办事作为重要准绳，凡事守住合法性底线；(2)公正思维，是指行政行为要保持客观适度、合乎理性，秉持公平正义的价值理念，符合一般的道德评价标准；(3)平等思维，是指要坚持法律面前人人平等，任何人都不能凌驾于法律之上，不得恣意地实施差别待遇；(4)权力制约思维，要求牢记职权法定原则，要合法、合理地行使行政权力，防止权力滥用；(5)程序思维，要求一切工作都要注重程序性要求，严格按照法定程序、正当程序行使权力；(6)契约思维，是指要做守信的诚实者，行政行为一经作出即具有约束力，不得随意撤销或者变更；(7)责任思维，要求必须依法履行职责，保障公民、法人和其他组织的合法权益。

（三）法治思维的提出

近年来，特别是党的十八大以来，党和国家高度重视法治在国家治理和社会治理中的重要作用，在领导干部提升法治思维方面提出了明确要求。2010年10月10日，国务院颁布的《关于加强法治政府建设的意见》(国发〔2010〕33号)首次提出“法治思维”，要求行政机关工作人员特别是领导干部要牢固树立社会主义法治理念，自觉养成依法办事的习惯，切实提高运用法治思维和法律手段解决经济社会发展中突出矛盾和问题的能力。习近平总书记多次强调法治思维和法治方式的重要性，要求各级领导干部要提高运用法治思维和法治方式深化改革、推动发展、化解矛盾、维护稳定、应对风险的能力，努力推动形成办事依法、遇事找法、解决问题用法、化解矛盾靠法的良好法治环境，在法治轨道上推动各项工作。①

（四）法治思维的养成

法治作为治国理政的基本方式，要真正发挥在治国理政中的作用，需要各级领导干部把法治理念、法治的基本价值精神深入贯彻落实到各项工作之中。领导干部能否坚持和运用好法治思维，以法治方式分析问题、处理问题和解决问题，这是衡量国家治理现代化水平和法治政府建设成效的一项重要指标。

法律是治国理政最重要的规矩，是领导干部行使权力的根本依据。作为领导干部，必须在尊法学法守法用法方面发挥好带头作用，要自觉学习法律知识，弄清楚法律规定如何用权，什么事情可以干、什么事情不能干，切实增强依法执政、依法行政、依法治理能力；要带头维护宪法和法律权威，牢记职权法定，严格依照法定权限、规则、程序行使手中权力、履职尽责，坚决避免以言代法、以权压法，要把对法治的尊崇、对法律的敬畏转化成思维方式和行为方式，做到在法治之下而不是法治之外，更不是法治之上想问题、作决策、办事情。

习近平总书记指出："领导干部提高法治思维和依法办事能力，关键是要做到以下几点。一是要守法律、重程序，这是法治的第一位要求。二是要牢记职权法定，明白权力来自哪里、界线划在哪里，做到法定职责必须为、法无授权不可为。三是要保护人民权益，这是法治的根本目的。四是要受监督，这既是对领导干部行使权力的监督，也是对领导干部正确行使权力的制度保护。"②

二、着力提高法治水平

发挥好领导干部这个"关键少数"在全民守法中的表率作用，要采取有效措施，着力提升领导干部的法治素养和法治水平。

---

① 参见习近平：《论坚持全面依法治国》，中央文献出版社 2020 年版，第 6 页。
② 《习近平关于全面依法治国论述摘编》，中央文献出版社 2015 年版，第 125 页。

（一）坚持进行集体学法

健全党委(党组)理论学习中心组学法制度,推动各级党委班子集体学法。党委(党组)理论学习中心组要把宪法法律、党内法规、习近平法治思想列入党委(党组)理论学习中心组年度学习计划,每年组织开展中心组集体学法活动,做好中心组集体学法记录。

（二）带头开展法治讲座

党政主要负责人是推进法治建设的第一责任人,要对法治建设重要工作亲自部署,充分利用召开常务委员会会议、政府办公会、党委(党组)扩大会议等适当时机,结合会议议题,在会上组织领导干部学习相关法律法规,定期开展法治讲座,做学法用法表率,推动本地区、本部门各项工作纳入法治化轨道。

（三）提升依法决策能力

领导干部要带头遵守法律,做到依法决策、依法行政、依法管理。严格遵守宪法和法律规定决策,按照法定职权和程序开展工作。坚持重大决策前专题学法,凡是涉及经济发展、社会稳定和人民群众切身利益等重大问题,决策前应先行学习相关法律法规。严格按照法律规定确定重大行政决策事项①,遵循重大行政决策法定程序②进行决策。完善重大事项决策法律咨询论证及

---

① 根据国务院《重大行政决策程序暂行条例》规定,重大行政决策事项包括:(一)制定有关公共服务、市场监管、社会管理、环境保护等方面的重大公共政策和措施;(二)制定经济和社会发展等方面的重要规划;(三)制定开发利用、保护重要自然资源和文化资源的重大公共政策和措施;(四)决定在本行政区域实施的重大公共建设项目;(五)决定对经济社会发展有重大影响、涉及重大公共利益或者社会公众切身利益的其他重大事项。法律、行政法规对本条第一款规定事项的决策程序另有规定的,依照其规定。财政政策、货币政策等宏观调控决策,政府立法决策以及突发事件应急处置决策不适用本条例。决策机关可以根据本条第一款的规定,结合职责权限和本地实际,确定决策事项目录、标准,经同级党委同意后向社会公布,并根据实际情况调整。

② 根据国务院《重大行政决策程序暂行条例》规定,重大行政决策法定程序主要包括公众参与、专家论证、风险评估、合法性审查、集体讨论决定五个环节。

合法性审查制度、重大决策集体讨论制度和决策依法公开制度。认真落实政府法律顾问制度、公职律师制度，充分发挥法律专家、公职律师在决策中的参谋助手作用。严格执行重大决策终身责任追究制度和责任倒查机制，对于违法决策以及滥用职权、怠于履职造成重大损失、恶劣影响的，依法追究法律责任。

（四）加强学法用法培训考核

完善领导干部法治教育培训制度，加大领导干部法治教育培训力度。认真梳理、严格落实党政主要负责人履行推进法治建设第一责任人职责的责任清单，扎实推进领导干部年终述法工作①，与一年一度的领导干部述职述廉同时安排部署，进一步压紧压实法治建设工作职责。建立健全领导干部法治素养识别和评价机制，有关部门在考察领导干部时，要把领导干部的尊法、守法和依法办事情况作为重要指标。加强领导干部任职前的法律知识考查，组织进行依法行政能力测试，考查测评结果作为领导干部能否提拔使用的重要依据。

第三节　营造全民崇尚法治的良好氛围

法治理念的养成，离不开法治文化的孕育和滋养。法治文化作为一种文化形态，蕴含、体现、彰显着法治精神，是法治政府建设的文化基础、内生动力和重要支撑。只有做到法治理念内化于心、外化于行，逐步发展成为一种文化，发展成为一种生活方式和生活习惯，才能真正从内心深处自觉践行法治，有力推动国家治理走向善治。

中共十八届四中全会指出，增强全民法治观念"必须弘扬社会主义法治

① 述法制度应明确各级领导班子和领导干部在年度考核述职中，要围绕法治学习情况、重大事项依法决策情况、依法履职情况等进行述法。

精神,建设社会主义法治文化"①。社会主义法治文化是中国特色社会主义文化的重要组成部分,吸收、积淀了人类法治文明的精髓,集中体现着人民主权、法律至上、公平正义、自由平等、尊重人权、权力制约、民主法治等法治的基本价值、基本理念和基本精神,体现了中国特色社会主义法律制度、法治思想和法治理论,反映了全民依法办事、自觉尊法守法的一种法治进步状态。

如何做到全体人民信仰法治、厉行法治,是一项长期基础性工程。推进国家治理现代化,加强法治政府建设,既需要政府机关国家公务员付出艰苦努力,也需要社会的共同参与,在全社会培育尊崇法治、敬畏法治的文化理念,营造良好的法治氛围。

一、注重加强公民意识教育

所谓公民意识教育,是指通过适当的教育手段和方式,提高公民对宪法规定的基本权利和义务的认知,提高对自己在国家、社会中的政治地位和法律地位的认知,从而更好地把握自己与国家之间的关系,增强国家主人翁责任感,积极参与社会公共事务的管理活动,养成良好的政治态度、法治意识和法治行为习惯。

国家公务员在自身公民意识养成方面,要以身作则、率先垂范。公民意识教育的内容主要包括国家意识教育、民族意识教育、自由平等意识教育、公平正义意识教育、民主法治意识教育、社会责任意识教育等诸多方面。

二、深入开展全民普法教育

全民法治意识的树立,是建设社会主义法治文化的基础工程。中共十八

① 《中共中央关于全面推进依法治国若干重大问题的决定》,人民出版社2014年版,第26页。

届四中全会提出,要“坚持把全民普法和守法作为依法治国的长期基础性工作,深入开展法治宣传教育,引导全民自觉守法、遇事找法、解决问题靠法”①。推动形成全民守法的良好氛围,必须加大全民普法教育力度,高度重视抓好法治的宣传教育。

(一)健全法治宣传教育常态机制

法治宣传教育是一项系统工程,涉及范围广、普法周期长,需要常抓不懈、久久为功,推动宣传教育常态化开展。要加强党委、政府对普法工作的领导,健全完善党委领导、人民代表大会监督、政府实施的法治宣传教育工作领导体制,发挥宣传、文化、教育部门和人民团体等有关部门和单位在普法教育中的职能作用。国家机关实行“谁执法谁普法”的普法责任制,负责制定法治宣传教育工作规划和普法责任清单,明确目标任务和具体措施。各行业、各单位落实“谁主管谁负责”的普法责任,结合行业特点和特定群体的法律需求,采取公民易于接受的方式,开展法治宣传教育。法律服务工作主体按照“谁服务谁普法”的要求,积极开展普法活动,推动普法与公共法律服务的有效衔接和相互融合。把法治宣传教育纳入社会主义精神文明创建内容,积极组织开展群众喜闻乐见、形式多样的法治文化活动。健全完善法治宣传教育工作考评指导标准和指标体系,对普法工作实行量化考核。引入第三方评估机制对普法宣传教育工作情况进行评估,促使各级各部门建立普法工作长效机制,不断提升普法效果。

(二)把握法治宣传教育重点内容

开展法治宣传教育,要紧紧围绕贯彻落实全面依法治国方略,普及宪法和法律、法规、规章的基本知识,弘扬社会主义核心价值观,建设社会主义法治文化,推动科学立法、严格执法、公正司法、全民守法,以及推进多层次、多领域依

① 《中共中央关于全面推进依法治国若干重大问题的决定》,人民出版社2014年版,第26页。

法治理等方面有序进行。当前和今后一段时期,需要重点抓好的法治宣传教育内容主要包括:一是深入学习宣传习近平法治思想。学习宣传要结合当前的立法、执法、司法和守法等法治建设实际。通过深入系统的学习宣传,促使社会公众进一步了解和把握全面依法治国的重大意义、基本内涵和总体要求,坚定走中国特色社会主义法治道路的自信心。二是切实抓好宪法的学习宣传。宪法是国家的根本大法,具有最高的法律效力。要通过开设专题讲座、举办报告会、召开学术研讨会、组织宪法知识竞赛等多种形式,在社会各界广泛开展宪法宣传教育,推动宪法真正入脑、入心,形成人人崇尚宪法、敬畏宪法、遵守宪法的浓厚法治氛围。三是开展中国特色社会主义法治体系学习宣传。在宣传教育活动中,要注重培育社会公众的法治理念、弘扬法治精神,引导全民树立法治意识,做到自觉守法、依法办事。四是加强党内法规的学习宣传。以案说法、警钟长鸣,教育引导党员干部模范遵守党章、党规、党纪。加强党员学习党内法规的宣传教育和考核测评,定期组织党内法规知识学习情况测试。

(三)弘扬中华优秀传统法律文化

党的二十大报告指出:“弘扬社会主义法治精神,传承中华优秀传统法律文化,引导全体人民做社会主义法治的忠实崇尚者、自觉遵守者、坚定捍卫者。”①中华传统法律文化历经数千年的发展积淀,具有深厚的历史文化底蕴,蕴含着中华民族丰富的国家治理智慧。要在深入研究、辩证分析中华法治文明、传统法律文化和法治思想基础上,进一步澄清历史虚无主义对中华优秀传统法律文化的错误认识,勇于进行批判继承,择其善而用之,传承和弘扬中华优秀传统法律文化的精华,推动中华优秀传统法律文化的创造性转化、创新性发展,彰显中华民族的法治精神和民族特色,增强全民在法治建设、国家治理上的文化自信和民族自信。

---

① 习近平:《高举中国特色社会主义伟大旗帜,为全面建设社会主义现代化国家而团结奋斗——在中国共产党第二十次全国代表大会上的报告》,人民出版社2022年版,第42页。

（四）推动法治宣传教育融入国民教育体系

教育部门应按照国家要求，把法治教育纳入国民教育体系，建立对学校法治宣传教育工作的考核评价制度，定期进行指导、检查、监督和评估，加强法治教育师资的专门培训；根据国家有关部门发布的《青少年法治教育大纲》①，抓好法治课程的教材体系建设，统筹编制符合地方实际、具有针对性的法治教育读本，鼓励有条件的学校自行编制学校法律读本。坚持法治教育从青少年抓起，打造政府、学校、家庭、社会“四位一体”，以及校内校外、课内课外、线上线下相结合，理论学习与法治实践相促进的全方位、立体化的法治教育新格局。

法治宣传教育要突出重点，以法律常识、法治理念、法治原则、法律制度为核心，分阶段、系统安排公民基本权利义务、家庭关系、社会活动、公共生活、行政管理、司法制度、国家机构等领域的主要法律法规以及我国签署加入的重要国际公约的核心内容；按照不同的层次和深度，根据不同学段的教学内容和教学特点，进行科学规划、统筹安排、循序推进，把自由平等、公平正义、民主法治等法治理念，法律至上、权利保障、权力制约、程序正义等法治原则，与法律常识教育紧密结合。在义务教育阶段，要使学生初步了解公民的基本权利义务、重要法治理念与原则以及必备的基本法律常识；在高中教育阶段，要使学生初步具备参与法治实践、正确维护自身权利的能力；在高等教育阶段，要使学生基本理解和掌握公民常用的法律知识，能够依法维护自身权益，运用法律来化解矛盾纠纷。

深入推动中国特色社会主义法治理论进教材、进课堂、进头脑，在中小学开设法治知识相关课程，在高等院校开设法治基础课作为必修课程。学校开展法治教育应当遵循教育教学规律，与学生的认知能力相适应，贴近青少年生

---

① 教育部、司法部、全国普法办于 2016 年 6 月 28 日联合发布《青少年法治教育大纲》，对国民教育体系中系统规划和科学安排法治教育的目标定位、原则要求和实施路径等作出了具体规定。

活实际,将法治宣传教育与学生的日常生活相结合,注重采取以案说法、典型案例分析、体验式教学、现场观摩、实践模拟等方式组织学生开展法治教育和实践教育活动,持续增强中小学生的规则意识和法治观念,强化高等院校学生的法治素养和参与法治实践的能力。

(五)创新法治宣传教育方式方法

努力拓展法治文化传播途径,组织开展法治文艺巡演、展演、会演等丰富多彩、群众喜闻乐见的法治文化活动。充分利用传统媒体和新兴媒体宣传平台,推进“互联网+普法”、智慧普法模式,深入开展法治宣传教育。实施精准普法、精细普法,根据青少年、农民工、贫困人口、企业经营管理人员等不同群体的特点,有针对性地开展特色法治教育,不断提高法治宣传工作的实效性。深化法律进机关、进乡村、进社区、进学校、进企业、进单位的“法律六进”主题活动,通过设立宣传展板、发放法律服务便民联系卡、赠阅法律图书等方式,融法于乐、融法于心,促进基层干部群众尊法学法守法用法。村民委员会、居民委员会要将法治意识作为对村民、居民进行宣传教育的重要内容,引导村民、居民依法维护权益、化解纠纷,加强自我约束、自我管理。积极开展以案释法活动,完善法官、检察官、执法人员和律师等专业人员以案释法制度,及时面向社会发布司法、行政执法典型案例。在开展执法活动、司法办案、处理社会热点难点问题等工作中,积极履行普法责任,向社会公众开展普法宣传。加强和改进法治宣传教育,通过组织旁听庭审、法治讲座、法律咨询等方式方法,培育社会公众的法律信仰,引导全民树立依法办事、依法解决矛盾纠纷的法治理念。组织进行法治宣传教育情况评估,创建法治城市、法治县(市、区)、民主法治示范村(社区)、依法行政示范窗口、依法治校示范学校,发挥法治建设典型单位的示范引领作用,激发法治宣传教育的活力和动力,不断增强法治宣传教育的实际效果。

三、切实抓好社会公德教育

社会公德是每个公民应当遵循的基本道德准则，普通公民特别是国家公务员理应坚守社会公德这一道德底线。加强社会公德教育，对于丰富社会主义法治文化的内涵，维护社会和谐稳定以及营造全民崇尚法治的良好氛围具有重要推动作用。

（一）坚持法治与德治两手抓

法律是成文的道德，道德是内心的法律。法治是一种“硬约束”的他律行为，德治是一种“软约束”的自律行为。法治与德治在国家治理中相辅相成、不可分离。推进国家治理现代化，加强法治政府建设，要求坚持法治与德治相结合，既重视发挥法治的规范作用，也重视发挥德治的教化作用。要注重以道德滋养法治精神、强化道德对法治文化的支撑作用，善于运用法治手段解决道德领域的突出问题。

（二）把法治文化纳入公民道德建设

积极推动法治文化建设纳入公民道德建设领域，在道德教育中更加注重突出法治内涵，培育公民的法律信仰、法治观念、规则意识，引导社会公众自觉履行法定义务、社会责任、家庭责任，营造全社会人人讲法治、守法治的法治文化环境，推动形成德润人心、法安天下的社会安定局面。

（三）进一步加强法治诚信文化建设

将诚信教育贯穿于公民道德建设全过程，在全社会倡导“以诚实守信为荣、以见利忘义为耻”的良好风尚。加快建立覆盖全社会的征信系统，健全公民、企业和社会组织的守法信用记录。破除各地区各部门之间以及国家机关与人民团体、社会组织、企事业单位之间的信用信息壁垒，依法推进信用信息互联互通和交换共享。完善守法诚信褒奖机制，对守法者、讲诚信者实行鼓励激励措施。加大对诚信缺失者的惩治力度，健全跨部门协同监管和联合惩戒机制,对违法者、失信者进行约束惩戒①,使人不敢失信、不能失信、不愿失信。

在社会信用体系建设中,政务诚信居于核心地位,是社会信用建设的“风向标”。政务诚信直接关系政府的公信力,国家公务员作为公权力的行使者,要依法行政、守信践诺,自觉以诚信规范和约束自身行为,以实际行动维护政府的诚信,在行政执法活动中应体现公平正义精神,符合社会道德价值标准。当公民、法人或者其他组织对于行政机关及其管理活动已经产生信赖利益,并且这种信赖利益因其具有正当性应当得到保护时,行政机关必须信守诺言,不能随意撤销和变更所作出的行为,否则需要补偿行政相对人的信赖损失。政府机关应加强国家公务员的诚信教育,将守信践诺、公平公正作为政府行为的基本准则,建立健全政务违约失信补偿制度,扎实推进依法行政,打造诚信廉洁的法治政府,从而引领和带动社会信用体系建设,培育良好的经济社会发展环境,推动国家治理体系和治理能力现代化建设进程。

① 根据中共中央办公厅、国务院办公厅2016年9月颁布的《关于加快推进失信被执行人信用监督、警示和惩戒机制建设的意见》规定,对于失信被执行人,将受到从事特定行业或项目限制、政府支持或补贴限制、任职资格限制、准入资格限制、荣誉和授信限制、特殊市场交易限制、限制高消费及有关消费等多项联合惩戒。参见《关于加快推进失信被执行人信用监督、警示和惩戒机制建设的意见》,中国政府网,http://www.gov.cn/zhengce/2016-09/25/content_5111921.htm。

主要参考文献

一、著作

（一）中文著作

1. 俞可平:《论国家治理现代化》,社会科学文献出版社 2015 年版。

2. 俞可平主编:《治理与善治》,社会科学文献出版社 2000 年版。

3. 王名扬:《美国行政法》,中国法制出版社 1995 年版。

4. 应松年:《从依法行政到建设法治政府》,中国政法大学出版社 2018 年版。

5. 王利明:《法治:良法与善治》,北京大学出版社 2015 年版。

6. 胡建淼:《法治政府建设:全面依法治国的重点任务和主体工程》,人民出版社 2021 年版。

7. 马怀德主编:《行政法学》,中国政法大学出版社 2009 年版。

8. 江必新、王红霞:《国家治理现代化与社会治理》,中国法制出版社 2016 年版。

9. 薛刚凌主编:《法治视野下的政府权力结构和运行机制研究》,中国人民大学出版社 2021 年版。

10. 胡锦光:《新时代党员干部的法治思维》,中国人民大学出版社 2018

年版。

11. 王敬波:《法治政府要论》,中国政法大学出版社 2013 年版。

12. 封丽霞:《大国立法的逻辑》,商务印书馆 2022 年版。

13. 冯玉军:《全面依法治国新征程》,中国政法大学出版社 2017 年版。

14. 郑成良等:《法治政府建设的理念与路径》,上海人民出版社 2017 年版。

15. 江国华:《法治政府要论——责任法治》,武汉大学出版社 2020 年版。

16. 吴涛:《法治政府建设与基层社会治理法治化研究》,四川大学出版社 2022 年版。

17. 王勇等:《社会治理法治化研究》,中国法制出版社 2019 年版。

18. 向春玲主编:《推进国家治理体系现代化》,中共中央党校出版社 2015 年版。

19. 王浦劬:《国家治理现代化:理论与策论》,人民出版社 2016 年版。

20. 顾培东:《社会冲突与诉讼机制》,四川人民出版社 1991 年版。

21. 徐汉明等:《社会治理法治研究》,法律出版社 2018 年版。

22. 范愉:《非诉讼纠纷解决机制研究》,中国人民大学出版社 2000 年版。

23. 王东京等编著:《国家治理——中国政府转型》,重庆大学出版社 2019 年版。

24. 汪玉凯:《中国行政体制改革 20 年》,中州古籍出版社 1998 年版。

25. 刘丹:《法治政府:基本理念与框架》,中国法制出版社 2008 年版。

26. 马玉丽:《地方政府向社会组织购买公共服务研究》,人民出版社 2022 年版。

27. 周红云主编:《社会治理》,中央编译出版社 2015 年版。

28. 陈瑞华:《看得见的正义》,中国法制出版社 2000 年版。

29. 汪世荣、褚宸舸:《“枫桥经验”:基层社会治理体系和能力现代化实证研究》,法律出版社 2018 年版。

30. 戢浩飞:《治理视角下行政执法方式变革研究》,中国政法大学出版社 2015 年版。

31. 王振海等:《社会组织发展与国家治理现代化》,人民出版社 2015 年版。

32. 周旺生:《立法学》,法律出版社 2004 年版。

33. 麻宝斌等:《公共治理理论与实践》,社会科学文献出版社 2013 年版。

34. 何勤华主编:《法治社会》,社会科学文献出版社 2016 年版。

35. 刘智峰:《国家治理论:国家治理转型的十大趋势与中国国家治理问题》,中国社会科学出版社 2014 年版。

36. 马怀德主编:《全面推进依法行政的法律问题研究》,中国法制出版社 2014 年版。

37. 冯仕政:《社会治理新蓝图》,中国人民大学出版社 2017 年版。

38. 马玉丽:《社会组织与社会治理研究》,山东大学出版社 2019 年版。

39. 王承哲:《意识形态与网络综合治理体系建设》,人民出版社 2018 年版。

40. 许玉镇:《公众参与政府治理的法治保障》,社会科学文献出版社 2015 年版。

41. 武小川:《公众参与社会治理的法治化研究》,中国社会科学出版社 2016 年版。

42. 龚维斌主编:《中国社会治理研究》,社会科学文献出版社 2014 年版。

43. 李月军主编:《法治政府》,中央编译出版社 2013 年版。

44. 范愉、李浩:《纠纷解决——理论、制度与技能》,清华大学出版社 2010 年版。

45. 陈潭等:《治理的秩序:乡土中国的政治生态与实践逻辑》,人民出版社 2012 年版。

46. 何增科、陈雪莲主编:《政府治理》,中央编译出版社 2015 年版。

47. 艾琳、王刚:《行政审批制度改革探究》,人民出版社 2015 年版。

48. 傅思明:《行政审批制度改革与法制化》,中共中央党校出版社 2003 年版。

49. 傅小随:《中国行政体制改革的制度分析》,国家行政学院出版社 1999 年版。

50. 关保英:《执法与处罚的行政权重构》,法律出版社 2004 年版。

51. 厉以宁主编:《中国道路与简政放权》,商务印书馆 2016 年版。

52. 马建堂主编:《大道至简:简政放权的理论与实践》,人民出版社 2016 年版。

53. 王克稳:《行政审批制度改革中的法律问题》,法律出版社 2018 年版。

54. 魏礼群:《社会建设与社会管理》,人民出版社 2011 年版。

55. 肖金明、李卫华:《行政管理体制法治化研究》,山东大学出版社 2010 年版。

56. 余晖:《管制与自律》,浙江大学出版社 2008 年版。

57. 俞可平等:《中国的治理变迁(1978~2018)》,社会科学文献出版社 2018 年版。

(二) 中文译著

1. [古希腊]柏拉图:《法律篇》,张智仁、何勤华译,上海人民出版社 2001 年版。

2. [古希腊]亚里士多德:《政治学》,吴寿彭译,商务印书馆 1983 年版。

3. [美]汉密尔顿、杰伊、麦迪逊:《联邦党人文集》,程逢如等译,商务印书馆 1980 年版。

4. [美]富勒:《法律的道德性》,郑戈译,商务印书馆 2005 年版。

5. [美]理查德·C.博克斯:《公民治理:引领21世纪的美国社区》,孙柏英等译,中国人民大学出版社2005年版。

6. [美]弗朗西斯·福山:《国家构建:21世纪的国家治理与世界秩序》,郭华译,学林出版社2017年版。

7. [美]珍妮特·V.登哈特、罗伯特·B.登哈特:《新公共服务:服务,而不是掌舵》,丁煌译,中国人民大学出版社2010年版。

8. [美]奥利弗·E.威廉姆森:《治理机制》,石烁译,机械工业出版社2016年版。

9. [美]詹姆斯·N.罗西瑙主编:《没有政府的治理——世界政治中的秩序与变革》,张胜军、刘小林等译,江西人民出版社2001年版。

10. [美]朱迪·弗里曼:《合作治理与新行政法》,毕洪海、陈标冲译,商务印书馆2010年版。

11. [美]杰克·奈特:《制度与社会冲突》,周伟林译,上海人民出版社2017年版。

12. [美]丹尼尔史普博:《管制与市场》,余晖等译,上海三联书店、上海人民出版社1999年版。

13. [美]埃莉诺·奥斯特罗姆:《公共事物的治理之道——集体行动制度的演进》,余逊达、陈旭东译,上海三联书店2000年版。

14. [美]迈克尔·波特:《国家竞争优势》,李明轩、邱如美译,中信出版社2012年版。

15. [美]塞缪尔·P.亨廷顿、琼·纳尔逊:《难以抉择——发展中国家的政治参与》,汪晓寿等译,华夏出版社1989年版。

16. [美]库尔特勒布、托马斯盖尔穆尔编:《施蒂格勒论文精粹》,吴珠华译,商务印书馆1999年版。

17. [美]B.盖伊·彼得斯:《政府未来的治理模式》,吴爱明等译,中国人民大学出版社 2001 年版。

18.［美］曼瑟尔·奥尔森:《集体行动的逻辑》,陈郁、郭宇峰、李崇新译,格致出版社、上海三联书店、上海人民出版社 2014 年版。

19.［美］菲利普·库珀:《合同制治理——公共管理者面临的挑战与机遇》,竺乾威、卢毅、陈卓霞译,复旦大学出版社 2007 年版。

20.［美］梅里利·S.格林德尔、约翰·W.托马斯:《公共选择与政策变迁——发展中国家改革的政治经济学》,黄新华、陈天慈译,商务印书馆 2016 年版。

21.［美］彼得·G.伦斯特洛姆编:《美国法律辞典》,贺卫方等译,中国政法大学出版社 1998 年版。

22.［美］约翰·克莱顿·托马斯:《公共决策中的公民参与》,孙柏瑛等译,中国人民大学出版社 2010 年版。

23.［美］弗兰克·J.古德诺:《政治与行政》,王元、杨百朋译,华夏出版社 1987 年版。

24.［美］卡尔维因·G.帕尔德森:《美国宪法释义》,徐卫东、吴新平译,华夏出版社 1989 年版。

25.［英］托尼·本尼特:《文化、治理与社会》,王杰等译,东方出版中心 2016 年版。

26.［英］Stephen P.Osborne 编著:《新公共治理? 公共治理理论和实践方面的新观点》,包国宪等译,科学出版社 2019 年版。

27.［英］克里斯托弗·胡德等:《监管政府》,生活·读书·新知三联书店 2009 年版。

28.［英］丹宁勋爵:《法律的正当程序》,李克强、杨百揆、刘庸安译,法律出版社 2011 年版。

29.［英］丹尼斯·C.缪勒:《公共选择理论》,韩旭、杨春学等译,中国社会科学出版社 2017 年版。

30. [英]汤因比:《历史研究》(上),曹未风等译,上海人民出版社 1997 年版。

31. [英]戴维·M.沃克:《牛津法律大辞典》,李双元等译,法律出版社 2003 年版。

32. [德]奥托·迈耶:《德国行政法》,刘飞译,商务印书馆 2002 年版。

33. [德]卡尔·拉伦茨:《德国民法通论》(上),王晓晔等译,法律出版社 2013 年版。

34. [德]马克斯·韦伯:《经济与社会》(第一卷),阎克文译,上海人民出版社 2010 年版。

35. [法]卢梭:《社会契约论》,何兆武译,商务印书馆 1997 年版。

36. [法]柯蕾主编:《公众参与和社会治理:法国社会学家清华大学演讲文集》,李华等译,中国大百科全书出版社 2018 年版。

37. [日]植草益:《微观规制经济学》,朱少文译,中国发展出版社 1992 年版。

38. [日]小岛武司、伊藤真编:《诉讼外纠纷解决法》,丁婕译,中国政法大学出版社 2005 年版。

二、论文

(一)博士学位论文

1. 王瑞军:《政府治理视域下深化行政审批制度改革研究》,中央党校(国家行政学院)博士学位论文,2019 年。

2. 张李斌:《简政放权工作实效评估研究——以吉林省为例》,吉林大学博士学位论文,2018 年。

3. 兰红燕:《我国乡村社会治理法治化研究》,河北师范大学博士学位论文,2019 年。

4. 易轩宇:《社会组织参与社会治理的机制创新研究》,湘潭大学博士学位论文,2015 年。

5. 张骁虎:《20 世纪以来美国社会治理中联邦政府角色的演变》,吉林大学博士学位论文,2017 年。

（二）报刊论文

1. 张文显:《中国法治 40 年:历程、轨迹和经验》,《吉林大学社会科学学报》2018 年第 5 期。

2. 俞可平:《重构社会秩序,走向官民共治》,《国家行政学院学报》2012 年第 4 期。

3. 姜明安:《中国依宪治国和法治政府建设的主要特色》,《政治与法律》2019 年第 8 期。

4. 周佑勇:《健全行政裁量基准的新使命新任务》,《行政法学研究》2023 年第 1 期。

5. 曹鎏:《论我国法治政府建设的目标演进与发展转型》,《行政法学研究》2020 年第 4 期。

6. 马长山:《数字法治政府的机制再造》,《政治与法律》2022 年第 11 期。

7. 王浦劬:《国家治理、政府治理和社会治理的基本含义及其相互关系辨析》,《社会学评论》2014 年第 3 期。

8. 姜晓萍:《国家治理现代化进程中的社会治理体制创新》,《中国行政管理》2014 年第 2 期。

9. 王名、董俊林:《关于新时代社会治理的系统观点及其理论思考》,《行政管理改革》2018 年第 3 期。

10. 高秉雄、张江涛:《公共治理:理论缘起与模式变迁》,《社会主义研究》2010 年第 6 期。

11. 程琥:《综合行政执法体制改革的价值冲突与整合》,《行政法学研究》2021 年第 2 期

12. 文贯中:《市场机制、政府定位和法治——对市场失灵和政府失灵的匡正之法的回顾与展望》,《经济社会体制比较》2002 年第 1 期。

13. 韩春晖:《行政决策的多元困局极其立法应对》,《政法论坛》2016 年第 3 期。

14. 陈建平:《“新公共服务”的公共理性诉求》,《上海行政学院学报》2007 年第 2 期。

15. 应松年:《行政复议应当成为解决行政争议的主渠道》,《行政管理改革》2010 年第 12 期。

16. 强舸:《“政党——社会”关系变迁与国家治理能力现代化》,《岭南学刊》2017 年第 5 期。

17. 熊光清:《中国网络社团兴起的影响:国家与社会关系的视角》,《南京社会科学》2009 年第 11 期。

18. 廖晓明、邱安民:《社会管理创新动阻力因素分析与因应之策》,《中国行政管理》2013 年第 3 期。

19. 马怀德:《预防化解社会矛盾的治本之策:规范公权力》,《中国法学》2012 年第 2 期。

20. 马庆钰、贾西津:《中国社会组织的发展方向与未来趋势》,《国家行政学院学报》2015 年第 4 期。

21. 张汝立、陈书洁:《西方发达国家政府购买社会公共服务的经验和教训》,《中国行政管理》2010 年第 11 期。

22. 包国宪、赵晓军:《新公共治理理论及对中国公共服务绩效评估的影响》,《上海行政学院学报》2018 年第 2 期。

23. 俞可平:《治理和善治:一种新的政治分析框架》,《南京社会科学》

2001 年第 9 期。

24. 赵刚印:《公众参与的应然与实然——增强公众参与社会治理有效性的路径选择》,《理论探讨》2006 年第 3 期。

25. 徐晓林、陈强、曾润喜:《中国虚拟社会治理研究中需要关注的几个问题》,《中国行政管理》2013 年第 11 期。

26. 孙涛:《以扩大公众参与推进社会治理体制创新》,《理论导刊》2015 年第 11 期。

27. 杨解君:《关于行政处罚主体条件的探讨》,《河北法学》1996 年第 1 期。

28. 周晓丽、党秀云:《西方国家的社会治理:机制、理念及其启示》,《南京社会科学》2013 年第 10 期。

29. 范如国:《复杂网络结构范型下的社会治理协同创新》,《中国社会科学》2014 年第 4 期。

30. 柳经纬:《从权利救济看我国法律体系的缺陷》,《比较法研究》2014 年第 5 期。

31. 莫纪宏:《法治与小康社会》,《中国法学》2013 年第 1 期。

32. 田丰:《发达国家与地区社会组织参与社会治理的经验与启示》,《社会治理理论》2014 年第 2 期。

33. 赵黎青:《关于中国非政府组织建设的几个问题》,《江苏社会科学》2000 年第 4 期。

34. 王敬波、李帅:《我国政府信息公开的问题、对策与前瞻》,《行政法学研究》2017 年第 2 期。

35. 李培林、徐崇温、李林:《当代西方社会的非营利组织——美国、加拿大非营利组织考察报告》,《河北学刊》2006 年第 2 期。

36. 曹立平:《大数据在移动执法中的应用》,《中国环境管理》2016 年第

4 期。

37. 陈瑞华:《程序价值理论的四个模式》,《中外法学》1996 年第 2 期。

38. 丁元竹:《审批制度改革中的权力边界探讨:原则、标准和着力点》,《中国行政管理》2013 年第 8 期。

39. 杜宝贵、门理想:《推进“互联网+政务服务”中应处理好八种关系》,《中国行政管理》2016 年第 7 期。

40. 姜晓萍:《政府流程再造的基础理论与现实意义》,《中国行政管理》2006 年第 5 期。

41. 刘东亮:《什么是正当法律程序》,《中国法学》2010 年第 4 期。

42. 刘琼莲:《中国行政审批制度改革的关键:放权与监管》,《领导科学》2014 年第 3 期。

43. 骆梅英:《行政审批制度改革——从碎片政府到整体政府》,《中国行政管理》2013 年第 5 期。

44. 孟川瑾:《“互联网+政务服务”:以数据为核心的政务改革》,《中国行政管理》2016 年第 7 期。

45. 钱弘道:《法治评估及其中国应用》,《中国社会科学》2012 年第 4 期。

46. 沈岿:《解困行政审批改革的新路径》,《法学研究》2014 年第 2 期。

47. 孙荣、梁丽:《建设网络共享平台开展信息惠民服务》,《中国行政管理》2016 年第 7 期。

48. 汪智汉、宋世明:《我国政府职能精细化管理和流程再造的主要内容和路径选择》,《中国行政管理》2013 年第 6 期。

49. 魏琼:《简政放权背景下的行政审批改革》,《政治与法律》2013 年第 9 期。

50. 徐华:《以立法引领推动简政放权》,《人民论坛》2014 年第 5 期。

51. 徐双敏:《政府绩效管理中的“第三方评估”模式及其完善》,《中国行政管理》2011 年第 1 期。

52. 薛澜:《行政审批改革的最大难点》,《人民论坛》2013 年第 25 期。

53. 喻文光:《通过第三方参与立法保障立法的科学性与民主性》,《行政管理改革》2015 年第 2 期。

54. 袁曙宏:《简政放权助力中国迈入“创时代”》,《行政管理改革》2015 年第 7 期。

55. 张定安:《全面推进地方政府简政放权和行政审批制度改革的对策建议》,《中国行政管理》2014 年第 8 期。

56. 张立荣、冷向明:《当代中国政府治理范式的变迁机理与革新进路》,《华中师范大学学报(人文社会科学版)》2007 年第 2 期。

57. 杜鹃、杜义国、张微:《我国政府绩效第三方评估的研究现状及未来展望》,《领导科学》2019 年第 6 期。

后　记

党的二十大开启了中国式现代化建设的新征程,法治政府建设面临着新形势新任务。法治政府是依法治理和运行的政府,在法治中国建设进程中对法治国家、法治社会建设具有示范带动作用。各级政府承担着推动经济社会发展、管理社会事务和服务社会公众的重要职责,其依法行政水平和治理能力状况,是影响国家治理体系和治理能力现代化建设成效的关键因素。

经过多年努力,我国法治政府建设稳步推进,取得重大进展,但还存在不少短板,与推进法治中国建设面临的新使命新任务相比,与人民群众日益增长的新要求新期盼相比,仍有一定差距。有效解决这些问题,要求各级政府机关必须聚焦法治政府建设的薄弱环节,加快补短板、强弱项,扎实推进依法行政,努力构建职责明确、依法行政的治理体系,把政府行为全面纳入法治轨道,不断提升政府治理的整体效能,依法保障人民群众的合法权益,更好地适应建设法治中国、推进国家治理现代化的要求。

从理论和实践视角研究法治政府建设,既是丰富法治政府建设理论体系的必然要求,也是推动解决法治政府建设现实问题的客观需要,有待学术界和实务界的共同努力和深入思考探究。基于此,笔者围绕法治政府建设的理论热点和实践进路问题进行了分析、探讨,希望能够对法治政府建设提供些许助力。

后　记

本书是山东省重点研发计划软科学项目（2022RKY03007）、中共山东省委党校（山东行政学院）科研支撑项目阶段性成果。写作过程中参阅了诸多专家学者的论著，在此表示感谢。鉴于笔者学识所限，书中难免有粗疏之处，敬请读者给予批评指正。

2023 年 3 月于济南

责任编辑：张　立
封面设计：周方亚
责任校对：秦　婵

图书在版编目(CIP)数据

法治政府理论热点与实践进路研究/李坤轩 著. —北京：人民出版社，2023.6（2024.3 重印）
ISBN 978 - 7 - 01 - 025780 - 8

Ⅰ. ①法…　Ⅱ. ①李…　Ⅲ. ①国家机构-行政管理-研究-中国　Ⅳ. ①D630. 1

中国国家版本馆 CIP 数据核字(2023)第 116499 号

法治政府理论热点与实践进路研究

FAZHI ZHENGFU LILUN REDIAN YU SHIJIAN JINLU YANJIU

李坤轩　著

人民出版社 出版发行
（100706　北京市东城区隆福寺街 99 号）

北京九州迅驰传媒文化有限公司印刷　新华书店经销

2023 年 6 月第 1 版　2024 年 3 月北京第 2 次印刷
开本：710 毫米×1000 毫米 1/16　印张：18
字数：250 千字

ISBN 978 - 7 - 01 - 025780 - 8　定价：98.00 元

邮购地址 100706　北京市东城区隆福寺街 99 号
人民东方图书销售中心　电话（010）65250042　65289539